菩提心《ぼだいしん》を発《おこ》せ

——僧侶をめざすあなたへ

田中　千秋

はじめに

編集部

高野山大学名誉教授田中千秋先生（一九一六―二〇〇〇）は、高野山大学を退職後、高野山専修学院で『菩提心論』をもとに講話されていた。

それを録音した8本のカセットテープを文字に起こしたのが本書である。

テープに録音日時は記されていなかったのだが、「夏になったら七十八歳になる」と話されていることから、平成五年のものであろう。

真言宗僧侶の養成機関での講話にふさわしく、僧魂（僧侶の魂、中身）ということに終始触れながら、田中千秋先生が学びとった真言密教の正統の教えが、数々の含蓄に富む挿話をまじえつつ、内省的な語り口で諄諄と語られる。

先生の口吻、語りの間も、できるだけ忠実に文字にしているので、さながら教室で院生たちと一緒に聴講しているような臨場感をもって、お読みになれると思う。居眠りをしている院生を叱責する場面も出てくる（その言葉も、たんなる注意に終わらず、見事な説法になってゆく）。

『菩提心論』のテキスト自体は全体の三分の一ほどで、お話しは終わっているのだが、では、それが不完全なのかというと、まったくそうではない。

僧侶としてどう生きてゆくべきなのか。

このことをさしおいては『菩提心論』の何ものも読んでいないのと同じなのだと、読者はきっと納得されることだろう。

この本は、僧侶をめざす方はもちろん、仏道を歩むすべての人にとって、自身の日々の生き方が仏の教えにかなっているかどうかを検知する「よすが」となるものだ。田中千秋先生のひとつひとつの言葉は、耳の痛い、きびしい意見に感じる方もいるにちがいないが、しかし、安直な道ではなく、菩提心を持ち仏教の正道を行こうと志す者には、この上なく力強い、あたたかい励ましとして響いてくるはずである。

真言宗の良心が、ここにまだ生きている。

平成三十一年二月二十日

目次

道の二つの柱／お大師さまも大事にされた書／人間は名利にとらわれる／坊さんというもののけじめ／実の如くに自心を知る／客塵煩悩／直住月宮という教え／一切が仏様の命の中に／「雲」に振り回されるな

第1講　求道者の大きな決心

仏教の伝播

仏教がどのように広まったかというようなことを言いました時に、仏教の伝播《でんぱ》した地区、地方っていうか、国っていうか、どのあたりが、というふうなことをいう言葉があるんです。伝播。それは、印度とか中国とか日本とか――これはまあ、わしらの時は三国仏教というて、この三国に主として仏教が伝わって広まって行なわれていると。こういうように言うたもんです。しかしそういう考えには反対の人もおると思います。時代も変わりましたです、しかし三国仏教と、とにかく言うたんです、わしらがあなたぐらいの年配の時にはね。

で、朝鮮半島には仏教はむしろ日本よりも先んじてあったといっていいんでしょうけれども、ところが朝鮮半島のことは、あんまりこう中に入れないで、どけて、印度、中国、日本とこう行きますすとね、朝鮮半島はとんでるんですけれども、それからまた今頃の何から言えば、東南アジアっていう、インドネシアならインドネシアとか、なんていうかな、国の名前ちゃんとよう言わんけど、ビルマって言うんかな、タイ…、ああいうあたりにも行われたし、それからチベットにうんとまた入っているし、いうふうなことがございますけれども、まああだいたい主としてそういう地区に仏教というものが行なわれました。

ただ、なんで今日こんなことをヒョコッと言うかと申しますと、いろんなことを今朝思い出して——お釈迦様といったら、印度、いったい仏教というものは、どこから始まって、どこで一番、三国なら三国、あるいはもうちょっと範囲を広げても、こういう地区に、四方に仏教が伝播したという時に、いったいどこが始まりなんだということになると、まあ印度ですわね。それから徐々に中国に入って、それこそまた、時間を経て日本に入ってきて、まあこういうことになって、だんだんその間に仏教も変容してきた。少しずつ変わってくる面があった。まあ、こういうことが言えますでしょうけれども、とにかく元、始まりを言えば、印度がより古く、一番はじめに仏教が行なわれた国だということは、まあ誰もがだいたい知っとる筈なんですけれども、ところが変なことを思い出したから——。

わしの友達で有能な人がおりましてね。で、自分の信者さんにはかなりの努力をしていろいろ仏教というものを分かって貰おう…が為の、まああの手この手っていいますかね、ああもこうも努力をしている人があるんです。ところがある時、自分の信者の中で、この人なんかは出来のいい人だと、よう物の分かっとる人の一人だとこう思っとった一人の人が、仏教というのは印度が元始まりの国ぐらいらしいですなあ、というかな、印度が始まりのところとは思わなんだというふうなことを言うんで、唖然としたと、こう言うんですよね。

あまり私たちは、自分がなんかかんか、長い間にいろいろなことを聞いてきて、こんなことは常識だ、こんなことは当たり前だと思ってることが、意外なところで、いっこう常識でもなければ、そんなことはもう分かり切っとると思うとることが、なにも分かり切っていないことだった、というふうなすれ違いなんかに愕然とすることがあるということは、本当だと思います。まあ、えらそうなことじゃなくって、自分自身が、長いこと、教師であれば知っとるであろうと思うようなことを、肝心なこちらがよく知っていないちゅうようなことがゴマンとあるというべきです。たいしたことじゃないんだということは、まあ思います。

真言宗の重要な論文

で、まあそういうようなことで、だからまあ、行ったり来たりの話、完全に無駄なことだと、わしは言えんとは思うてるんです。長い、これも教師の経験としてはね、ああも言い、こうも言ううちに、ああそうか、そんなことだったのかということに、思いがけないところでヒョコッと気がついて、というふうな、まあそういうことだって、みなさんの中の一部の人にはあるかも知れん。そういうふうなことも思いは思いもするんですけれども、いちおう『菩提心論』という論をとって、一年間、十二、四回の講題とすることにして、三年目に今さしかかってきた、そういうことでございます。なんで『菩提心論』を、ということは、これはもう振りかざして言えば、なんと言っても、真言宗の依り処になってる非常に大事な論文であるから、弘法様も非常に重んじられた論文であるからということであって、これはもう論の無いことであって、なんだそんなことをやってるのかと言う人は私は無いと思う。

でまたその時に、山岡瑞円《やまおかずいえん》＊という人の話をここでしかかったことがある。これはまあ、まあいっぺんちょっと部分的に何いたしますというと、愛媛県の香園寺《こうおんじ》の先代の住職でございますけれども、この時、香園寺は非常に膨張いたしまして、どんどん

＊山岡瑞円　明治十六年松山生まれ。二十歳で愛媛県香園寺第三十七代住職となる。大正七年、信仰団体「子安講」を組織。大正十五年、真言宗公認の教育機関「三密学園」を設立し多くの求道者を育成。昭和二十三年遷化。世寿六十七。著書に『人格的生活めざして』（昭和八年）、『皇道と密教』（昭和十八年）などがある。

んどん信者の出入りがあり、まあ弟子というべき者がどんどんどんどん増えていって、そういう人たちが山岡さんの意向のまんまに動いて地方に向かって真言の教えを弘めるという努力をした。そういうことで、山岡さん一代の間に講が、二十万人に近い、十数万から二十万の講員を持つ巨大な組織になっていった。まあそれぐらいに、山岡という人は、いわばやり手であったわけですけれども、単なるやり手ということじゃなくて、信仰というか、悟りというか、そういうふうな面において、なかなかたいした人であった、そういうことです。でまあ、そこを経て、高野山に来た人もある。山岡瑞円さんの元で、密教の輪郭を学んでそれから高野山大学に入ってきた人っていうのも私の知っておる範囲で、ちょっと急に思い出せんけれども、やっぱり数人はございます。数人はありますけれども、みんなそれらがね、なんらかの意味においてしっかりしとるんです。これだけは私は面白いもんだと思うんです。つまり、どういう先生についたかということが一番大事なことであって、山岡さんに付いたということのために、そこを経て、高野山に来たいうのが、みんなひとつこう一本通っているところがある。これは本当にそういうもんなんですから。若い時っていうのはどうでもいいことじゃないんだ。若い時を空しく過ごしたっていうようなことは大変な損失なんだというかね、大事なことなんだ、そういうようなことをね、まあ私やっぱり思います。

で、さて、その山岡瑞円さんが、三密学園という、学校のような、ちょうどここ（専修学院）のような、一つの教育をやりましてね、そこで、一番大事に思うて、山岡瑞円さんが、講義の中でも一番力こぶを入れておられたのが、『菩提心論』の講義だったわけでございまして、これが院長の講義といいますか、院長は『菩提心論』を繰り返し講義するっていうことが、まあ中心の仕事であったんだろうと思われます。私はこの着眼が非常に好きです。これは間違いないと思うんです。こういうものも知らずに、読まずに過ぎてしもうて、真言宗の専門家だっていうような顔をしていくちゅうことには、ちょっと問題があるんではないかとさえ、私も思う。そういうことで私はまあ山岡瑞円さんに若干の敬意を表しつつ――私は、よく知りません、ほとんど知りませんけれども、まあ『菩提心論』の話をしてみたいと、こういうことで来る、ということですね。

『菩提心論』の二つの題目

『菩提心論』というのは、題目が二つほどある。こういうようなことは、まったくそういう例がないことではないけれども、やや少ないことだ。『菩提心論』はたまたま二つの題目が付いとる。そういう題目の付け方になっておる。で、はじめは、「金《こん》剛頂《ごうちょう》瑜伽《ゆが》の中に阿耨多羅三藐三菩提《あのくたらさんみゃくさんぼだい》の心を発《おこ》す論」（金剛頂瑜伽中發阿耨多羅三藐三菩提心論）という論題が付いておる。これをまあ、正題と、こう言うでしょうかね。

もう一つの題目。これは左側にちょっと小さく「瑜伽惣持《そうじ》教門説菩提心観行修持《かんぎょうしゅじ》義」、まあこういう題目がもう一つある。こういうことでして、普通にはしかし、またの題目っていうか、別名をあんまり言わないで、はじめの方のばっかり言うとる。長い題目でありますので、全部を言わないで、『菩提心論』『菩提心論』というふうなことで通用している。ここの講義の議題としても「金剛頂瑜伽の中に…云々」という長い題目ではなくて、ただ『菩提心論』と書いてあるわけでございます。

で、この『菩提心論』を、菩提心を発す論、また『菩提心論』『菩提心論』ということを申しますと、これは、非常にこう、心というふうなことが――心というようなことになると、もう形の無いものですから、無形のものですから、まあ無形と言っては悪いですけれども、真言宗ではちょっと異論があるんですけれども、まあまあ、私らの常識の立場から言えば、形の無いもんだ。ところがもう一つの題目の方になりますというと、何か、心ということが括弧の中に入ってしまったような格好で、心というのは括弧の中に入ってしまった如くに、菩提心の観行《かんぎょう》を修持《しゅじ》する…、まあ「修持する」というふうな言葉なんていうものは、何か、若干こういう範囲を越えとるような感じがするというかね。修行するとか言う時の「修」です。「持」っていうのは「持念する」というか、まあ、お堂ならお堂に籠もって念誦をするっていう時の「持」ですね。まあ、いずれにしても、行というか、自分が形の上で、体に、言葉に、何か心を表現しながら、自分を磨いていくための形の行というふうな感じが二題めの、またの題目の方には含まれておると、こういうふうに考えていいと思うんです。

そのことを前に申しまして、『菩提心論』の二つの題目を突き合わせて考えてみると、まあ抽象的な、うかうかすると抽象化してしまったり、形の無いものだから、つかみどころのないような印象になってしまう、へたをすると。そういう「心」というだけでなしに、ちゃんと形の上で、こうもし、ああもするというふうな面と、その両方の面を実際はこの論文は内容に持っておるんだ。だからはじめの題目だけを見るというと、多少具体性に欠けるかのような印象を持つかも知らんけれども、実はそうじゃなくって、非常に事細かにっていうか、ある意味では事細かに、私たちの生活を教えておる。どういうように生きることが本当の宗教生活であるかということを教えておる。こういうふうに思うんです。そういうことが題目の中ににじんでおる。込められておる。こういうふうに――まあ、一つの題目だけでは充分に示し得ないと思ったのか、もう一つの題目を併せて見る時に、そういう心が見える。まあ、そんなことを申したかと思います。

龍猛菩薩と不空三蔵

さてその次に、龍猛《りゅうみょう》菩薩造と。龍猛様というのは、それこそ、ここに書きました、印度、中国、日本という、三国その他の伝播地区の中では、印度といっていいでしょうね。大まかに、印度におられた人でございまして、まあ非常にこれはもう秀れた、尋常な人ではないですよね、並々ならん人であって――ところが真言門では、この人を非常に重んじておる。なんで重んじたかということについては、それなりの説明も私は、まあまあ、しようと思えばせんこともございませんけれども、とにかくまあ、そういうことなんだ。

で、高野山にみなさん、来られますというと、あの、大塔に入られますというと、あの二重の伽藍の大きな赤い塔ですね、そうするとあの四つの隅に八人の坊さまの絵が描いてある。あれが八祖と、常に言うとるもんでございまして、龍猛、龍智、金剛智、善無畏《ぜんむい》とか、不空《ふくう》、恵果《けいか》とか、弘法様とか――ちょっと一つとんだか分からんが、そういう八人の祖師方が四つの隅に描かれておる。あれの中の一番はじめが、この龍猛様でございまして、でまあ、印度のお方っていうことで、真言宗はこの方が作られたっていうふうに考えるもんですから、したがって、それを翻訳した人がなければならん。で、翻訳者っていうのは、誰かというたら、ここに書いてあるように、不空三蔵だと。不空三蔵というのも、この八祖の中に入ってございます。

そういう不空様というのが、まあ、弘法様のもう一つ、ちょっとちょっと前におられた。まあ、これがなかなか並の人じゃないですなあ、とにかく大変な人だとこう思いますけれども、その不空様のところには、えらい、こう肩書のようなものが付いておって、長々と付いておって、そこに何と書いてあるかと言うたら、「大興善寺《だいこうぜんじ》の三蔵沙門《しゃもん》大廣智不空」ですからな、こんなように…。

大興善寺っていうのは、これはよろしいわ、お寺の名前ですから。当時の長安ですね。当時長安という都に大きなお寺が十ほどあった。その一つの代表のお寺が大興善寺だ。そこに、この不空三蔵様がおられた。よく三蔵沙門不空というふうな順序になっておりますけれども、不空三蔵、不空三蔵というふうに普通に、また字引やなんか引っぱったり、普通の講義の時には先生方はそういうふうに言われると思います。三蔵沙門大広智不空というようには言われんと思いますけれども、それはまあ、いろいろいろいろと重なってきたような肩書でございまして、大興善寺におられたところの不空三蔵と。不空三蔵沙門。まあ、このあたりでございます。で、大広智っていうのもやっぱり、これは、皇帝から賜った号のようでございまして、不空さんが関係のあった皇帝というのは、玄宗皇帝とか代宗皇帝とか粛宗皇帝とか、っていうふうな三人の皇帝がありますす中で、代宗皇帝というのが、不空三蔵に非常に帰依いたしまして、大広智っていう号を不空に贈ったといいますかね。で、そういうようなことになるもんですから、いろいろ名前が長うなりまして、三蔵沙門大広智不空と、こういうようになりますね。けれども、まあまあ、飛ばしてしまいまして言うと、不空三蔵。

経律論の三蔵

三蔵というのは、いろいろ…、経律論というような言葉がございまして――まあ、こういうようなことが丁寧に言わんにゃいけんのかも分かりませんけども、今みなさんが、こちらで言えば、夕方には観音経をやっておられるかと思いますね。『妙法蓮華経』の中の一章でございますけれども、その観音経。あるいは、朝、『理趣経』というのが付いてまわる。こういう理趣経とか観音経というようなのが、経典でございまして、経典というものが、まあ、なかなかもって千巻や二千巻じゃない、たくさんある。長い間にたくさんたくさんある。

ところが、それが仏典のすべてかと言いますというと、ここに挙げてありますような論文、『菩提心論』というのは経典じゃなくって、お経じゃなくって、論文でございますけれども、そういうもの。

それからもう一つ、律というものがありまして、経律論という。律というのは、これも仏教教団の一つの規律、道徳、徳目、まあそういうふうなものが長い間にだんだんだん規定されまして、整備したものが、律ですね。戒律ですね。でまあ、大小乗通じまして、戒律という一つの部門がある。それから論文というものがまたたくさん長い間に出来とる。たくさんの経典がある。そういう経典と、律部のそういう典籍と、それから論文と、そういうふうなものを併せて、経律論、経律論と、そういう三つのものに通じとるっていうか、精通しとる人を三蔵というようによぶわけです。不空三蔵といったり、真言宗ではまた金剛智三蔵、善無畏三蔵という方がおられたり、そうでないところに玄奘三蔵というふうなお偉いさんがおられたり、まあいろいろ三蔵、三蔵というふうな称のついとる人が仏教の先駆者の中にありますけれども、そういう人たちは経典、律部の典籍、それから論文、そういうふうな仏教の大事な典籍に精通しとるような人を、まあ三蔵というわけでございます。で、不空三蔵は密教の世界の一流人でございますけれども、経律論の三つに精通しとった、こういうことになります。

で、翻訳もいろいろあるということになります。で、ここに書いてありますように不空が詔《みことのり》を承って訳した。自分が一人で思いついて、これ一つ翻訳しておこうというので龍猛菩薩が書かれたところの『菩提心論』を不空さんが翻訳した、いうことじゃなく、思いつきというよりも、ここに命《めい》を承けてという、これが代宗皇帝の要望に応えて、代宗皇帝が、これを翻訳しろというふうな、まあそういうことになりますね、詔というのは、言葉を承けて翻訳した。まあこういうふうなことが、ずっとはじめの、三行、四行のところに書いてあるわけでございます。

信仰の正統な筋道

次に、大阿闍梨《だいあじゃり》というふうなことですね。阿闍梨ということは、密教の方から言えば、本当に指導者というものを非常に必要とします。もう、どんな仏教でも指導者はどうでもいいとはいえないと思いますけれども、真言密教というものはやっぱりそういう仏教の一つだというふうに思います。それで、今はそういうことについて、親から子供へという形に寺というものがだんだん——だんだんじゃない、ほとんどそうなっておりますために、明治初期ぐらいの頃のような気持ちや考え方というものが、もう非常に希薄になってまいったかと思うんでございますけれども、だいたい師匠というものに対しての弟子というものの在り方というふうなものは、今頃はもう失われておるというふうにも思いますね。師匠の姿勢も、師匠の在り方も、弟子の在り方も、共に不充分だというふうなことになろうかと思うんですよね。

で、師匠というものはやっぱり、ずっと法というものを、真理というものをというか、教えというものをちゃんと自分が受け継いで、自分が真言宗の正統な信仰を、本当に筋道をちゃんと受け継いでおる、というふうな、まあそういう師匠であってほしいと思う。弟子はやっぱりそういう人について、真言宗の正統信仰というものを受け継いでいくということが非常に望ましいことですわね。

そうでなかったら「いやあもう、今日師匠なんちゅうなことを考えたって野暮な話で、どこにそんなものがおるか…」と言っちゃあおしまいです、これはね。そう言うて、「わしは、だから自分勝手に思いつきで生きていくんだ」と言うたんでは、おしまいなんです。そういうものは真言宗じゃないんです。何かの宗教であるかも知れませんけれども、それは思いつきの新興宗教であって、真言宗という伝統——千なら、千なんぼの歴史を持つ宗教とは違うんです。だから真言宗の、私は、流れを汲んでおる、胸を張ってそういうことが言えるためには、それ相応にちゃんと筋道があるんだ。ちゃんとした師匠というものに自分が仕えて、ちゃんとその人から正統な筋道をひいていくということがあって、はじめて、何となしに自分の信仰に自信が持てるということになってくるんだと思います。

私は何ほどか信仰にかかわることなら、まあ今なんとかかんとか言えといわれても逃げることはせんと。折にそういうようなことを言うことがあります。というのは、それは私は自分は正統信仰を継いでると思ってるからです。まあ、七十七歳にもなるんです。で、その間私は特に高野山に生きて恵まれてきたと思います。というのは指導者に出会ったということでございます。今頃そういう人がおる、おらんは別問題といたしまして、私は出会ったと思っておる。その頃はそういう人がおられたと思っておる。そういう人に何年も何年も何年も何らかの指導を受けたっていうことは、もう私のすべてでございまして、で、だから私は正統信仰を持っておるんじゃと、自分では思ってるわけです。

正統仏教と新興宗教との分かれ目

そういうことを非常に軽んじて、軽く考えて、わしにはわしの生き方があるって、これは若い人にはとかくありがちなことでございますけれども、そう言っとったんでは、真の真言宗にはならんのじゃ。私はそういうふうに申しておきたいと思う。それは新興宗教だ。よくあります。たとえば、阿含宗という…、あの人のようなものは、何やら——まあ、あの、才能はありますよね、何らかの才能のある人だとは思いますけれども、真言…、まあ密教…、自分ではあれは苦しんどるんですね。あっち行き、こっち行き、あれはふらふらしてると思うんです、内面的には。で、真言宗の御室《おむろ》派の元の門跡であった小田慈舟《おだじしゅう》先生*に仕えたいと思うておったんです。ところが小田さんの周辺の人間からあれはいかがわしいというか、あの阿含の男はね、というふうなことになって、一回か二回か、ちょっと伝授講伝の座に連なったらしいけども、結局はようずっと続けて受けるということは出来なくって、それでまあ去って行ったと思いますし、それから後にも、密教学会の発表会やなんかには、ちょいちょい姿を見せて、密教を学ぼうとしておりましたね。あれは正統な筋道じゃないけども、何か知らんけれども、ちょっとしたきっかけで、だいたいの、こんなもんじゃないか、ちゅうようなことを見て取る独自な才能は持っておるんじゃと思います。やっぱりそうざらに、どこでもごろごろ、そんじょそこらには無いかも分かりません。かも分かりませんけども、自分が正統な筋道を引いとらんという弱みを彼自身が知っとるとわしは思います。そういうことのために、まあなんとなしに密教学会というものを伺うてみたり、小田慈舟さんを…――小田慈舟さんのところで自分の経歴を書いとる時に、どこそこで何を受けて、どこそこでこういう勉強をしてという経歴を、経歴詐称というようなことをね、あの人にはちょっとあったような男ですわね、あれ、ちょっとおかしいからね、いろいろな点でおかしいところがある。でまあ、そういうことでなく正直にふるまえばええけども、正直にできんのですな、宗教のことっていうものは、あんまり無いものをあるようにも言えんし、無いのにあるようなふりをするというふうな面がちょいちょいとのぞいてくるというようなことになります。だいたいは姫路の方で、ええと、何て言いましたかね、あれは〝照真秘流〟なんていうようなことを、これもちょっとおかしい部分があるけれども、とにかくそういうものを受けたということでございまして、で、そこでまあ姫路に、もう亡くなったでしょうけども、彼が一応師と思うとる人があるわけです。ところがその人を乗り越えて、まあ、今の阿含宗の、あの人の方がやり手だわね。だからそれにつけて、自分に箔をつけて行かにゃならんというふうにも思うたでしょうし、自分がどういう筋道をふんどるかということを、なんとか正当化したいとこういうように思うでしょうから、それで、小田慈舟先生の講伝に一回か二回出てきて、一回か二回のこっちゃろうと思うのに、彼の経歴

＊**小田慈舟**（明治23年—昭和53年）広島県生まれ。高野山大学教授、種智院大学名誉教授、真言宗御室派管長などを歴任。著書に『十巻章講説』（高野山出版刊）、『小田慈舟講伝録』山崎泰廣編（東方出版）などがある。

の中に、小田慈舟僧正に師事というふうなことを経歴の中にちょっと書いた時期がありますね、ほんのちょっとです。しばらくしとるうちに、まあみんなに非難されてから、非難されたためかも知れませんけれども、そういうことを書かなくなりましたけれども、まあ、ああいうようなところあたり、ちょっと、あの人の後ろめたさがあるんじゃと思います。小田慈舟さんに師事…、なんにも師事してないですよ。一回か二回か三回、たとえ五回、十回であっても、それがどうしたんだと思うわ。まあそれは人間の能力はそんなことにはかかわりないと言われればそうかも知れませんけれども、私は小田先生に、そうねえ、高野山大学にその頃、わしが若い頃おられましたからね、そう二年間ぐらいの講義は聞いとりますよ。師事というなら、まだ私の方が師事したようなもんですよ。だからまあ、この阿含さんの言うことなんちゅうのはおかしなもんだと思うとりますけれども――。

さあ、それはそれといたしましてね。やっぱり大事にしてもらいたいことは、正統な、というか、筋を引いて、本当に筋をみっちり引くというふうなこと、受け継ぐというふうなことに、あんまり疎《おろそ》かでございますというと、後々になって、あんたらが損をするというかね、やっぱり「しもうた」というようなことじゃ。

まあ、それはあると思う。こういうところにおるとね、若い人が何十人もおると、やっぱり何となしにたるむということが出てくるんだと思うんです。まあ、まるで、一年間のうちの半分は、あの授業については、わしは寝てばっかりおったと。たとえばそういうふうなことを、さも手柄顔に吹聴して歩くような男ちゅうような…、よくあることです。そんなことを言って、いったい何になるのか。結局私はつまらんことをしたと、オチはそういうことになって「しもうた、もういっぺんあの人につくべきだった」と思うても、その人はもうすでにいないというようなことになるかも知れませんし――。

純粋、素直ということ

ところが今頃、仏教の作法というものに抵抗があるんでしょうね。まあ、能化《のうけ》（教える先生）というものに対して、もう三拝九拝するような傾向がとかく仏教の世界にありますからね。まあ、今はまだいいですよ。こういう教室じゃあ、まだいいですけども、畳の上に坐って何かの伝授を受けるということになりますというと、能化さんに三礼というようなことになりますでしょう、もうとにかく立ち上がって何してから畳に頭を付けて、能化さんを拝むという式のね…そういうようなことをさせられるというようなことは（なんだ…）というようなこと。今まで知っとりますよ。何人かの若い人がね、あれは何様だと思っているんだと。わしとあれとどこが違うんだと。まあ、そういうことを言いだすから、仏教というのは難しくなってくる。まあそれはなんじゃかんじゃというようなことを言うんじゃないんじゃ…。とにかく何はともあれ、そういうふうにやって来とるんだから。やって来とることについては、自分がなんじゃかんじゃ——何はともあれ一応やるだけのことをやってから後に、つまらんというなら、つまらんと言うたらええんだ。はじめから、つまるかつまらんか分からんうちから、つまらんと決めてしまうというようなことは、これはおかしい。

慈雲尊者《じうんそんじゃ》がね、慈雲尊者というのは江戸時代の、もう広く仏教の中での大人物ですけども、真言に属している人です。真言門に属している人といっていいですね。この慈雲尊者は若い時には仏教というものを軽蔑しとったという。ところが因縁では仏教の流れを汲まにゃならんことに、だんだんなってくる。でも自分は儒教を学びたいと。儒教、道教、仏教という時の、儒教ですね。で、仏教は下らんものだけれども、儒教は優れている、そう思ってるのに、いろいろなことから、だんだん仏教に身を入れんにゃならんことになってきた時に…。

（居眠りしている学生に）「起きよ…。寝るときと違うんじゃ」。――お釈迦様の説法の会座でな、阿那律《あなりつ》という人が居眠りしとった。お釈迦様が怒ったというわ。やっぱり仏様も怒るんだわ。ところが阿那律も偉かったことは、まあそうやってお師匠さんに自分の居眠りを指摘されて叱責を食うたということを非常に恥じましてね、「自分が寝たのは恥ずかしいことをした…」思い詰めに思うとるうちに寝んようになってしまってというか、寝ては悪い、寝て悪いことをしたという思いが強すぎてといいますか。とうとう寝不足ということが祟《たた》って、目が悪うなる、めくらになりますね、阿那律という人は。そんなのは馬鹿じゃと思うでしょう、今のみなさんだったら…、そういうことだと思います。そうかも知れません。しかし私は、ああいう人っていうのは、ある意味で好きですね。もう底抜けに何ていうんか、純粋なっていうか素直なというか、ああいうなのが仏教の分かっていく人だと私は思うんです。

――さあ、慈雲尊者や。慈雲尊者が、儒教の方が優れていると言うて、優れていると思うけれども、そう言っても、因縁は自分を仏教の方にだんだんだん仏法を学ばねばならんような仕組みになってしまってきたという時になって、志《こころざし》と違う、違う、違うと言うとって、歳月を過ごしてしまったんでは何にもならん。そう考えて、慈雲さんは、まあとにかくいっぺん真言宗の教えのまんまにやることをやってみようと。やってみて、いかにも下らん宗教だということをこの身でとにかく見定めて、真言宗をやめたら文句はないだろうということですね。で、その加行《けぎょう》をおっ始めるということになりますわね。加行をやったところが、とにかくしばらくやっとるうちに、本当にまあ身体中から汗が吹き出すような、とにかく特殊な体験を持ちましてですね、自分の今までの考えがいかにも甘くて浅くて、いいかげんだというか、もう恥を知らんものであったということを分かって、それからもうひたむきに教えの中に没入していくちゅうようなことになって、後年の慈雲尊者というものが出来るわけですわね。

そういうようなことを考えたら、ものの順序といたしましては、やっぱり阿闍梨さんに三礼は三礼をしたらいいことなんだ。(何もそんなことは、おまえとおれと何が違うんだ…)と言うことが、偉い証拠でも何でもないというふうに、まあ、思うのは思います。ええ、まあそういうふうに私らはまあ、大分古い、古いとばっかりはいえん、多少はいろんなことを理解出来ます。今の人たちの気分の若干を理解出来んことはございませんけれども、まあ、そういうようなことも思うんです。

大阿闍梨《だいあじゃり》の言葉を聞く

大阿闍梨というもの――ここに「大阿闍梨の云《のたま》わく」です。阿闍梨というのは真言門の中での指導者、優れた指導者のことを阿闍梨ということで、たくさんありますわけです。複数でして。一人だけじゃない。まあ、いろいろ阿闍梨というふうな資格を得ておる人っていうか、資格を与えられた人っていいますか、そういうような人っていうのは真言宗にも天台宗にもそれぞれあるわけ。そういうことなんですけれども、今、ここのところの大阿闍梨っていうのは大日如来のことだ、というふうに、大日如来をさすというふうに真言宗では受け継いでおる。そういう考え方を受け継いでおる。そうしますというと、龍猛菩薩が「大阿闍梨の云わく…」という言葉で龍猛様が聞いたんですね、龍猛様が大阿闍梨の言葉を聞いて、書いたというふうな感じがしますわね、この文章はね。「大阿闍梨は次のように言われた」。龍猛様にとっての大阿闍梨。龍猛様にとっての大阿闍梨というのは、いったい誰のことだと、いうようなことはね、これはまあ、何も大日如来をもってこなければ他に考え方が無いというもんではないかも知れませんね。だから金剛薩埵《こんごうさった》というふうなことを言う人も、解釈する人の中にはあるんです。けれども、そういうことよりも、大日如来というふうなものをとる、ということの方が多い、まあそれは正統説として真言宗では使っておる。こういうことを、この前の時間も申した。

ところが『菩提心論』という論文は、真言宗だけがこれを読み大事にしとるんかというと、そうでなしに、天台宗でもこの論文はそれなりに読んでおる。ところが、この天台宗、比叡山の天台宗では、龍猛が造ったというふうに、これは考えていないというか、ちょっと解釈が違うんですよね。そういうことになりますというと、その人の師匠は誰だというふうなことにどうしてもこう持っていく。で、天台では、前にも言うたでしょうけども、不空三蔵、この真言宗の方で翻訳者と考えておるところの不空三蔵が、『菩提心論』の筆者であるというふうに天台宗では考えてるわけです。そうなりますというと、その師匠は何だということになった時に、まあこれが真言宗と同じになるわけもない、ということになりますね。で、そういうようなことがいろいろありまして、筆者というものを誰にするかっていうか誰であるのかということは、天台宗でも全部が全部一つの解釈に統一されてるかというと、かならずしもそうではないというようなことで、なかなかまあ、そういうことを議論し、そういうことを研究することの得意な人にかかったら、まあ相当にこういうことについてもいろいろなことが出てくるわけなんです。それで、筆者論というか、著者論といいますかね、そういうことがありますけれども、今は単純に、そういうことは不得手でございますし、大阿闍梨というのを大日如来とするという真言宗の一義ですね、これは。一義というのは、他にも義がある、他にも解釈がある、けれども、主に使われておる解釈に従って、ただ今はやっていきます。

五根を具足せる者

で、さて、「大阿闍梨の云《のたま》わく」。大日如来様のおっしゃるには、「若《も》し上根上智の人有って、外道二乗の法を楽《ねが》わず、大度量《だいたくりょう》有って、勇鋭《ゆえい》にして惑《わく》無からん者、宜《よろし》く仏乗を修《しゅ》すべし」と、こういきますわね。

上根上智っていうのは何かというと、これは前に信、（精）進、念、定、慧。こういう五つが具わっておるといいますか、これを五根というふうに言うて、五根が具足しとる者を上根という、いうふうな考え方が一つございます。これはまあ仏教に通じとることでございまして、真言宗のみこういうふうに言うというような問題じゃないんです。

で「上根上智の人」。まあ、こういうことになって、信、信仰があるとか無いとか言う時の信ですね。精進《しょうじん》というのは努力するっていうことですね。それから念。念仏とかいう時に、念という言葉があります。それから定というのも、禅定の定という言葉があります。それから智慧ですね、慧。――こういうものが、まあ、いろいろ、その悟りをもたらす、悟りを生み出す大きな原動力であるというふうに仏教が古くから考えたということは、それは当たっていると私は思うんです。今、上根上智いう…、まあこれでは具足してる人、いうように考えますね。

で「大度量有って勇鋭にして惑無からん者」という言葉がその後にある。大度量――あの…、私の使います言葉が、何のことやら分からんと。その言葉が分からんのだ、というふうな、そういうようなことがありましたら、言うてほしいと思います。なんぼ筋の良い人であったとしても――言葉が具合悪いかも分かりませんが、一人の人間がまったく今までかかわりが無かった人間が言う言葉というものは、（あっ、この人がこう言うのは、こういう意味か）ということがわかるのに時間のかかることがあります。だからそれはなんのことやら分からんというときには、言うていただいた方がてっとり早いと思いますので、そうして下さい。前にそんなような話がありましてね、こういうことがあるでしょうが…、今ここに書きました言葉は「平易」という言葉で、平易なということは、平たいとか、分かりやすいというようなことを平易な、という。よく分かる言葉、平易な言葉。難解なのに比べて分かりやすい言葉。これは、ある仏教の人が、話をした。そこに信者さんが何十人か、なんぼかおって話を聞いとって、ところが、さあ、どうなんか言うたら、どうもわからん。能化《のうけ》さんの話は分かりにくいというようなことを言うて、なんで分からんのじゃと、さすがにその人もちょっとムッとして、これほど平易に話をしとるのになんで分からんのかと、こう言ったというんですな。ところがその聞いておる人間の一人が、その「平易」ちゅうのは一体どういうことですかと、こう言ったという。うーん、平易というのはこう書いて…ちゅうことになるんだ、平易と耳に聞いただけでは、その平易ということはどんなことなんか分からん、ちゅうような、まあそういうようなことや、いろいろ思いもかけん行き違いというか、噛み合わんことちゅうことはあるもんですから、まあそういうことをだんだん少なくしていきたいとは思います。で、いろいろこう繰り返している間に（ああ、あの人はこういうことを言う人なんだ）ということにもなってくると思います。まあ、そういうことが十何回も話をするんですから、もう分からんまんまで辛抱しとったっていうのもおかしいと思いますし、それがあるんですねえ。従来とかくあるんですねえ。何も分からんのに坐っておらんにゃならんことが何のためなんだか分からんちゅうね…。何でそんな辛抱せにゃならんのか。まあ、辛抱せんでも何とかせいや、といいますかね。自分も工夫が足らんのじゃないかというふうな気がまあするっていうことです。

黒板の左側に書きましたのは「大度量《だいたくりょう》有って、勇鋭《ゆえい》にして惑無からん者、宜《よろし》く仏乗を修すべし…」っていうところをだんだんね…、それをやっていきましたね。

大度量というのは何か、勇鋭というのは何か、惑無き者というのは何か、といいましたら、これは、どうも――さっきこちらに書きました五根、信、精進、念、定、慧。大度量というのは、ここの信と結びついて、勇鋭というのは精進の言い直しであって、惑無きというのは智慧、これのことだと。

そうすると、大度量有って、勇鋭にして惑無からん者というのは、これに忠実に言えば、信心があって、精進を厭《いと》わず、智慧ある者というふうなことになりますよね。それなら、念と定はとんでしまうじゃないかと、まあそれは、そんなようなことを言いよったら、あんまり些細なことにひっかかりすぎるというもんであって、いちおう五根――上根ということは、五根を具足する者ということだけれども、その中での三つぐらいのことは、もういっぺん、あとで具体的に出してるということになりますが。これを、そんなら、その三つだけが大事なんであって、五根の中で念と定はたいしたことがないんだという意味に考えないで、まあ五根を具足せる人っていいますかね、それが上根上智なんだ。まあ、たとえば信仰とか、たとえば精進努力を厭わんとか、智慧を具足するとかいうようなことは、大事なことだ、たとえばこういうことがある、というようなことで、他のことはどうでもいいというようには思わないことにしてほしいと思います。

で、そういう五根を、これらの五根を具足せる者はよろしく仏乗を修すべし。仏乗っていうのは何かというたら、真言密教。真言密教を修せよと。秘密仏教を修せよと。仏教にもいろいろありますから、小乗とか大乗とか、一乗とか三乗とか、顕教《けんぎょう》と密教といいますか、いろいろまあ、分け分けにして、考え方は長い歴史の中にありますす。そういうことの中で、ここで仏乗と言っているのは、まあ、話が密教の論文ですから、密教の代表的な論文のことですから、他のところに解釈をもっていかないで、真言密教、秘密仏教、真言秘密仏教というふうに、これを限定してもらうのがいいと思います。そういうものを学びなさいと。五根具足の人は真言、秘密の仏教を学びなさい、と大阿闍梨が云われた。

求道者の発心《ほっしん》に魔宮が震動する

次にまいります。「當《まさ》に是の如くの心を發すべし…」——これは大阿闍梨の言葉ですね——

「當に是の如くの心を發すべし。我今、阿耨多羅三藐三菩提《あのくたらさんみゃくさんぼだい》を志求《しぐ》して餘果《よか》を求めじと、誓心決定《けつじょう》するが故に、魔宮震動し、十方の諸佛悉く證知したもう」

まあこういうふうにね、阿耨多羅三藐三菩提、この上も無く正しい、最高の、完全な悟りを志して、「余果を求めじ」他のものは何もいらん、そういうこの上なく正しい完全な悟りというようなものの他には、なんにもいらん。まあこれはなかなかですけれども、そういうふうに心を決めて、深く心を決めれば、そうすると「魔宮震動し」。まあ、魔というのには、いろいろあります。天魔とか、死魔とか、蘊魔《うんま》とか、ありますわね。四魔とかいう言葉がありますから、四つ。その中で、天魔というふうな――何か魔の説の中で、天魔というのはなんとなしに外側におるような感じがしますですけどね、表現を見ますとね。仏典なら仏典に現れてくるところの天魔というようなものを見るというと、いかにも、もう外側にあって人間を外から攻めてくるような、そういうもののような感じがいたしますけれども、しかしどっちかいいますと、仏教で魔というふうなことを言うたり、仏教の中で人間を悩ませるものっていうのは、外側におるというよりも内側に、っていいますか、そんな感じの方が強いわけでございまして、魔というものを外側に客観的にちゃんと実在するというようにとらえすぎると、そういうふうに思いすぎると、少し違うというふうに思います。天魔といえども、やはりそういうことになるかと思うんですけれども、やや、天魔は、どうなんですかな、外におるような感じもするというか…。読みの上での感じですけどね。――こんな言い方をすると何やらつかまえどころがないということになるでしょうけども、まあ、魔というものは、だいたいの傾向としては、内的な、内側的なものだけれども、天魔については、内のごとく外のごとく、何かそんなように、ちょっと、やや、魔の中では異質な感じもちょっとする、そういうふうに思う、と言ったわけでございます。

まあ、しかしともかく、ここのところで、どういうことなんかというと、この上のない最高の悟りというものの他に何もいらんのじゃ、というように自分が決心するというと、「魔宮震動し」ですね。悪魔の住んでおるところの世界といいますか、大きな城の中に、宮殿の中に住んでおるとしますわね、そうすると、そこがもうとにかく震動すると。というのは、大地震で揺れるようなもんですね。ひっくり返るような地震。魔は大きな恐怖、恐れをなして…、魔にも眷属があって、大物も小物もおるわけですけれども、そういうふうなものが、みんな恐れをなしておる。そういう様をいちおう受けとっておいたらいいんだと思います。まあ、魔軍が全滅するというのに近いような衝撃を受けるという、そういう感じになりますね。それはもう人間の決心というか、求道者の大きな決心というふうなものが、悪魔を恐れさせるといいますか、そういう気持ちが書いてあるかと思います。

『理趣経』に供養の法門（第九段）というところがありますわね。「薄伽梵一切《ふぁーきゃーふぁんいっせい》如來種種供養蔵《じょーらいしょうじょうきょうようそう》…」という、あの段に、こういうところがあるでしょう、「発菩《はっぽう》提心即爲於諸如來廣大供養《てぃしんそうくいよーしょーじょーらいこうたいきょうよう》」。まあ、毎朝唱えておられる『理趣経』にあるでしょう。これは、菩提心を発《おこ》すということは、すなわち、諸々の如来において広大の供養になるという、そういう言葉になりますな。菩提心を発す、ということが、とりもなおさず仏様に対する最高の供養だと。その他のことも書いてありますけれども、一つこういうことが供養のところに出てくるんですなあ。菩提心を発すというか、無上の悟りを、完全な悟りを、他には何もいらん、というような気持ちを起こすことが、なんのかんの言っても仏様に対する最高の供養である、そういう言葉ですね。これはその通りだろうと思います。

それからまたそこに書いてあるのは、「救済一切衆生…」一切の有情《うじょう》を救済するというふうなこと、それがまた大きな供養になるということでしたか、まあそういうことで、ごもっとも至極ですけれども、大変こう難しいというか、大きなことですね。ちょろこいことと違いますよね。

まあ、しかし、今菩提心のことを言った場合に、菩提心を発すということが如来に対する最高の供養の一つだと、そういうこと。そうすると、菩提心を発したのを見たら、仏様にとったら、まあこれはええ弟子ができたということで、ひじょうに喜ばれるというふうに考えていいですね。ここんところが、「魔宮震動し、十方の諸仏ことごとく証知したもう」。『菩提心論』にはそういうふうに書いてある。

六道輪廻

自分は菩提が、悟りがほしいんだと、悟りの他には何にもいらんという気持ちになれば、そうするというと、悪魔もそれに対してはたじたじじゃと。みんな恐れをなしてしまって、「十方の諸仏ことごとく証知したもう」。十方の諸仏はそういう発菩提心をひじょうにお喜びになる、そういうことですね。

それで、十方の諸仏ということについて、昔の注釈というのは、いろいろなことを、まあねえ、よく気がつくといえば、よく気がつくわけで、「三世十方」というふうな言葉が仏教ではよく出てくるんです。十方ということになりますと、もう無限の空間ですね。三世ということになりますと、時間の無限というようなこと。三世というのは、過去と現在と未来ですわね。時間的にも空間的にも、というようなことを言うためには、十方だけでなしに、三世というのを、もうひとつこう言う。時間、空間をつくして、無限の仏様というようなことを――十方だけでなしに三世も入れたらいいだろうというか、三世というのがこの中にあるとか無いとかいうんじゃなくて、意味の上から言えば、気持ちの上から言えば、ちゃんと入れて読んだらそれで文句のないことだというふうに言うとる人が、昔の学者の中にはあります。まあ、そうかも知れませんので、一言しておきます。

で、そうするというと、魔宮震動し、恐れをなして、みんな大騒ぎになるというか、それから十方三世の諸仏、みんなこれを喜びをもって受けとめられる。

「…常に人天《にんでん》に在って勝快樂《しょうけらく》を受け、所生の處に憶持して忘れず」。人天といいますのは、十界というような言葉が仏教の中にあって、それから六道。六道をいきましょう、地獄、餓鬼、畜生、修羅、人、天。地獄というようなことは、昔だったら、もうちょっと説得力があったのかも知れません。あったと思います。しかし、言葉は生きておる。……餓鬼、畜生、修羅、人、天、いうようなものを六道。それからこの上にまた四つ加上しまして、十界というふうな言葉もございますけれども、とにかく今、六道というふうなことになると、六道というのは私たちがここに、まあ、いつこういう世界に生まれたり死んだりしながら、どこへ行くか、どこに生まれるか分からんというようなことを言うのが仏教の説でございます。六道を私たちは経巡《へめぐ》っておる。巡っておる。ある時は人間に生まれ、ある時は天の心にもなるけれども、また地獄の心にもなるし、畜生にもなるし、というふうなことなんでしょうけれども、そういうふうなことは（何言ってるか…）とも言えんと思います。そういうもんじゃないかと思うんです。これは、実際かたちがそうなって、犬になったり、猫になったり、それからまあ地獄の中で、まあ鬼に責められて痛々しい様になって苛められとるような格好のものを絵や何かで見て、というようなことになりますけれども、そういうふうなことは現実性が無いというふうになるかも知れませんが。

まあ、あの、ああいうようなことをどう持ってくるかと言ったら、人間というものは、一生というものは甘くないものでございまして、私なんかもこういう歳まで荷物を持ち歩くとは実は少々思いませんでしたね。思い違いをだいぶしとったといいますかね、もうちょっと晩年は平安な人生を夢見ておりました。おりましたけれども、なかなかそれがそうは行かなんだですな。行かなんだちゅうことは、なんかもう、ひとすじでは行かん、いろんなものがかみ合って、こういうようになったんだと思います。まあ、こっちが悪いといえば悪いんでしょうけれども、ただそれだけのことじゃないような、いろんなことがあって…と、こう思いますね。そういうふうなことのために休むことが出来んというふうなことです。休むことが出来んから、まあ、これは一方から言えば、良いんです。あんまり平安であったら、私は怠けると思いますけれども、そういう平安を私は与えられなかったというか、一方から言えば――。これでもか、これでもかというふうに、いろんなもんが襲いかかってくるということのために、今もってじっとしておれん、ちゅうようなことが出てきて、まあこれは一方から言ったら恩恵だと思いますけれども、今は地獄と思うたら、また餓鬼の心にも畜生の心にも、また言うて、人間らしい心にも…。そういうことを振り返って思いますことは、人間というものは輪廻するというようなことも、作り事のようには思えんということですね。

第2講　坊さんがめざすべきこと

坊さんとは一体なんなのか

まあ、あなたがたにも、いろんな人がおって、だいぶん予備知識も持ち、それから心掛け、志《こころざし》というかな、性根もちゃんと持っとって、何をしに来とるということもちゃんと分かっておって、という人もあるでしょうし、あんまり何しに来たんだかよう分からん、という人もあるかも知れん――そう言っちゃあ、失敬だけれども。親が行け言うから来たけれども、どっち向いていいのか分からん、ちゅうような人があるかも知らん。まあ、いろいろなことを予想いたしまして一度阿呆みたいな言い方をしたかもしれませんけれども、いろんなことを申してみます。行ったりきたりしながらね。で、そういううちに、ちょうど、ほどほどのところに、こう、落ち着いていくんじゃないか、というふうな気もいたします。

まあ、坊さんになることのための学校といいますか、まあしかし、ここを出ても別に坊さんにならんで、また元の――元のというか、今までのというか、そういう社会でやっていく人もある。今頃はとくにそういうようになっとるかも知れません、私、よく動向を知りませんけれども、まあ昔の観念が私にはこびりついておるもんですから、まあここは坊さん学校だと思っておる、いうところがございまして、でまあそうしますというと、坊さんとは一体何であるのか、いうことですね。高野山高校や高野山大学は宗門の学校である。あるいはまた東京にも京都にも、そういう種類の学校がある。そういうところを経て来た人ちゅうものは、ちゃんとしとるんかと言うたら、まあ、いちがいにそうも言えん。まあ、ちゃんとしとるちゅうことの中身、内容ですけども、そこらの考え方がひじょうに個人差があるというふうに思います。坊さんというものやら、これはお寺におるから坊さんだということもあるでしょうし、お寺にいなかったら坊さんじゃないのかと…、いろいろありますよね。坊さんというものは一体何であるのか。「かたち」から言えば、私も坊さん、あなたも坊さん。しかし、もし中身を問題にするならば、坊さんというものは少ないと思います。いっこうに坊さんらしくない人は、形ばっかりの坊さんというものはゴマンとおるわけでございまして――まあ、そういうことになるわな。

わしらの、今から四十年ぐらい前に亡くなったかな、高野山のあるお寺の坊さん、これはちゃんとした人です。まあ、明治の時代に雲照《うんしょう》さんという人が真言宗におってね、その雲照さんの、もう最後のあたりで、その門をくぐった人といいますかね――その門をくぐっただけでも違うんだ。その頃の人っていうのはね。そういう機があったと無かったというのは、やっぱり違うんだ。まあ、そういうある和尚さん。これは…、よう、こういうことは言いますでしょう、僧俗という言葉を。坊さんの中には在家の人をさして俗人というふうな、そういう表現をする人がある。まあこういうことは形の上で言うことでございまして、頭をいちおう剃っておるとか、何か白い着物とか、衣とか、という特定のユニフォームを着とるから坊さんだという。それから、そうでない人をもって俗人という、という一つの定義がある。ところがまあこの、その高野山で、今四十年前の云々と申しました和尚さんは、これはそういう形のことを問題にしとったんじゃあ始まらんと言いますかね…。

僧としての魂

僧魂といいますか、魂の問題だ。分かりますでしょうね。そういうような、形の無いものです。形の無いもの、根性というような――根性の根とこれは違うけれども、しかし、形は無いけれども、心に甲乙、ＡＢみんな違いがあります。で、ひじょうにまあ、純粋な人だといいますかね、生真面目な人だとかね、要領いいけども、来る初めはよく分からなんだけども、だんだん見とるというと、けっこうずるい奴や、というようなことになってみたり、いろいろな人がおるでしょう。そういうふうなことで人間というものを位分けしていくっていうのは可能ですわね。人間を十段階ぐらいに分けて、これが十点ぐらいの人、三十点ぐらいの人とか五十点ぐらいの人とかっていうふうなところ、どこをもって分けていくかちゅうようなことも可能ですよね。頭が良い…というような、頭の序列をつけるのは学校です。学校というのはそういうことを仕事にしとるようなもんで、だからひじょうに不幸が起こってくる場合があるわな。学校は苦手だけれども、人間はひじょうに立派だっていう人だってあるんだよな。学校はよう出来るけれども、すこぶるずるいという奴だっておるんだよな、世の中には。で、そういう奴がだんだんだんだん伸《の》していくから、世の中っていうのは不公平になっていくんだよな。そういうことのためにゴマンと不幸な人が出てくるっていうかな。今の教育っていうものには問題があるわな。誰もが知っておるこっちゃ。学校はしかたがないから行くけども、ひとつも面白くないという人はなんぼでもおる。

で、まあ専修学院というようなところは、もうちょっと着眼を変えにゃいかんところでしょうね。専修学院というところは人間教育のところだっていうか。だからなんぼ成績が良くっても、ずるい奴はずるいんだ、そんな者は問題にならんのだというか。

まあそういうことがちゃんとあっていいと思う。かつてやっぱりおるわな、そんなんが。いわゆる名門を出て、ここへ来とって、（ああそうか、そんな学校を出てきたんか）というのがね、なんやら見とったらつまらんのやな。なんだ、おまえは一体…、ちゅうてね。数十人おった院生の中の一部の人間がもう本人に対してね、憤慨してね、一体なんんだ、と。おまえみたいな者といっしょに同じ釜の飯を食べるということさえ、わしらにとってみたら不名誉だ、ぐらいの気持ちを起こして、一部の人間が、やめろ、と言うてから、本人に詰め寄ったというふうな話のあるような…。ところが世間にもっていったら有名大学だ、これはな。有名大学を出たんだから、ほほう、ちゅうような。まあ今年の院生の中では、これがピカイチかな、ちゅうようなもんや、学校だけをかかえてここへ来たらな。それからもうだんだん、一か月見、二か月見とったら、なんや…と、ああいう大学にもこんなんがおるんかというような。そういうことがあるでしょう?。人間というのはやっぱり頭だけによらんわな。そういうことが学校ばっかりにおると分からなくなってしまう。学校ちゅうところはもう、小学校以来、先生と言わず親と言わず、お互い生徒同士と言わず、もうとにかく成績が良いとか悪いとかだけをもって、順序序列をつけていくという世界になりきってしまっておる、ということですわね。

でまあ、ところが、この魂という問題になったら、これは見えませんから。見えませんけれども、これは宗教の世界だったらこういうことを見逃しとったんじゃあ、話にならんわけ。まったく、話にならんわけ。

「即身成仏」というような授業があるかも分からん、私忘れるんでね、時間表を見とっても忘れるけども、あったかも分からんわな、この学校に…。即身成仏というのは、なんや言うたら、もう成績が良いとか悪いとかいうことと関係の無いことぐらいは、もう名前を見ただけでも分かるはずだ。即身成仏なんちゅうようなものは根性の問題だ。魂の問題だ。魂がこういうようになったり、ああいうようになったりすることを即身成仏という、そういうことですよね。信仰っていうのは何だ、それはそういうことですよね。悟りって何だ、それは頭の問題じゃないですわね。鈍でも悟りを開いた人がおる。お釈迦さんの弟子の中に周利槃特《しゅりはんどく》というようなのが、もうなんぼ教えを聞いても聞いても、ちっともよう覚えなんだ。よう覚えなんだけれども、これで悟りを開いとるんだから、面白いわな。悟りちゅうものはそういうもんなんだ。逆に言えば、悟りのひじょうに遅れた――悟りを取り損ねてはおらんけれども、ひじょうに遅れたっていう人がおるわね。これが面白いところだな。阿難陀《アーナンダ》っていうのは、やっぱり有能な人だったんだと思うけれども、悟りを開くということから言うたら、早い方じゃなかったですね。面白いですよね。

〈かたち〉にふりまわされる

で、まあ、今の、高野山の和尚さんね、僧魂ちゅうことが、まあ、考えにゃいけん。僧魂ちゅうことが大きな問題だ。才能のある無しのことじゃない。才能ちゅうものはある方がいいけれども、その魂がどういう位におるかちゅうことによって、その才能が生きることもあるし死ぬこともある。その通りじゃないですかね…。その通りじゃないですかね。たとえば、剣道をやるという時の剣、いや武器と言った方がいいかな。武器というようなもんも、持つ人によって、生きることもあるし死ぬこともあると思いますよね。まあそれが人殺しの武器、刃物になることもあるし、気違いに刃物をもたせるっていうやつですな。それはもうその人のためにもならんし、まわりの人のためにもならんと。しかし、持つ人が持ったら、これはその人のためにもなるし、他人《ひと》のためにもなるっていうこともあり得るでしょうな。なんでもそうでしょう。才能というものもそういうことだっていうことを言うのが、この人ですわね。だから本当に魂がちゃんとした人がもったら、才能というものは、生きてくるし、ひじょうに不純な人間がたまたま才能に恵まれてちゅうことになると、これはひじょうにこう、子孫のためにもならん、自分のためにもならんような使い方をしてしまうということ、あるでしょうねえ。気違いの刃物というようなことになることがあるでしょうね。あると思うなそれは。

私は、高野山に来ました時に、学校の先生が言うておられた、亡くなったけれども。ひじょうによく出来た、よく出来たんが、最終的にだんだんだんだん身を滅ぼしていって、といいますかね。おしまいにはもうとにかく刑務所入りをして人生を終わったというようなね。脳がありながら使い損ねてしもうたというような。才能がありながらというか、能力が並々ならずあったのに使い損ねてしもうたというふうな人がこれはある。

だから坊さんというようなものは、才能のことを問題にしとるんじゃないんだ。才能が無いのより、ある方がいいけれども、問題は魂だという…。問題は魂だ。問題は心だ。分かり切ったことでしょうけども、形が無いんだ。形が無いために、まあ、てっとり早いところをみんな考える。今、養子口が三つほどある。ひとつのお寺は檀家が四百ある、ひとつのお寺は二百五十ある、ひとつのお寺は百だ。（ああ、それは四百のところがいい…）。いと単純でございます。形の問題です。あくまで形の問題です。ひとつのお寺さんは娘さんが二十五だ、ひとつのところは二十三歳だ、ひとつのところは二十だ。（ああ、二十のところがいい…）何がいいんだか知りませんけど、とにかくまあ、そうやってなんでもまあ、ひとつのこう、考え方に…、ありますよね、なんらかのね。もうとにかく中身よりも何よりも、形が、いうようなことで、ぱっとこう、判断をする。

まあ、あの、しかし、そういうことになるからお寺というものも、お互いに向こうに負けまい、こちらに負けまいと思って、いろいろあっちこっちを見渡して負けまいとするのは、何かというと、形ですわね。あそこが、こんなような普請をしたと。そんならわしも負けずに、もうちょっと一割立派なものを建てようというふうなことになったりいたしまして、形を競うというふうなことになっていく。高野山のお寺は、まあいい、立派です、それはね。比較的ですよ。で、よそのお寺へひとわたり、こう行きますというと、そこは応接間、応接室がなかなかいいと。わしのところももうちょっと手を入れんと見劣りするなあ、ということになって、よっしゃ負けまいというようなことになって、やるというようにね。みんなそれぞれ、形が気になるっていうか。形を整えて行き、形を立派にして行くちゅうようなことが、ひじょうに…。形にとらわれていく、そういうことは宗教じゃあ、本来はもう、第二義のことなんでしょう？本当は。第二義のことなんだけれども、そのことに本当に気が付いて、もう一切そういう形のことに——一切というのは言い過ぎになるかも知らんけど、相当部分目をつぶって、魂の問題に着目して、そのことにもう時間をかけていこうというような人は少ないわな…。少ないわな。

僧侶は何をめざすべきか

こんなようなことじゃから、仏教というものはあれども、形ばっかりのもんであって、たいして本当にこれが頼りになるような、本当の力が、本当の意味が力が、宗教家として本当に悟りなら悟り、信仰なら信仰というふうな面において見上げた人だというふうなものは、めったにおらんというのが現実でしょう、これ。現実でしょう？で、そういうふうなものを見て、（ああ、そうなっとるんじゃから、わしも、そんなもん、どうでもいいんだ。そんな無形ことや、形の無い、あんなことはわしはどうでもいい…。わしはとにかく資格だけ取ればいいんだ、資格取って、なるべくいいお寺がどっかにころがっとらんか、探して、なるべく…、ああこれは待った、もう一年待とう。こういう話があった、去年のよりはいいけど、もう一年待とう…）言うて、いいのがころがりこんでくるまで辛抱強く待って、でまあ、なるべく誰が見てもこれは、かなりのもんだなというような形の上の立派なところに向かって入って行くっていいますかね、そういうふうなことが、まあ坊さんとしての成功だと考えてる人がたくさんおる、思います。

まあしかし、元来仏教っていうのはそんなんじゃないけれども、建物がね、だんだんだんだん長い歳月の間に立派になってきたから、そうしますというと、それを守っていかにゃいけませんし、そんなものはどうだっていい、古びたらもうつぶれても何してもいいんだ、腐ったら腐ったでほっといたらいいんだ、いうわけにはいかんもんですから、だんだんだんだん、建物に振り回されていくちゅうことになりますよね。で、そういうふうには金が要る、っていうようなことになるから、自然、金儲けというようなことも他人事とは思えん、一生懸命になってくる、っていうようなことにもなりますし、そういう能力を発揮する人が偉い奴や、とか、やり手だというてね。ほお…って、みんなそういう人を自分の手本にするっていうふうな傾向がある。

でまあ、そういうことじゃから、坊さん、ちゅうなことは、そうなったら、まあ例えば今から、六、七十…、七十年じゃないわね、五十五年ぐらい前に亡くなった明王院の先々代の御住職、高岡隆心*という方なんかがね、こりゃあ、まあ真言宗という、数十年わし高野山へ上がってきて六十年…、その中でもまず第一に指を屈せられる人はまあ高岡隆心さんかも知れませんね。

そういう人だけれども、まわりの坊さんがどう言っとったかいうたら、「ああ、あれは芸無しだ」とこういうふうに、言うんだな、ここが危険ですね。芸無しだと言うて、本人は悟りとか信仰とか菩提とかいうようなことばっかりが、もう重要課題なんだから、まあ将棋があの人よりは強いとか、字を書いたら、どえらい近所近辺にない巧い字を書くとか、ちょっと絵を描けるとか、何をしたとかちゅうようなことに、一

＊**高岡隆心**（一八六六―一九三九）学修灌頂大阿闍梨。初代高野山大学長。昭和九年第三九〇世総本山金剛峯寺座主、兼高野山真言宗管長。昭和十四年寂。『高岡隆心著作集』全二巻（うしお書店）が高岡隆心著作刊行会より刊行されている（平成八年、九年）。

所懸命時間をかけるちゅうようなことは何もせんちゅうかね。まあ、拝むというようなことにかけては渾身の精進をしたというような面があっても、ついそういうようなことが芸無しだ、というふうなことを言われて…、というまあ、そういうようになってしまうのね。評価の基準というものが非常に俗ですよね。

けども全部が全部じゃないのよ、ちゃあんと物事が分かっている人も昔からおるし、今もおる。ただ少ない。今になったら、だんだん少ないというのが、本当じゃないかと思うんだ、僕は、な。あんたらが、それを賛成する、せんは別として、私の気持ちを今言ってるだけよ。

で、どうかと言ったら、若いんだから、あんたらは。まあ、多少、その歳に差があるようだけれども、それにしても何にしても若いんだから、若い人間がいきなり、もう、良いお寺が…、良いお寺良いお寺、もうここを出たらば、なるべく、どんどんどんどん頑張って金儲けをして、ちゅうようなことをね――そんな心じゃあ、しょうがないと、まあ私は、もったいないと思うんです。二度とない人生というものを、そういうことにかけていくのに坊さんを選ぶちゅうのは、ちょっと方向違いだっていうふうに、まあ思うなあ…、わしはそう思うなあ。

法界に捨身せよ

他所《よそ》の話をします。天理教のことは、この間か何かもちょっと言うた。天理教というのは、元来は、天理教の教祖というのは、こらあ、私は立派な人だと思います。まあいろいろな見方もあるし、悪口言う人からいえば、頭がちいっとどっかあったんじゃないかと言う人もあるかも知らんけど、大きに間違いだと思います。もうとにかくあそこまで、己《おのれ》を捨てて生きることができた人っていいますのは、そうざらにおるもんじゃないと思うんですね。坊さんなんていうのは自分のことしか考えてないですよ。こんなものは仏教でも何でもない、本当言うたら…。本当いうたらそうなんです。このことは知っとらにゃいかん。なかなかしかし捨てられんわな、捨て身になれんわな。だけど、捨て身になるちゅうことしかないんだ、坊さんの生き方っていうのは――。

わしが高野山大学へ来て、第三年目に、五年間、そのころは五年じゃったから、十七歳、十八歳ぐらいで、十七歳のおしまいに高野山大学に入っとる、僕はね。それから五年間、高野山大学におる、そのころ。ちょうど第三年目に、一人の先生の授業を受けた。まあ、そうすると一年のおしまいに試験がある、同じことや今も昔も。ところが私、まあまあ暗記力はそこそこにあったのよ。まあ、ノートを二回半ほど読むんだ、僕は。テストの前に、ぱあっといっぺん読んで、それから試験にあと何時間かいうような、明日、というようになった時にもう一回、ちょっと、あそこどうだったかいうような、拾い読みするくらいでいきますというと、まあ、かなり覚えとるといいますかね、覚えとるはおかしいけど、かなりまあ使い物になるといいますかね。でまあ、ところがその先生の科目は落としもせなんだけども、ぎりぎり六十点でまあ辛うじて上がったという…、ところがわしは、これは不足でも何でもない、いわゆる二回半は読んだであろうけれども、分からなんだな、どうにもこれはよう分からん。仏教の授業ですけどね。まあ分からんのじゃから、これはもう六十点貰うたちゅうか、お情けで貰ったであろうかと自分では思うとった。

で、ちょうど、まあ三年目があり四年目があり五年目があるわね、その先生の授業を次の年も受けて、他の授業ですけども、受けて、それでまあ、去年はこうこうこういうことでございましたけれども、実は去年の講義は一年間お聞きしたけれども、よう分からなんだと。何か今一言聞きたいんだ、というね。それは仏教とは何かという仏教概論です。仏教学概論という授業をね、三年目ぐらいにある――その前にも一年の時にも何か簡単なのがあるの、それよりも三年目に受けた仏教概論っていうのは、だいぶ程度が違うんですよね。で、分からん。仏教概論を受けたんだけれども、つまり、ぎりぎり辛うじてお情けの点を貰って上がったちゅうことであった、ちゅうことを今言うたわけね。まあ、分からなんだけれども、今、だから、一言教えてくれと。仏教とは先生一体何ですか、と。こない私聞いたわけや。ところが先生がね、「うん、まあ、法界《ほっかい》に捨身《しゃしん》することだな」と…。こういうようなことですね。法界に捨身するって何か言うたら、あらゆる時と場所において、あらゆる時と場所とにおいて、捨て身になって生きるということだ、と。大乗仏教の教えというのはそういうもんだ、こう言われた。わしはねえ、一年間の授業は、うんすけ（注・十分なさま、たくさんなさまを表わす方言）なんにも分からなんだけれども、これはよう分かって、今でもこうやって覚えている。おりにポツンと私は人に言うんです、ええ。ありとしあらゆる時と場所において、捨て身になって生きる。大変なことですよ。言うは簡単ですけども、大変なことですよ。みんな、捨て身にも何もなっていないですよ。まあ、自分のことしか考えていないのが、何が捨て身ですかね。まあ、そういうところが、仏教っていうものは、まあ、そういうことなんだ。

捨て身の人生を行った人

この話を天理教のばあちゃんのことに――ばあちゃんというのは、教祖は女性だから な、まあ、この人はやっぱり捨て身の人生を行った人だとわしは思うな。だから信者がどんどんどんどん集まって、いうようなのも当たり前のことなんだ。で、病気が不思議議に治るんだなあ。そういう人の前に行くというと、あれは偉いもんですね。どういう作法をしたか、どういうなんか、これは知りませんけれども、僕ら、書いたものを読むだけだからね。とにかく病人が教祖のところに運ばれて行って、それで教祖に、言葉の一つもかけて貰うて、あと何があるのか知りませんけれども、まあ、懇《ねんご》ろに一月も二月もかかりきりに手当をしてくれるちゅうようなもんでもなんでもないと思いますけれども、しかし不思議に病人が次から次へおかげを貰うていく。もう、こんなものが治ったら、本当に、炒り豆に花だっていう、分かりますかね、まあ、エンドウでも空豆でも何でもね、いっぺん火にかけて炒ったらもう、これは口には食べやすいけれども、生臭くないから、しかしもうそのまま豆としてそれを畑にまいても、芽は出ませんわね。それ死んどるんですわね。いっぺん焼いた豆はね。それですよ。この病人が治ったら、焼いた豆が花が咲くんと一緒だと言うてね、世間の人間が言うて、まあ内心そう思うて、ああ、今日いっぺん天理の教祖のところへ連れていく言うて行くけども、もう死んで戻ってくるんだわいなと思うて、思うとったら、あにはからんや、ピンピンよみがえって戻ってくるというような人があっちにもこっちにも出てくるのね。だから、奇跡がどんどんどんどん現われてきて、そういうことのために天理教っていうのは、じわじわじわじわ大きくなっていった、初期にね。

で、教祖が迎える時の態度が違うわな。態度が違うわな。これはもう――今頃じゃったら、そんなようなものを迎えて、銭金になるかならんかが問題だろうがな。一所懸命になってみて、こんな貧乏たれを相手にしてもはじまらんちゅうなことが、なかなかとっさに計算が…、ねえ、心よりも才能、才能の道っていうのは、そういうなことになるかも分からん。ところがまあ、ばあちゃんはね、よう戻ってきた、よう帰った、ちゅうか、これが天理の、帰るという言葉を使いますわね、よう来たところ言わんの。よう帰った、ちゅうかね。そういうことを言われたら、そっから治りはじめるんだなあ。これがまあ効き目のある言葉だな。もう今まで長い、長の病気でね、みんなにもさすがに飽きが来てね、もういずれ、死ぬもんなら死んでくれた方がいっそさっぱりすると思われているような長の病人がね、教祖のとこへ行ったら、他のところじゃったら、じゃまくさがられとったり、いうような者がね、それが中山みきのところへ行ったら、よう帰った、ちゅうて言われるとねえ、もうそこだけでも気持ちがコロッとだいぶん変わってくる、それからじわじわじわじわと良うなってくるちゅうかね。だからあと、どんなお加持をするんか、どないするんか、わしはそれ知らんの、よく知らん。知らんけれども、まあ、とにかく、そうやって、しかし、天理教の基礎というものが、本当にしかし、天理教の中山みきさんの娘ちゅうようなもんだって、本当に身体を張って、天理教を広めようとして努力しているちゅうようなもんです。だから教祖とその周辺の人間ちゅうものの、初期の人間はね、いろいろな迫害の中にも、もう敢然としてね、自分の信念を曲げずに布教にはげんでね、じわじわじわじわ天理教というものを伸ばしていったちゅうのが、それは初期はそういうもんなんです。だんだんだんだんだん広がってくるわね。

今はどうかって言うたら、天理教というのは、まず、かなりしぼって考えても二百万ぐらいの信者がおるでしょうね。だいたい二百二十ぐらいの大教会があると思います。大中小ちゅうんだな…。とにかく大教会というのは、だいたいその下が百ぐらいの末端教会を持ってるんです。百越えるのもあるし、三十、四十ぐらいの末端の教会を持っとるような、やや少ないのもあるし、けれども、平均しますと百ぐらいでしょう？それが二百二三十のそういう大教会があるちゅうことになりゃあ、単純計算をして二百二三十万人の信者がおるということですよね。

そういう天理教ちゅうものが今どうなっとるかと言うたら、末端教会というのは今でも、まあ、かなりに見上げた、ちゃんとしたところがあると、わしは思うわ。今から二十年ぐらい前にね、わしは兵庫県のだいぶん田舎で三年間ほど、お寺を持った言やあ持っとったことがある。…そこにおったんじゃなく通ったんですけれども、そこの部落に二つほど天理教の教会があって、まあ信者が三十か四十だな。三十か四十でも、ちゃんと生きとるから不思議ですよね。天理教の人は根性がある——と思った。わしに、どう言うかいうたらね、「和尚さんもひとつ天理教に入りませんか」と言うた、一人の奴は。二人の一人は。これはなかなか言えんで…。よその、これは、明瞭にこれは真言宗のあのお寺の坊主じゃちゅうことを向こうは分かっておりながらね、「天理教はええで、天理教はええで。あんた天理教に変わらんか」とわしに言うんだ。これはちょっと言えんとわしは思う。真言の坊さんがよその人の前でね、キリスト教ならキリスト教の牧師の前でね、あんたひとつ牧師もいいか知らんけれどもね、真言宗の坊さんになったらどうだと。ちょっくら言えんぞな、これは。

宗教を衰退させるもの

そういうようなことを、そのまあ――そういう末端教会でどうか言うたら、三十か四十しか信者おらんのぞ、それでもちゃんとまあ頑張っとるわな。そやから真言宗の方から言うたら、まあ五十や七十の檀家じゃあ、やっていけん、やっていけんちゅうようなものだわね。ああ、このお寺は三百あるそうな、ここは五百あるそうな…ちゅうなもんですわね。ところがまあ、そういう四十、五十の信者しかおらんところがどうなるかというと、そこへまあ信者が何かかにかお供えものをするでしょう?そうするというと教会の人は、ああ、おおきにおおきに、ということで、それを自分占めにするということはないんです。天理教の方じゃあ、それを上級へ上級へということで、それ自分のところよりも世話になった、もうちょっとこう位の上の教会にむかって、それを供えるんです。半分はそれを――半分かな、僕はちょっとそれ中身はよく知らんけどね、なんぼかは、もうとにかく上級教会へ運んでいくちゅうことです。それを受け取った上級の教会ちゅうものは、また自分よりもっとランクの上の教会へまたそれを運んで行くちゅうような、だんだん上へ上へと、こう、運んで行くような形になっとるんですね、運営の仕方が。それから末端ちゅうものはたえず、ぴいぴい言いながら、一生懸命になって、もうとにかく、働き通しに働いていくちゅうような形になってい く。――どういうもんでしょうかね、これは。ちょっと残酷のような気もするんですけどね。そういうものはもうとにかく、どんどんどんどんもう、何か、使い切ってしまうというかね。使いっぱなしにしてしまうとでも言うかね…。そうやって、もうつぶれてしまう、使われて使われて使われて、つぶれてしまう人もそりゃあ、あると思うけどね、僕は。まあ、ともかく、上が肥えていかにゃあ駄目なんだというような考え方やね。上の方が大きくならんにゃあ、上を大きくするちゅうことが、まあその教団の繁栄であるというふうな考え方で、末端が栄えてもはじまらんのだ、というふうな。何かそんなような考え方があるように思います。

そうやって、どんどんどん上級に運んでいくちゅうことは、どうなってくるかと言うたら、まあ、天理教祖の中山みきの直系ちゅうものは今、四代目ぐらいかな、前の、今から十年ぐらい前ぐらいかな、なんぼか前に亡くなった人は、まあ、中山みきの孫だったんでしょう？これはあのやっぱり一角《ひとかど》の人物だったようですね。ところがまあ、今まあもう一つ代が下がっておるですね。もう今、天理教は駄目みたいです、本当言えば…。だってもう、今の天理教の、中心人物ちゅうものは、直系の四代目なら四代目ちゅうやつは、もう、生まれた時から、生まれた時からもう身分が違うんですから――。中山みきの娘なんちゅうものはね、奈良県から大阪までね、チビた下駄はいてね、それは当時は仕方ない乗り物ないんだから、歩ってね、もうとにかく大阪で布教する…、――ちょっとのどが乾いたな…、ちょっと、そろそろしか、ものが言えんが――。

まあ、馬鹿な話をしよって、長うなってもしょうがないかも分からんな――。天理教の話しかやってない、密教じゃなかったんですか言われりゃあ、なるほど…ちゅうようなもんですけど、まあ、その中山みきの娘さんに、「こかん」ちゅうのがおるんや。こかんちゅうのは、まあ、とにかく、お母さんの言葉をもうとにかく大阪へ行って布教せい、ちゅうかな、天理王命はありがたいということを、それを言うて歩けばそれでいいんだちゅうようなことでね。でまあ、とにかくまだ歳は若いんだよ、十七歳か、何かぐらいから、もうとにかく大阪へ通い続けてね、その人なりの布教に体をかけたんだ。体を張ってやったんですわね。

そういうふうなことで、中山みき並びにその身辺の人間というものは本当に苦難の中で天理教の基礎というものを築いたんだけれども、さて、四代目というやつは気が付いたらもうとにかく膨大な財産の中で、もう自分がおるんですからね。こんな者にこかんがどうしたとか、中山みきさんがどうしたって、分かりゃあせんのですよ、これは。てんで、分からんのです。しかたないわね、そういうもんなんだ。宗教っていうものはだから大なり小なり、こうなってくるっていうことや。

な？お寺ちゅうものは、千年の歴史があるから、なおやっぱりな…。それがもう、大きなお寺いうものは、大きなお寺はそれなりに何らかの仕事をしとるちゅうこともあるから、一概に大きなお寺を目の敵にするのはおかしいとは思うけれども、大きなお寺は、中山みきの四代目じゃないけれども、はじめからやっぱりそういうようなところに、やっぱりちょっと問題はあるような気がする――こっちが貧乏たれだから…そういうばっかりでもないように思うのは思う、わしは。それはそういう人が自分を振り返ったら、それはあなたの言う通りじゃと思う人もあろうし、なに、貧乏たれが何言うかと思う人もあろうし、それは個人個人いろいろだろうけれども、まあ、はじめからそういうところに…、なんていったら、もう人間の悲しみとか人間の苦しみとか分からん人がね、はじめから分からんし分かろうともせん人がね、もう、どんと上の方で威張ってって、おかしいでしょう?そういう宗教っていうのが宗教の名においてね…、まあ、おかしいでしょう?誰が助かったりするもんですか、それでね。そう思うわ。だからやっぱり本当に人の心にふれていくような仕事ができる人というのは、やっぱりもうちょっと底辺の悩みや悲しみというものを、まあとにかくもう本当になんかこう、底辺を這いずりまわった人間が、そういう中から立ち上がったんじゃないというと、本当に人を動かす力ちゅうのは、まあ無いんじゃないかなと、わしは思うんじゃ、わしは。

だから今、どんな境涯から、あんたらここへ来とるか知らんけれども、そこのところはなんでもいいのや。まあ、ひじょうに自分のところは小さな小さな教会だ、ああ、それは結構や。それの方が結構恵まれとると言えるかも分からんのや、ここは。であ、自分のところはじめからもう、どこどこ大学の経済学部を出てね、うちのところはもう巨大な財産をもったお寺だから、ちゃあんとそういうことを勉強しとく必要があるんだ。そうかも知れませんけれども、もう出発が違いますよね。いかにしてこの財産を守り、これを失わないようにし殖やしていくか、ちゅうようなことは、坊さんの考えることと違うんじゃないですかね。だいたい問題が——（講壇にお茶が届けられて）ああ、すまんな…、どうも、ありがとうありがとう。どうもすみません。いやあ、これはえらい謎をかけたかな、これは…。

見えないものの価値

——だって、そう思いません?だから、まあ、今、筋を失なうからな、あれしますけど、四十年前に高野山のある坊さん——その人の子供やら孫なら、おる、現におる。けれどもこの人と物を言うた人ちゅうものは、それはだんだん高野山におっても、こういうことを心にひょこっと残しておる人ちゅうのは、そうなんぼでもおるかどうかは分からんから、今はひとつ、言うたんだがな…、僧魂とかなんとかちゅうことをね、だから、これは見えんもんだから、見えんもんだけれども、その見えんもんの中に大事なものを——宗教というものは、むしろそちらなんだから。財産、財産って言うて、もう無形の財産だけれども、それがみんな分からんから、肝心の坊さんも分からんもんじゃから、形の方にとらわれてしまうんだね。

高野山大学を卒業してね、さあ、何年前かな、これはまあ五十人ちょっとこう、私の教室にたとえばこうおって、ああ、これはあの人や、このクラスじゃ――そんな言っちゃ悪いけどね――見込みのいい、多少そういう人あるでしょう?小さなお寺の息子じゃけども、一角《ひとかど》の根性もっとってね、（なあに、やったる…）というような気持ちも見え見えにそういう気持ちも、若いからしかたがない、それは見えるし、でまあ、よく頑張って成績もなかなかずっと良いしね、まあ成績のことを言うのはおかしいけれども、この人はだんだんだんだん、布教講習会なんか受けてもね、なかなかあいつ面白いというふうに大師教会でも言うとるしね、こりゃあかなりどんどん伸びていく人かと思うとった。今でもそのことは必ずしも全面的に捨てたんではないけれども、今頃、どうも、金儲けに一生懸命だな…。もう、辛抱しきれんようになったんでしょうね。だって、十人、三十人坊さんが集まるというと、おのずから序列がここに付いてしまう。なあんとなしに席が設けられて坐るというと、お寺の大きさの順序で坊さん坐っとるというふうに、地方ではそんなような感じがあるんでしょうね。んな、アホなことがあるか、とまあ、自分はこいつらに何負けるものかと思ってるでしょう、根性はね、ところがいかんせん、一番まあべべのようなお寺に生まれた時からそこだとちゅうようなことになると、（ああ、あそこのあれかい…）ちゅうようなことになるというと、もうとにかく誰も（ああ、あんたここへ…）ちゅうように言うてくれへん、ちゅうようなことでね。で、つい自分の方からも下がってしもうて、下の方に坐っとるちゅうような――そんなもの、よし、わしはもうとにかく金儲け、もうなりふりかまわん、とにかく儲けて今のお寺をとにかく建て直すんだというふうな、まあそういうような気持ちになったんでしょう、おそらく。

　まあ、今頃私はあんまり物を言いません、ちょっと本当に…。少々また彼は、金も持ちますというと人間って自信を持つんですね。もうこっちの言うことは耳に入りにくうなってるかも知らん、今はな。昔はスッといっとってもね、いやあ、もうあんたは、まあやっぱりもう、しょせんはあんたも貧乏住職だわ、っていうね、まあまあ、わしはあんたの言うことばっかり聞いとったんじゃあ、とても、この地区、この地方の住職としては、うだつが上がらんと言いますかね。だからもう、これはもう仕方がないんだと、いちおうこういう時期も経《へ》にゃあ仕方がないというふうに観念し腹くくったんだというふうなところかも分かりませんけど、だいぶん、金はもう、もう早う持っとるちゅうわいな。

もう、葬式みたいなもんで金儲けるちゅうな、てっとり早いの、坊さんちゅうのはね。もう他にもそういう人は何人かっていえば何人か知っとるけどね、僕も。大阪あたりでね、くる日もくる日もくる日も葬式につっ走っとったら、だいぶん、そりゃあ、金が入るわ…。これはまあ、見いや、わしが専修学院へ一か月来たところが四万円と、わしの金のことを言うのはおかしいけど、入ってくる。ところが葬式なんちゅうのは、この間も言うように、いっぺん行ってうじゃうじゃ言うとったら居眠りしとったたって、十万、十五万円くるんだからな。そりゃあ、それを毎日毎日、十五万円入らんにしても、十五万、八万、というようなことになっとったら、こたえられんだろうな、そうやってどんどんどんどん金をね――けれども、いっぺんそういうふうな味をしめるというと、なかなかもう、何でしょうね、そこが怖いところですよね、金の怖いところだっていうふうに思いますよね。

で、まあ、今、天理のことを言うたり、どうしたりちゅうようなことにいたしましても、本来宗教における悟りとか信仰とかっていうふうな問題は、形の無い世界に、ひじょうに重要なことがあると。きわめて重要なことがある。そういうことは、まあ、いっぺん何か、金だけではどうしようもないような苦しみや問題をひっかかえて悩んだ時に、初めてじわじわとそれが分かるぐらいなもんで、めったにそういうことも分からんままで人間はほとんど一生を終わって行きますからね。だからやっぱり形とか物とかいうものを追うという気持ちにならざるをえんのですわね、人間は。それもよく分かります。

しかし、これはまあ私、ちゅうよりも——今私ね、尼僧修道院で授業を何年間か行っとるんですよね。あそこでね、テキストをね、昔のテキストですがね、今頃はもうその人はおられんが神林隆浄っていう人がね、この中に大正大学出た人がおられるか知りません、大正大学の昔の先生、そういう人が書かれた小さなパンフレットをテキストに、何年も使っとる、馬鹿みたいなもんだね…、ところがそれに、まあ、人間の悲しみや苦しみや悩みちゅうようなことを第一章に書いとるだね。まあ、あの、金で何か解決のつく苦しみと、解決つかん苦しみちゅうようなことを初めにこう書いてあるわけ。何言ってるかと、それがどうしたんだちゅうようなもんかしらんですけど、やっぱりそれは、それはあるぞな。まあ人間の悲しみ苦しみっていうことの中でも、金で何とか、けりのつくようなものもあるし、どうしようがこうしようが、そんなもんじゃ、けりのつかんものもある。だから、金は自分はなんぼでも持っとるけども、これはどうしようもないという、そういう…、あるわな――。

『菩提心論』に書かれていること

で、今、菩提心ということをね、『菩提心論』というふうなことをやって、これはひとつの昔の論文だ。論と書いてあるように、論文だ。で、いったいこれはどういうことなんだと。しかし、どういうことなんだといっても「心の問題」を問題としとるんじゃということですよね。わしらは、なるべくこういう心がけを持とう、というかな。なるべくこういう心がけを貫いて、持っていこうじゃないかちゅうような、そういう提唱ですからね。まずそういうことをわきまえてほしいということです。この『菩提心論』を読んだら、金儲けができるちゅうような問題じゃございません。貧乏するかも知れません。しかしもう、どうであってもこうであっても、そのことは問題ではないのだということの、そういうことがね、で、これがまあ、前の時間にも申しますように、四国の香園寺の山岡瑞円さんもこれをとって、ひとつの重要な三密学園の柱とされたちゅうようなことは、それはひじょうに私はよく分かるというふうに…。で、まあ、これを心からこれを読んだら、やっぱり価値観が変わってくるちゅうかね、だんだん変わってきてもいいんだ、そう思います。

単純に考えてやっぱりみなさん、やはりより大きなお寺で世間的な誰にも良く見えに分かるような幸せが得たいというように思っておられると思う。七十人いたら七十人そうであったとしても、そんなことってあるかとも言えん。そうだけれども、しかし、本当言いましたら、形の無いことだけれども信仰とか悟りとかいうようなことは、もうそういう形のとのう、というようなことよりも、もっともっと大事なことであって、もっともっと価値のあることであって、っていいますかね。だからひとたび、こういうふうなもので自分の人生観がじわじわと変わってくるちゅうことになるというと、自分は健康に恵まれず、才能に必ずしも恵まれず、経済的にもひじょうに乏しい中に、かつかつ生きとるにすぎんような身分であっても、なおかつひじょうにそれが侘しく悲しく辛いとか、つまらんつまらんということかっていうと、そうじゃないっていうふうなね、ちゃあんと気持ちの中にはゆとりもあり喜びもあるというかね…。悟りとか信仰以外の、世間的な形というか、そんなことはどっちでもいいんだというふうにね、だんだんだんだん、今何が欲しいかというふうなことがね、じわじわと変わってくるということです。

『菩提心論』ちゅうものは…、だからさ、これを一生懸命読んで、八十点取ろうが九十点取ろうがよし、満点を取ろうが、いっこうにそれは金持ちになれる保証にもならんし、いっこうにどうということはないんです。いっこうに、形の上ではねかえって、いろいろなもんが身についてくると、それは言えません。いっこうにそういうことにはかかわりの無いことだとも言えると思うんです。

けれども、まあ、仏教ということは、宗教というものは、それは、今の天理教じゃありませんけれども、何教でも何宗でも、やっぱりその、いっぺん信仰したらば、商売が繁盛するとか、健康になるとか、それはあの、そういうふうなことを看板にするようなことをいう宗教もあると言えばあると思います。しかし、宗教っていうものは、本来言いますと、そういうことは、まあ付いてくることかも知らんけれども、それぱっかりを目標にし目的にするちゅうもんではないです。もうちょっとこう形の無いところに、標的があるっていいますかね、目印がある、そういうところを目印にして、生活を営んでいくというもんだと、まあそう思います。

いっぺんに、ああそれはよく分かりました、私もそういうようにしますと、そういう気にはならんでしょうけれどもね、けれども、まあ、私らは高野山に来て、そういうような先生方に何人か出会うた。だからこの再々申し上げますように高野山がよかったんだ。で、今学校へ行ったら、いろいろ筋道は教えてくれるわけ。仏教というものはこうであって、こうであって、主なる教義はこういうふうな教え、こういうふうな教えが根本の教義だ、ああそうかそうかということを頭の中にたたき込んでというようなこと、だけれども、そういうようなことを通して人生観が一変するというようなことに、なかなかなりませんよね。先生自身もいっこうにそういうことでもないしね、いわんや、そういうことを聞いた人間がそれによって今から価値観が一変するということにはならんわな。なりませんけれども、そのまま卒業して、まあ、私は仏教科をこういう成績で卒業した、やあどうしたちゅうようなことで世間というものはそれで通っていくけれども、だけれども、まあ、胸に手を置いて、っていいますかね、本当は宗教というものは、そういうようなもんと違うんだ…、そういうようなもんと違うんだというかね。

仏様の如くに生きたい…

菩提心っていうのは、この前から三回か二回か何したように、これは、この上もなく正しい、最高の悟りちゅうものを身につけようとするというか。それはどんなことかと言うたら、別な言葉で言やあ、仏様というものになりたいと言いますか、あるいは菩薩になりたいというか、菩薩の如くに生きたいというか、仏の如く生きたいというか、まあそんなようなことに言い換えていったらいいと思うんです。

菩提心、菩提心、最高の正しいこの上もない悟りとか何とかというようなことを言うと、やや抽象的なようなことですけれども、それは何かと言うたら、そういうものは誰が持っとるかと言ったら、仏様が持っておられる。あるいは菩薩がそういうものを持っとるちゅうことですから、そういう菩薩の如くありたいっていいますか、自分が。自分も仏様の如くにありたい。あるいは天なら天でも、明王でもいいです。それはいいんです。その如くにありたいということなんですわ。その如くに自分も生きたいというふうな気持ちになるということですわね。なら、まあ、いろいろ自分の家の本尊様が薬師如来であっても十一面観音であっても、まあ不動明王であってもいいですわ、その不動明王の本誓、不動明王の三昧ちゅうものを自分が、高野山大学なら高野山大学で、大正大学で勉強したということになれば、よし、自分もひとつ不動明王の如くに生きたいといいますかね、そういうふうなことが菩提心ちゅうことですわ。

そういう菩提心を本当に持ったっていうか、菩提心に目覚めたっていうふうなことですわ。菩提心、菩提心というと分からんけれども、もうひとつ言い直したら、そういうふうに仏の如くにありたい、菩薩の如くにありたい、明王の如くに生きたいというふうなことだと思います。（いやあ、そんなことはごめんだ…）ということじゃなくてね、そういうふうなことの中身ちゅうようなことをしみじみ、じっくりと味おうてみたら、これはなかなか含蓄のあるもんでね、若い人だったら少しは心をゆすぶられるというようなことがね、あってもおかしくないようなもんですわね。そう思いますよ。

上根上智の人とは誰なのか

「大阿闍梨の云《のたま》わく。若し上根上智の人有って、外道二乗の法を楽《ねが》わず、大度量《だいたくりょう》有って、勇鋭《ゆえい》にして惑無からん者、宜《よろし》く仏乗を修すべし」。

まあ、どうかと言うたら、その、人間ちゅうものに上下左右、いろいろな差別があるんかといったら、真言宗では、あんまりそういうふうなことは言わんのである。で、上根上智っていうふうな言葉は邪魔になるけれども、なら…、でね「機根《きこん》」という言葉があるんです。大学、高等学校の宗門の学校済んだら知っとるでしょうけれども

（黒板に書く）、機根という言葉があってね、機根というのはもう行人自身の素質とか能力といいますかね、まあ個々の人間の能力や素質とかというふうなもの、これが仏教の中の機根論というようなことがあってね、機根の問題というようなことは、仏教の中の一つの問題は一つの問題でしょう。そういうことがあって、真言宗でも機根ということについての説はたくさんある。それで機根というものはこんな種類があるというようなことについて、種類を分けておる説というものがだんだんこうあって、二つにしたり、三つにしたり、四つにしたりというふうにして、まあ機根に、こうなんぼかの種類があるというふうな説が出てきますすよね。ところがあの、そういうようなことになって、機根というようなことについて若干の興味を私も持った時期がありまして、いっぺんどこぞで、それをね、話を一時間ばかりやったことがある。その時はその時なりの話をしたように思うんだけれども、それっきり、まとまりもしないし、今、甚大な興味をそこに持っとるかというとそうでもない。どうも消えてしまったような格好もちょっとありますね。で、仏教も浄土真宗であろうが何教であろうが、機根という考え方があるにはあるけれども、真言宗ということになったらどうかと。真言宗の勉強をしていくのに、機根論ちゅうものをとにかくもう徹底して勉強するちゅうことはきわめて大事なちゅうことになるか、わしはあんまりそう思うとらん…、だんだんあまりそれほどに思っていないちゅうところがあって、だからまあストップじゃ、ちゅう…、ちょっとその方はもうあんまり見んようになってしまった、っていうか。そういう感じですね。

で、真言宗でより大事なことは、まあ仏様ということです、むしろね。法身っていうかね、大日如来っていうかね、まあそういうようなことがもっと大きなことであって、機根というようなことじゃないっていいますかね。機根に種類がある、ないというようなことになりますというと、さっきのようなことで、種類を分けるような説が昔からいくつかあるけれども、しかしもう私はそういうように分けるもなにもないんだというような気持ちを持っておる。つまり、全部完全だというかね、人間は全部完全だというふうな、そういう一つ機がね、あるだけだっていうか。全部もれなく——だからここで言う上根という言葉、上根上智という言葉が『菩提心論』に出てくるけれども、それで行けば、もう人間という人間が全部上根だっていうかね。人間という人間が全部上根だという、そういうようなことやな、強いて言えば、真言宗では。だから、もう、上じゃ下じゃ、右じゃ左じゃというようなことはどうでもいいんだというようなー。

　で、「…上根上智の人有って、外道二乗の法を楽わず、大度量有って、勇鋭にして惑無からん者、宜く仏乗を修すべし」というものは、だから、全員が上根なんだから、全員に、ありとしあらゆる人間もれなく一切の人々に対する呼びかけであって、この呼びかけから漏れる人は一つも無いと、こういかにゃいかんわけよ。そう思う。あの中にいろいろな人間の種類がある、言うとったんでは、「上根上智の法あって外道二乗の法を楽わず」というのは、ある特定の、七十人おるけど、この中でわしや、あんただけにものを言うとるんぞというふうな、それはやっぱりおかしいということであって、大日如来の呼びかけは、もうもれなく一切衆生に対する呼びかけである。まあ、こういうことですね。

　そういうふうに『菩提心論』は、そういうところから入っていって、それから、あんたらはどうかと言ったら、やっぱり、無上の、この上もない、正しい最高の悟りをちゅうかね、それを求める心を起こせと、それは商売をやろうと思うたら、やっぱりそういう心を起こして、何かかにか手を打つ努力を積み重ねていくことによって、商売というものはだんだんだんだん、ちゃんとしたものになってくる、まあ何か役人になるということであっても、医者になるなら医者になるということであっても、初めにちゃんとその何かの、心さだめをして、それからそれだけじゃあ医者になれんから、それだけで役人になれんから、だんだんだんだん、こういうようにもし、こういうようにし、こういうようするとによって、少しづつ医者らしくもなってくるし、役人らしくなってくるというふうなことになるし、坊さんだって同じことだと。わしゃあ、本当の宗教家になりたい、本当の信仰、本当の悟りを得たいという心を発《おこ》して、それから、その次にはこういうようにして、こういうようにして、こういうようにすることが、まあ、まことの悟りを得る道であるというようなね。そういうふうなことになることが、はじめの方にこう書いてある。そういうことになりますわね。

で、まあ、（＊『十巻章』の）二〇六頁を見ていただいたら、そういうふうなこと

＊『十巻章』（じっかんじょう）
真言宗の重要な教義を説く典籍、全十巻七種を集成したもの。空海の「即身成仏義一巻」「声字実相義一巻」「吽字義一巻」「弁顕密二教論二巻」「秘蔵宝鑰三巻」「般若心経秘鍵一巻」に、龍猛菩薩の「菩提心論一巻」を合わせる。現在はこれらを一冊に合本にしたものが各種流布しているが、この講義で使用されているのは高野山大学編『十巻章』（高野山大学出版部、昭和十六年初版）。この他にも『漢和對照／十巻章』中川善教編著（高野山出版社）、『現代語の十巻章と解説』栂尾祥雲（高野山出版社）などが入手できる。

が、一行目から二行目…、一行目のところには名官《みょうかん》という言葉がまん中ごろにある。それからまん中よりちょっと下のところに財寶という言葉がある。財宝が欲しいと思う人間はそういうふうな心があって、それから段取りを積んでいくんだ。名官というのは役人ですわね。役人になろうと思うたらやっぱりそういう心を起こして、菩提心と同じように悟りを求める人間はまずそういう心を起こして、それから段取りをふんでいくちゅうことになるんだということが、三行目ぐらいまで書いてあるわけですね。

仏菩薩にも未熟な時期があった

それから四行目にまいります。このあたりちょっともう言いかかったように思うんです、この前の時間にね。ところがなかなかね、四行目ところのまんなかあたりに何書いてあるかというと、

諸佛菩薩、昔、因地《いんじ》に在《いま》して、是の心を發し已《おわ》って、勝義・行願・三摩地を戒と為《な》し、時として暫くも忘るること無し

――ああ、前のところちょっと飛ばしとるところあるかもわからんなあ、あると思うけど、まあいいや――と言うちゃあおかしいけども、まあ、飛んどる部分がありま

す、ひじょうに問題の一つあるような場所もあるし。けれども、何だなあ、ああ言い、こう言い、こう言いああ言いよってても、だんだん分からんようになってくるかも知らんし、まあちょっとそこんところはおいといて、たまたま意図的にっていうか、故意に飛ばしたんじゃないけれども、部分的に飛んどるところがあるけれども、まあ、今日は今、たまたま来とるところにします。

で、今三行目から四行目だ、二〇六頁の――。

須《すべから》く菩提心の行相を知るべし。行相というは三門を以て分別す。諸佛菩薩、昔、因地に在して、是の心を發し已って、勝義・行願・三摩地を戒とす…

まあ、そこんところいきましょう。「諸仏菩薩、昔、因地に在して」いいでしょうか、まあ、言葉がひとつひとつ分からんかもわかりませんけれども、分からん時は言うてくださいね、一番初めか二回目ごろに言うたと思いますけれども、なんにも分からんのを黙って、何を、それまた問うていいんかも分からんから、とにかくもう一か月二か月とこうやって坐っとるけども、実はなんにもわからん、いったいわしは何しに来たんだろうと、言うた人が、まあ去年、後になってそう言うた人がある、そう思ったと言うた人があるんだな…。そういうようなことは辛抱せんとってほしいということです。まあ自分で分かることならなんでもしますから、無理な辛抱せんでもいい。まあそういうことです。おかしいと思ったら即座に言うていただいたらいいと思います。私になんとかなることなら、なんとかします。

で、因地…。因果っていうことを言うでしょう？「因」というのは未熟っていうようなことですね。未熟に対して、「果」こちらは熟しとるちゅうことですわね。だから、「昔因地にいまして」というのは、仏菩薩もはじめから仏菩薩じゃなかったというふうな発想ですわね、この使われておる言葉はね。

わしらは、だって、今現実にわれわれは不完全だけれども、しかし、より何かまともな者になりたいという願を持ってる、誰でも大小ありますよ、多かれ少なかれありますよ、わしなんかそんなこと一つも思うたことない、どうなってもいいんだ、わしはもうとにかくそんなことなんかまあおかしくって、馬鹿くさい、そんなことで本気になるというのはそんな奴の気が知れない、っていうかね、わしは、いいんだと、このままでいいんだと、おもしろおかしくとにかく一生涯、いうなればちゃらんぽらんで結構や、ちゅうようなそういうふうに思っとる人ちゅうのは、おそらくわしは無いと思う。なんらかの事情やらきっかけによって、たまたまそういうふうな、なにかこう、ややふてくされたような気持ちになることちゅうのは、これは人間はありうる…。けれども、なかなかそういうような気持ちにまで、もうやけくそ言うか、そういうようなまんまで、何年も何年も、何十年も何十年もっていうのは、耐えられないと思います。やっぱりもうちょっとまともにありたい、まともに生きて、まともな人生を、もうちょっと人生をまっとうしたいというようなものは、誰にもあることじゃというふうに私は思う。人間の本性というものだ、それが人間の本性というものだ。どうでもいいちゅうような、なんでもいいちゅうことでなくて、もうちょっと何か、まともでありたいというようなことは…そう思うですよね。

だから、これはここのところでは、「諸仏菩薩、昔、因地に在《いま》して」というんで、今、仏、菩薩というようなことであっても、それは昔はもうちょっと未熟な時代があった。そういう今の仏、今の菩薩、今は仏、今は菩薩というものが、もっと未熟な時代にどうだったか、という話ですね、これは。まあ、あまり細かい理屈は言わんと、読んだ方がいいと思います、ここはね。そうすると、「因地にいまして」、未熟な時期において、かつて、「この心を発しおわって、勝義・行願・三摩地を…」この、心というのは、もう無上の悟りっていいますかね、最高の悟りっていうかね、そういうふうなものを求めて、それからどうしたかというと「勝義・行願・三摩地を戒とす。乃《いま》し成佛に至るまで」これは因と果ということからいえば「果」ですね。果というところに至るまで。

…時として暫くも忘るること無し。惟《ただ》し、真言法の中にのみ即身成佛するが故に是《こ》れ三摩地の法を説く。諸教の中に於いて闕《けっ》して書《しょ》せず

まあ、こういうような文章ですね。で、仏さんも、勝義・行願・三摩地というものを、ずっと心にかけて、そういう生活をいとなんで、それでだんだんだん熟してきて、菩薩となりたまい、仏と、なりたもうたんだ。わしらもやっぱり、勝義・行願・三摩地というものを身に、とにかく踏み行なうていくちゅうことに努めて、歳月をかけていったならば、私たちも仏様なり、菩薩になることができると言いますかね、こういうふうなことを思わされる文章ですよね。で、まあ、それにつけまして「この心を発《おこ》しおわって、勝義・行願・三摩地…」ということが、第一、これはえらい言葉が出てきたけれども、これいったい何ですかと、これは今からだんだん説明が出てくるんです。これから説明で、今は分からんでもいいんです。「勝義・行願・三摩地を戒とす。乃《いま》し成仏に至るまで、時として暫くも忘るること無し」っていうのは、もう、

いつもいつも、いつもいつも勝義・行願・三摩地――勝義・行願・三摩地に明けて、勝義・行願・三摩地に暮れてっていいますかね、そういうことを、かつて、長く仏様も菩薩もそういうふうな生活をされたと、こういうふうに書いてあると思いますし、その如くにわしらもしようじゃないかというようなことを読み取っていくことが出来ると、こう思うんですけれども。

思想は飛べども生活は歩む

まあ、そこのところで「戒とす」というふうな言葉なんかがね、なかなか、これ、大事な言葉の使い方だというふうに思いますね。「戒」ということで、第一よく分からんかも知れません。しかし、これ、おそらく、どうかな――在家の勤行次第っていうもの、私ら、中学の時に昔ね、お寺の子じゃないようなものの、お寺へ参りよったですから、そうするとその「我昔所造諸悪業…」ちゅうようなことからね、「無上甚深微妙の法は…」ちゅうようなことを習うてね、それからまあ「弟子某甲、尽未来際、不殺生、不偸盗…」ちゅうようなことをなにしたりね、十善戒とか、五戒――「不殺生、不偸盗、不邪淫、不妄語、不飲酒」というようなことを言ったり、まあそんなような程度のことは、中学生の時に、けっこう習うたというふうに思います。習うたというよりも、これはまあ、覚えたということかも分からんけれども、そういうようなことで、五戒とか十戒とかいうようなことをいちおう、割合手近なところに、私たちは知っとる。まだまだいろいろありますけれども、そういうような戒というのは、まあ、人を殺さないとか、生物を殺さない、盗みをしないとか、男女には一つの折り目がなければならんというようなことについて、ちゃんと筋道をつけて生きるちゅうようなこととか、まあ、いろいろ、酒の問題もありますし、言葉の上で折り目をつけにゃいけんというような問題もありますし、いろいろあるでしょうね、割合卑近な道徳として仏教の中に説かれる。そういうものが戒ですわね。ところが、戒というようなことが仏教の場合には、なかなかそう本気に、まあ、問題にされないというようになってくるところが、まあ、ある。そこらが仏教のひとつ、こう、もう箍《たが》が緩んどるところですよね。

キリスト教と仏教ということについてね、かつて、もう何で読んだのか忘れましたけれども、それも三年や四年や十年の昔じゃないんです。だいぶ昔に読んだことですけれども、牧師と僧侶というか、宗教家のことについてね、牧師にも表があれば裏もあるといいますかね、そういうふうなことが無いとはけっして言えんというか、牧師もまた人間である。それから坊さんというものもまた人間である。いろいろと表もあり裏もありということについて、いちいち、目くじらを立てて、それを裁いていくちゅうことが、まあ、それにも限度というものもあるし、そういうことが一番肝心かなめなことだと言うんでもないけれども、とにかく、そういうしかし、牧師と坊さんというものを比べるというと、坊さんよりもまだ牧師の方が、いくらか、その、ここでの戒というふうなことから言うとね、やや、牧師の方がね、生活の折り目を持っているといえそうだっていうことを書いてた、その人は。その人がいったいどういう人か、ということも問題ですし、今や何の記憶もありませんけれども、そこで、たとえば、男女の関係というようなことなんかが出とったですよね、まあ、女性とのかかりというようなことについて、坊さんというものは、ほとんどもう普通の在家一般と変わり映えがないというかね、まあ、普通の男性一般というものは、ずいぶんルーズ、いい加減至極のが多いけれども、坊さんはさすがに一本筋が通っとるかというと、案外そうでもないというようなことが書いてあるわけです。ところが牧師の方は、やや坊さんに比べると、やや、ましだというふうな、そういうことがいろいろな統計やら何かをもうとにかく、統計というものをどこまで信じるかも問題だけれども、精一杯そういうふうなものを参照して考えてみるに、やや、ましっていうことが言えそうだということを書いたものを読んだことがあります。

まあ、そうかも知れんと私は思って――そういう前提でものを言うのはおかしいか知りませんけどね、不確実なことかも分かりませんけれども、しかし、さもあろうかというふうに思うんだ。坊さんは戒というようなことを知識としては持ってる。まあ、五戒ですよ、五戒は不殺生、不偸盗、不邪淫、不妄語、不飲酒です。十戒といったら、こうこうこうだ、っていうね。まあまあ、その他、諸々の権大乗の戒があると、それからまあなにやら、小乗にはたくさんの、もっともっと二百とか三百とかいうような条目をたくさん定めた戒律、真言宗には真言宗の秘密三昧耶戒《さんまやかい》というようなことを言うて、まあ、天台宗なら天台宗の円頓《えんどん》というような戒のことがどうだというような、いろいろあるでしょう。そういうようなことについて、多々、知識は持っておっても、実際、何もかにもが、やっぱり、学校でお勉強しました、ちゅうことですよね。で、頭の中には、そういう学校を出た人には、なにほどかの知識をもって卒業する、だから戒律の研究何々…、ちゅうようなことを言うて、卒業論文を書いて卒業してという人もそりゃあ、あるわいな。うーん、まあ、三四年前に、高野山大学でも、弘法大師の戒律というようなことについてね、なかなかちょっと良い論文がありましたよ。ひとかどの努力もしたし、能力もある人でしたからね、良いの書きましたですよね、ちょっとまあ、ちょっとした参考書になる、使えるぐらいのものを書いた人がおりますけれども――。

けれども、いかにせん、ちょこちょこ申しますように、坊さんのは知識だというか、知識というのは――分かりますわね…、（黒板に書く）大正から昭和にかけてね、ちょっと世に影響を与えた一人の求道者がね、「思想は飛べども生活は歩む」と言うて嘆いた、まあそういう人がありますよ。分かりますよね、「思想は飛べども生活は歩む」これはもう頭でものごとを覚えていくというようなことはどうってことはないんですよ、ちょっと頭の、いちおうの能力を持っとる人だったら、学校で学んで、ふうん、そうかそうかと言えば、もう仏教の教えのあれかこれか、イロハの如きことは、きざみこんでいくことは出来ますよ。しかし、生活っていうかね、それでもって人の内面が変わって、人生観が変わってといいますかね、心に大きな転換が起こってっていうようなこと、それはもう根っから、なかなかっていいますかね、生きざまが変わってくるちゅうようなこと、なかなかそういうようにはいきません。もうだんだん菩薩のごとき生き方に変わってくるというのは、なかなかそうはいきませんよね。まあ、ひじょうに、対社会的には逃げ腰であるっていうか、坊さんちゅうものはね、そういうことになりますよね。これは知識はたあんとあるけれども、実際の生活ちゅうものは、いっこうに菩薩らしくないちゅうようなことになりますよね…、そういうことでしょう?それがまあ、それを嘆いたもんです、これはね。

で、だからここで戒という問題も、知識じゃあどうしようもないと。生活が実際もうちゃあんと決まっとらにゃいかん…。これですよね。さすが、というふうなことに、なかなか、ならんですよね。ならんと言って、投げてもいかん。やっぱりなんとかして少しでも、なんとかして少しでも…っていうふうなことの、願は持ち続けに持っとらんにゃいかんというふうに、私は思うんです。

私はまあ、七十七ですよね。おっつけ八、もう夏になったら七十八になりますよね。けれども、まあだまだと思っていますよ。この間、檀家の人、九十二歳で、男の人、死んでね。なかなかしかし、これは豪儀な男で、まあ、自分の意志もなかなか強硬で、ひじょうに奮闘努力した一生でございまして、たんに奮闘努力しただけでなしに、自分のために努力したというだけでなしに、まあ、一種の対社会的にも、なんらかの貢献ちゅうようなことをして終わった、ちゅうか、そういうこととしてはなかなか見上げた人生だったと思うんですけれども、なかなかそれはね…。私やっぱり在家のその人みたいなものの一生というようなものを横目で見て、ほんまにあの、坊さんちゅうものも、いい加減であっちゃいかんというふうに思います。

仏教の言葉は「動詞」である

で、これまあ、いいですね、「因地にいまして、勝義・行願・三摩地を戒とする」っていうことはね、それを、ただの知識ととどめるということでなしに、これを生活っていいますかね…、これを生きるといいますかね。勝義・行願・三摩地に生きる、というか、勝義とは、こうこうこうこう、行願とはこうこうこうこう…、短いんですよ、行願なんてのは、この中に書いてあるのは、なんぼも書いてないんですよ、そんなことをね、調べて覚えるぐらいのことだったらね、たいがいの人がね、行願とは何ぞや、というふうに、かなり書ける人がおりますよ、この中にね。それで、そんなら行願っていうのは…、そんなもんじゃないでしょう?行願はそれでおしまいっちゅうもんじゃないでしょう。これはもう、一生涯の問題でしょう。勝義っていうのは一生涯の問題でしょう?三摩地っていうのは一生涯の問題なんです。

それはまあ、だんだんとこれから述べることですけれども、そういうことで、どうも学校ちゅうことになると言うと、みんな知識で、それで試験が何して、ああ、わしゃあ『菩提心論』は単位を取ったという…、わしは九十点だった、何がそれで『菩提心論』なんちゅうのが卒業出来ますか、そんなもんじゃないですわね。そんなに甘いもんじゃないですわ、一生もんですわね、これは。というのはやっぱり、これをもう、もうちょっと実際、実地、実践といいますかね、自分の心がそういうことによって、そういうことに、本当にこう、なりおおせていくような学び方をしようと思ったら、大変なことになってくると思いますね、大変な覚悟がいるというふうな気もします。

しかし、そういうふうにすべきだということを言うとるのが、たまたま言うとるのが、この言葉だというふうに思うんです。「戒とす」ですね。戒とす、ちゅうなのは、覚えたらおしまいというような意味じゃないですよ。覚えたらおしまいちゅうことじゃないですよ。ずうっと自分がこれは持ち続けるんです。自分に問い続けるんですよ。そういうことであって、初めて勝義が分かり、行願が分かり、じわじわと、三摩地がじわじわと分かってくるというようなことですわね。

ところが仏教というのは、まあ、実を言うたら、もう大かた死にかかっとるんだから――こんなことを言うのはおかしいけれどもね、元来…、私そう思うんです、だからね、元来はもうちょっと実行――こういうことをこういうようにしましょう、ああいうようにしましょう、こうすべきです、というふうなことが、みんなしなくなって、頭の中で覚えて、ああこれは分かった、これは覚えた、これは覚えたちゅうようなことでいくから、つまり、元来「動詞」であるものが、みんな「名詞」になってしまうということですよね。仏教の言葉は元来動詞であるものが、みんな名詞になってしまう。これは仏教というものが無くなってしまったら、こういうものだ。ああ、それは知っとる、それは知っとる、みんな、十問のうちの九・五までは書いた、九十五点ちゅうような、まあ、名詞。だけども、これがみんな名詞のように思うとるもんが実は全部動詞なんだというふうな、そういうふうなことがまあ、仏教を生きておる、仏教を生きるというかね、自分が仏教を生きる姿勢になった時には、実は全部がそれはたんなる名詞じゃないんだということに気がつくと言いますかね、そういうようになってくる、そういうようにするっていうか、そういうような見方をするというようなことが、実際は私たちに課せられておる大事な問題じゃないのかと思うわけです。

本日、ほとんど横道ばっかりのことを言いましたけれども、まあ、だいたい二〇六頁のまんなかぐらいのところを、今うろうろしとったわけです。でまあ、まもなく、二〇六頁のそのところから、行願——終わりから三行目ですね、八行目に「初めに行願といっぱ…」、その行願というのに、その次の時間から、だんだん入っていこうとこう思います。これはひとつの、もう、生活です。これはひとつの生活です。なかなか難しいです。教師が行願するっていうことは難しいです。ええ。まあ、終わります。

第3講　人の値打ち

最高の悟りをめざす志

くりかえして申しております間に何かが残っていくかと思いまして、とにかくくどい話をやっていくつもりです。『菩提心論』、これを、今一頁と二頁目のどこらぐらいまでか行って、ということであって、何かと言いましたら、こういうように題目が二つある（註・「金剛頂瑜伽の中に阿耨多羅三藐三菩提の心を発す論」「瑜伽惣持教門に菩提心の観行を修持することを説く義」の二つ）というようなこと、そして作者は誰かと言うたら龍猛《りゅうみょう》という人だと。それから翻訳者は不空三蔵だと。まあ、そういうふうなことが初めの方に書いてある。

それから内容に入りまして、とにかく、この上もない、正しい最高の悟りということを目標にして、そういう目標に向かって、何かかにかと営んでいくということが宗教生活である。まあこういうことでございまして何はともあれ、ひとつ目印をはっきりさせておいて、何でもそうだろうと思いますわね、どの道行くんでも、この道行くんでも、どこへどうしたらいいんか、何も考えたことがないということはないと思いますから、ちゃんとした目印を持って、その目印に向かって、とにかく、心組みをして、だんだん段取りを踏んで歩いていけば、ひとりでに、少しずつ道に届いていく、道に適うていくちゅうようなことになろうと思いますですね。

　で、菩提心という言葉は馴染まん言葉であったかと思います、半数の皆さんにとりましてはね。しかしまあ、こういう学校に参りましたら、菩提心という言葉はまああ覚えてもらわにゃしかたがないと思います。志《こころざし》っていいますかね…（黒板に書く）。もう、誰でも専修学院に来るっていう時、抵抗があるけれども、とにかくまあ腹を決めて、なんぼか行ったり来りした後に腹をくって入って来るというふうな人もあろうかと思いますし、そういったようなことを昔、わしら中学校に入りました頃にたぶん志というふうな話を聞かされたような気がいたします、学校でですよ。志を立てろと言いますかね、もう中学入ったぐらいからは、それぐらいのことでなけにゃならん、というふうなことであったと思うんです。

　で、仏教というものも、とにかく初めに志を立てて、それから手順があってというふうなことだと。その志というものが、いつでも自分の内に、生き生きと、生き通しに生きて、働いておるということになれば、だんだんそれは坊さんらしくなってくるというもんだと思うんです。あの、能力がございましても、その割りに坊さんらしくなっていかん人っていうのはありますよね。そう思います。私のようにもう八十年近く何してしかも数十年……六十年高野山にもおるんですから、そうやっていろんな人を見ておりますというと、そう思う。だんだんだんだん、立派になっていく人、もう六十になっても七十になっても伸びていくちゅうか。伸びるっていうとおかしいけど、宗教者としてみれば、たしかにだんだん熟していくちゅうように、考えざるを得んような人というのがありますよね。そういうようなのはやはり志というものが始めにあって、そういうものが決して消えないで、なんぼ歳取ってもぼけないで、内側にはそういうものが、いつでも生き生きとしておるというか、そういうことであろうかと思う。そういう時に菩提心、菩提心ということを言うんだ。

善財童子の求法の旅

で、『華厳経《けごんぎょう》』という経典がございます。ちょっとその中にこういう話が出てきまして、これは、華厳というのも、六十華厳、八十華厳という二種類あるいは三種類ございますけれども、その八十華厳の終わりの二十巻というものは、まあ、われわれでもやや読めるというか、なじめる内容になっております。まあ、経典っていうものは、こうやって漢字ばっかり並んでおりますというと、われわれにとっては無縁なもんだと思いがちでございますけれども、うーん、実はそういうことじゃなくって、けっこう面白いドラマがその中にあるっていうか、そういう部分が多々ございまして、華厳の終わり二十巻というものには、そういうところが見える、というか。で、五十三人の、五十人に余る善知識がその中に登場してくる。その一人に、彌伽《みが》という人がおる――。

全体これは八十巻の華厳経の中の、後の二十巻、つまり六十一巻から八十巻までですね。この中に、五十人余りの先生を善財という人が訪ねて歩くというところが出てきます。求道者が善財です。これが、ところが面白いのは、五十人の先生のところへ参りました時に、いつでもいつでも善財がまっさきに申しますことは、私は菩提心を発したということを言うんですね。菩提心を発した、ついてはこれからどういうふうな修行をして行ったらいいかということを教えて欲しいんだと。あなたの体験を教えて欲しいんだと。まあ、こういうことですね。で、その時に質問というものはいつでも十問、十の質問がある。華厳経というのは何しろ十という数を非常に重んじるっていう経典のようでございまして、十ほどの質問というけど、実際読んでみたら、みんな別々の――十じゃないんです。その中の中心は、一つか二つなんです。一つか二つなのに、なんかあえて開いて十にしてしまっている。十という数に、無理から十にしとるというか、十問にしとるという感じでございますけれども、ともかくまあ、この五十人の先生に行った時に、いつでもいつでも善財は、私は菩提心を発した――今こうやってやっておりますす菩提心ですね、菩提心を発した…。これからの修行について、あなたの体験を教えて欲しいんだといいますかね、導いて欲しいんだということを言う。すると、いろいろな反応の仕方がそこにありますね、五十人ですからね、なにしろ先生が。それも次々それが、かたまっておる、学校のようにかたまっておるんじゃございませんで、自分の方が歩いて訪ねて歩くんでございまして、その一人の指導者に会うて、それからまた次の指導者のところへ行くちゅう時に、非常に長い道のりを歩いて行くちゅうようなところもありますよね。まあ、それはそれでいいんだと思います。時代の背景が違いますからね。そうやって先生に会うた時に、くりかえし善財童子は私は菩提心を発した、何分のご指導を願いたいとこういうことになる。

ところが彌伽という人がどうしたかということを今――彌伽という人は、その時に、善財童子の言葉を聞いた直下に質問しますね、「おまえ、本当に菩提心を発したのか」「そのとおりだ…」「おまえ、たしかに菩提心を発したんだな」と。こういうことですね。そうやって念を押しまして、で、善財がそれに間違いないということを強調しました時に、彌伽は、とにかくこういうところに自分がおったとします、まあ、壇があって、ここはちょっとみなさんより心持ち高くなっておる、まあそういう場所を想定したらいいと思います。もっと高い所に彌伽は坐っておったかも知れません。たとえば、こういう（机をたたいて）この上に坐っとるくらいのところに坐っておったかも知れませんけれども、いきなりその高いところから飛び下りまして、善財を拝むんですな…。善財に合掌するといいますかね。あんたに教えることは何もない。あんたに教えることは何もない、菩提心を発した、それだけでたくさんだというかね。そういうことを彌伽は、身をもって教えたことはそういうことなんです。で、まあこういうことは非常に意味の深いことだと思うんでございまして。

仏教は内観の宗教

まあ、あの、それがね、そういうことが分かるっていうことが要るんですよ、本当のことを言えば。宗教家として一生やって行こうということだったら、やっぱりそういうことが要ると思うなあ。つまりこの前も申しましたように、形のあるもの、形の無いものというような——やっぱり形の無いことですから、菩提心とか、悟りを求めるちゅうようなことはね、誰にも分からんことです。私が菩提心を発したというか、菩提心を持っているとか、無上の正しい、最高の悟りをめざしておるとか、どうとかって言うて、なんぼ自分が上の空で言うても、第三者には分からんことですよね。本当にそうであるかどうか、見えないことですから。とにかく見えんのですから。

で、見えんということが、非常にまあ、一方から言うたら、落とし穴でございまして、まあ、そのことにあぐらをかいてしまうと思いますね。見えんのだからそんなフリをしとればいい、芝居で人生を押していこうちゅうような、そういうことが非常に多いと思いますね。坊さん、地獄へ行くと私思うのはそこらです。なんのかんの言ったって、もうとにかくうわべだけを繕うとったらそれでいいんだと言うかね。だって、何が本気であるか、どうであるかこうであるか、芝居であるか、そこらの区別は誰にもつけへんのだから、なんだってかまへんのだというようなことになると思うんですけれども、それじゃあいかんといいますかね。正真正銘の菩提心を発して、菩提をめざす生活をするということはどういうことかということをね、『菩提心論』は一所懸命になって、そのことをとにかく短い文章であるけれども説こうとしとるんだということ、これはもう嘘偽りがあっちゃ駄目なんだ。

　で、まあ面白いのはね、今から、そうね…、今あの男が、なんぼぐらいになるか、六十ぐらいの住職がおるんだ。どこそこのどうだと言ったらひょっとしたら知っとる人があるかも分からんから…。まあ、高等学校を出て、で、そう頭が悪いちゅうんではないんだ。けれども、どうも坊さん向きではないって言うて、その師匠がね、これはもう見込みが無いとこう言ったということがあってね、昔ですね、なんといっても、四十年昔の坊さんの言いそうなことだと思うんです。こいつは菩提心が無いと、こない言うとるんですな。菩提心が無いっていうのは、残酷なようなことですけれども、まあしかしそういうこともあると思いますよね。頭はそこいそこいに働いておるんだけれども、まあこういう形のない信仰とか、悟りとか、いうようなことになるというと、どうも分からんという人が、私はやっぱりあるんじゃないかと思います。うーん、で、そこらのところがね、私はまあ、変なことを言うけれども、自分は目があんまり上等でないもんですから、上等でないことが私にはよかったと思うんです、一方から言えば…。まあ、お陰っていうのはね、どこにあるか分かりませんもんね。私はね、目では勝負はできないんです、人とはね。だからまあ、一方から言えば、そのために、見えないものを見えるようにせにゃいかんとでも言いますか、それだから、内面的なことって少し私には見えるんです、心っていうて形が無いようなもんですけど見えるんです。そういうようなものがどういうふうに動いてどうなって、あんなことはもう、ごじゃごじゃ言わんでも見えるんです。

で、そういうことが、てんで、冗談じゃない、何そんなものが見えるもんか、って言うんではやっぱり具合悪いと思いますね。自分を見て自分を整える、そういう内観の宗教という面が、仏教には非常に強いんですから、まあ自分の内側を見るというふうなことが、てんでできん、内省とか内観とかいう問題、まったく無用なことだとは言えんと思います。二学期になって加行《けぎょう》（真言僧必修の行。四度加行）をやってどうこう、ちゅうような時には、ある程度そういうふうなことが、ついてまわるとこう思いますね。

衆生を観ること己身のごとし

で、第二頁に何しましてね、無上の悟りをめざして行くについて、

三門を以て分別す…、一つには勝義《しょうぎ》、二つには行願《ぎょうがん》、三つには三摩地《さんまじ》なり。

まあ、こういうことになって、それからいよいよ内容に入りまして、初めに行願ということから、それがこの二〇六頁の終わりから三行目ですね。そこから、そろそろやりますと、こない言うとったですね。それまでのところが充分に終わってるとは言えません。終わってると言えんでしょうけれども、まあ、それで何とかなっていっとるということにしましてね、それで行願のところを少し読んでみますわね。

初めに行願といっぱ為《い》わく修習の人《にん》、常に是の如くの心を懐くべし。我當《まさ》に無餘の有情界を利益し安楽すべし。…

こういうことが、少しこう漢文のなじみの無い人には具合の悪いところかも分かりませんね。「利益し安楽する」というところの二と三という返り点が熟語の真ん中に二が入り三が入っとるでしょう、ああいうふうなことがちょっと、で、これは、利益し安楽する、そういうふうに読むんですよね。これは一つの熟語であるかどうかっていうことは少しこういうふうなものを見慣れたら、なんなく分かるんですけれども、そうでない時には、ここのところで非常に戸惑いが起こることがあると思います。これをかつて黒板に書きまして、私がこういうふうにしるしをつけて読みましたところが、それ間違うておるんじゃないかと言うた学生さんがありましてね。これ間違うとると思うとこない言うんだ。間違うてはおらんのだけれども、なじみの、なじんどる度合いが少し違うとったといいますかね、まあ、私の方が言うてもまあ古かったということであって、漢文を少し習っている、少しだけ習っているということが、まあ、そういう抗議となってあらわれてきたんだと思うんですけれども。で、

……十方の含識《がんじき》を観ること猶《なお》し己身の如し。

行願ということについて、まずこういう一行半の文章がございます。それで、これ大変な内容をやっぱり持ってるといえば持ってるんですね。「十方の含識を観ること猶《なお》し己身の如し」。うーん…。まあこれは言葉はいと簡単ですけれども、なかなかですよね、なかなかですよね。これは人を見た時に、誰を見ても自分と同じに思えと、こういう言葉です。人を見た時に、自分と他との間に線を引くなということですが、こういうことは、まあまあ、今の人には――今の人にじゃなく、誰にとってもですけれども、なじまん教えですよね。冗談じゃないっていいますかね、そんなようなわけにはいかんというか、そういうことは不可能だっていうか、まあこういうことになると思いますけれども、しかしここでもう、まず『菩提心論』としては、比較的初めの部分でこういうふうに言っておる。

十方の含識という、十方というのは、もうありとしあらゆる衆生というのと同じことです。十方含識という言葉はね。一切衆生というふうなのと同じようなことですけどね。十方というのは、四方八方というふうなことを言いますね、東西南北で四方ですけれども、またそれから四つの隅というふうなものをいれた時に八方になって、上下を加えたら十方になるというんですね。これでもう、ありとしあらゆる方角をもれなく一切ということと同じになる。十方衆生も一切衆生も、十方含識も一切含識も、含識というのと衆生というふうなのは、同じようなものと思って下さい。それで、十方の衆生を、一切の衆生を観ること猶し己身の如し。誰を見ても自分と思え、自分と同じだと思え。

弘法様は――これは『菩提心論』の言葉ですけれども、弘法様は『三昧耶戒序《さんまやかいじょ》』の中で、こういうふうに言う――衆生を観ること己身および四恩の如し。弘法様はこういうような言い方をされておる。衆生を観ること己身および四恩の如し。「己身」というのは同じことですけれども、ただこの「四恩」が加えてあるといいますかね、一つそういう単語が加上されておる。四恩というのは、恩人という言葉があります、その恩人なら恩人でいいと思います。誰を見ても自分自身とも思い、自分の恩人とも思えというふうなことに、いくらかなるかも分かりませんね。恩人ということの中には、例えば、もう人生の中でこの先生に遇うたということがどれだけよかったかという人がたまたまおったとすれば、あるいは両親じゃったらもう問題ないですよね、少ないでしょうね。自分は親を尊敬するっていうようなことをいう学生さん時々あります、口頭試問の時にね――。

まあ、とにかく、そういうようなものが恩人ですから、誰を見ても自分とも思い、あるいは自分にとっての尊敬しとる、あるいは敬愛しとる、そういう恩人とも思う、誰をも自分の恩人とも思い、自分自身とも思え、っていうか、こういうふうなことを言うて自と他との間に仕切りをつけることを嫌うといいますか、そういうことが仏法の中に多きにありますよね。まあ、宗教生活というようなものは、そういうことでございまして、そういうことが一つ基本にある。そうやってすべての人々を利益し安楽する。利益し安楽するという時に、何はともあれ、すべての人々を自分自身とも思い、自分の恩人とも思うということが、一つの根底に無けにゃならんといいますかね、あるいは出発点にならなければならんというか、そういうことです。

人間は尊い仏性を具えている

そして、そういうことであるけれども、そんなら…っていう、だんだん具体化していくその次に、

利益といっぱ、為《い》はく一切有情を勧發《かんぽつ》して悉く無上菩提に安住せしむ。終《つい》に二乗の法を以て得度せしめず。今真言行人知るべし、一切有情は皆、如来蔵の性を含じて、無上菩提に安住するに堪任せりと。

まあ、そういうようなことですけれども、その中で――あちこちするか分かりません、ちょっと。あちこちすると思いますけれども、

一切有情は皆、如来蔵の性を含じて、無上菩提に安住するに堪任せりと

こういう言葉があります、そこんところを少しまあ、あとさき逆になるかも分かりませんけれども、申しておきます。「如来蔵の性」というようなのは――仏性というような言葉を仏教で言うんです。同じことです。で、一切の衆生がみんな如来蔵の性を含じて、一切の人々がみんな仏性を具《そな》えておって、そういうことですね。で、これは何か言いますというと、見えんことです。見える、見えんという、この間からの言い草を使えば、仏性があるとか無いとかって、これは見えんことですよね。人間とい

うものは、もう大変な値打ちを元来持ってるとこう言うんです、仏教ではね。仏教の人間解釈というような言葉を使えば非常に難しゅうなりますけれども、人間とは一体何やということになった時に、あんまり一所懸命こういうことを言いよったらいかんかも分からんけども、横道になるか分からんけれども、仏性をね、みんな持ってると…、そらあ、仏性っていったら見えんことですから、見えんことですし、だから、そんなものがあるんだと、仏さん、仏さんと、客観的に向こうの方にありがたい尊いものがあって、しかしわれわれ一人一人の人間というものはたいして値打ちのあるもんじゃない。動物一般だと。ちょっとあのいくらか才知を持ち合わせとるというだけのことで、まあ動物と違いないんだと、いうふうなこともあるでしょうけれども、ところがこうやって仏教では、だいたい多くの仏教は、といいますかね、人間というものは本来ひじょうに尊いものを持っとるという、仏性を具えてる。こういうふうに言うわけ。で、そうでない解釈も、しかし仏教の中に無いこともない。それは後になって、そういう仏教が現れてくるということで、まあ、そもそもから言えば、仏教というものは、そういうむしろひじょうに尊厳なる本性を具えておるちゅうか、そういう考え方の仏教の方が多いと見るべきでございます。まあ、広く広く宗教を考えた時には、こういうふうな考え方に同ずる宗教もあろうし、まあ人間というものは実は弱きものであって不潔なもんであって、っていうか、そういうようなことで、たいした可能性を認めようとしない宗教もある。いろいろですね。いろいろですけれども、仏教の中心にあるものは、やはりこの、仏性を具えたひじょうに尊い存在であるっていう考え方だと思います。ところが現実にそういうふうなものは見えませんし、人を見てもそういうように思えないし、自分を見てもそういうように思えないし、だからこういうふうな説というのはおかしいいんじゃないか、というふうなことが案外多いことになるかも知れません。案外そういうふうなことの方が通じやすくって、仏性があってみんな尊いというふうなことが、かえって通用しにくいのかも知れません。

けれども、ここに、この『菩提心論』にこういうふうに書いてありますね。「一切有情は皆、如来蔵の性を含じて無上菩提に安住するに堪任せり」。一切衆生はみんな如来蔵の性を含じておると。これはたまたま引用の言葉ですけれども、しかし真言の、肝心な『菩提心論』の中に引用されてる以上は、もう『菩提心論』の説と考えていいわけですよね。

利益といっぱ、為《い》はく一切有情を勸發《かんぽつ》して悉く無上菩提に安住せしむ。終《つい》に二乗の法を以て得度せしめず。今真言行人知るべし、一切有情は皆、如来蔵の性を含じて、無上菩提に安住するに堪任せりと。この故に二乗の法を以て得度せしめず。故《かるがゆえ》に華厳経に云く、一衆生として真如智慧を具足せざるは無し。但《ただ》し妄想顛倒の執着を以て證得せず。若し妄想を離んぬれば、一切智・自然智・無礙智即ち現前することを得。

繭の中に入ってしまう人生

但《ただ》し…と、後ろの方に行きますというと、ところが、妄想顛倒の執着を以ての故に證得せず。

そういうふうなことで、みんな尊いものを持ってるんだけれども、なかなか、そうだろうか…ということになって信用せんと。信用せんということになると、これはおしまいなんです、本当のことを言うと。

そこらのことについて少しいろんな話をしてみます。こういうような言葉がありましてね、句です。「繭つくる作り終わりて繭に入る」。

…だんだん人絹になって化繊になって、っていう変化があって、長い間に絹織物っていうものは、利用が日常的なものではなくなってしまったという、そういうことですから、けれども、わしらの頃は、っていうか、私らの少年時代っていうたらもう蚕《かいこ》ちゅうようなものは、わしら広島というたら、いちおうど田舎ではないけれども、それでも蚕ちゅうものは分かる。蚕を飼うた覚えもある、私も。で、その蚕が桑を食べまして、どんどん成長いたしまして、そうしますというと、口から糸を出しまして、で、その糸をとにかく、だんだん繭というものが出来る。まあ卵みたいに大きなもんじゃないけど、雀の卵ぐらいのものちゅうかね…いや、鳩の卵ぐらいちゅうとこかな、そんな卵ぐらいの大きさのものを何して、で、その中に蚕が入ってしまうですね。だんだんだんだん内側へ繭が、口から糸を出していくんですけれども、それが繭の形になってくる。形になった時に、ちょうど、もう俵みたいな格好になっちゃってね、で、この中に蚕が入ってしまうわけだ。入ってしまう。そしたら、その繭を煮て、熱湯で、とにかく煮て、それからまあ、糸をいっぺんほぐして取っていくちゅうような操作がございまして、だんだん、織物になるまでには階段がございますけれども、とにかくいちおう蚕は桑を食べて大きくなって、体が一番大きくなった時に、体がちょっと透けたような、透き通ったような、色になりましてね、その頃になって、今までこうあちこちに多少行動の範囲がありましたものが、もう桑を食べることもやめて、口から糸を吐き出す、で、その糸が、無鉄砲に大きなものを作るんじゃなくて、ちょうど自分の体がその中に入ってしまうくらいの繭ちゅうもの、こういうような俵のような形のものを自分で糸で作っていくわけでして、で、外側にそういうものを作っていって、自分は外でおるんか、ちゅうんじゃなくて、自分は中に入ってしまうんですね。入ってしまう。入ってしまうところが、蚕の一生の終わりのようなことになってしまうわけでございまして、そうやって、何百何千の繭が出来たちゅう時になって、その繭が全部熱湯の中で煮沸されてしまうということになって、そうしますというと、蚕はもう死んでしまいますから、中でもう炊かれてしまうわけですから、それで蚕の一生というのはおしまいですわね。で、そういうようなところを、まあ「繭つくる作り終わりて繭に入る」という句が言うとるんだと思うんです。

で、はじめは蚕といえども、広い天地で、桑を食べて無心にだんだん成長していくわけです。だんだん一人前になりました時に、今まで広い、もうちょっと広い箱の中で、たった一匹おったたっていいんです。一匹おって、たくさんの桑の葉をその中であてがわれて、朝から夕方まで、夕から晩までといいますかね、バリバリバリバリ食べとれば、それが仕事であって――ところが、成長してきた時になって、急に世界が狭くなってくるっていうか、これだけの箱いっぱいに、たった一匹の蚕がおったっていいんですけれども、ところがそれが、たったこんな小さな繭の中に入ってしまう。しかもそれで蚕の生涯が終わってしまう。こういうふうなことを言ってるだけの句といえば句ですけれども、しかし人間というものがこういうもんだというふうに私は思うんですわ。こういうもんだというふうに思うですし、たぶんこれを作った人も、そう思ってこれを作ってるんだと思いますね。「繭つくる作り終わりて繭に入る」。

人間っていうようなものは、だんだんだんだん、自分で自分の世界を狭くしていきましてね、で、そういうカラの中に籠もりましてね、それで人間の一生が終わると。はじめはもう大きな夢を見ていますよ、少年時代の夢はとにかく、もうとにかく、無限に広がった大きな夢を持っとると思いますけれども、それからまあ学校を出ましてね、学校へ行っとる間にだんだんだんだん夢は、もうしぼんでまいりますよ。もう社会人となって、ますます夢はしぼんでまいりますよ。営々として、とにかく小さな、自分とそれから回りの眷属二人か三人かを養うことのために、あっちの顔色をうかがい、こっちの顔色をうかがいながらね、それでもなんとかかんとか生きていかなきゃいけませんから、そうやって最終的には繭の中に入っておしまいになってしまって――いうけども、ずうっと、それほど少年時代のように奔放に夢がふくらんでというようなことはめったにないと思いますね。だんだんだんだん小さなところでおしまいになってしまって、いうようなことが考えられますし、まあもうちょっと内面的な宗教的なように何すれば、人間が無限の可能性を持っていると、そうやって仏性を持っているということは、無限の可能性があるということでしょう。無限の可能性を持っておるということなんだけれども、人間はそういうことをいつでも思うて、いつでもそれを忘れずに、そういうことに希望を持って、まあ孜々《しし》としてその希望の、そういう方向に向かって生き通しに生きていくことが出来るかというたら、そうじゃなくって、現実というようなことは、そういうことを忘れるような方向にばっかりなりがちなもんであって、だんだんだんだん、そういう当初の夢も理想もほど遠くなってしまってっていうか、それから自分が本来仏性を持ってるとか、無限の可能性を持っているというようなことも、だんだんだんだん、もう何やら霞《かす》んでしまって――。

自信を失なう時

そういうことをわし思うのはね、学校生活みたいなものを考えたら一番てっとり早いと思うんです。学校へ行きますというと、だんだんだんだんだん学校が好きになって、だんだんだんだんだん、もう、おお、おおと言うてみんながもう驚くように、自分の能力が伸びて行って、どんどんどんどん、することなすことほんまにツボにはまってって、もうわれながら感心するぐらいに、ようやってきたもんだと思うように、そういうことで小学校を終わり、中学校を終わり、高校を終わり、大学を終わり、いうようなことになっていくかというと、そういうもんでもないと思います。多くの場合はだんだんだんだん学校の生活をつめばつむほど、自信を失なってくるものだと思います。だんだんだんだん、自分の可能性って、さあ、そんなもの、というようなことになって、もうパチンと夢ははじけてしまうんですからね。自分はそんな器ではないと思うようになり、高校へ行ったり、だんだんだんだん勉強が嫌いになり、大学へ行ったらみんな居眠りしてちゅうようなことになって、まあめったにそう孜々として、燃え立って向学の心に生きるちゅうような、そういうもんじゃないと思いますね。そういうふうになかなかならん。

なんで、なかなかならんかちゅうたら、やっぱり、その、ここで言えば、仏性なら仏性、如来蔵の性なら如来蔵の性、別な言葉で言うたら可能性、無限の可能性というようなことは、形の無いもんですから、見失なってしまう…。見失なってしまう。ところがよく見えるのは何かと言うたら、自分の歴史ですよね。小学校六年間、自分はいつでも低空飛行しとった、たとえば。中学校三年間、いつでも低空飛行であった、というようなことになりますというと、これが歴史だ。そういう、これの方がよく見える。誰もがそう言う、いうかね。自分もどうもそうじゃないかと思うし、自分の親も自分の能力を信用してくれんし、学校の先生も信用してくれん、友達もみんなおまえ大したことない、とこう言うて、みんながそういうレッテルを貼ってくれるということになりますというと、まあ、見えない仏性とか、如来蔵の性とかいうようなことは、もう行方不明になってしまうわけですよね。そうやって、あんまり勉強が好きでもなく、勉強も出来もしない私というものだけが残ってしまう、いうようなことになるのが、「繭つくる作り終わりて繭に入る」ちゅうことじゃないかという気がいたします。

つまり、繭つくるというのは、過去の仕事ですけれども、最後の、蚕の一生をかけた最後の仕事が繭をつくるということなんですけれども、やっぱり仕事の中で自分というものを見失なってしまう。仕事をするにつれて、だんだんだんだん自信を失なう。で、つまり自信の持てるような仕事という、自信を持てるような歴史というのがなかなか人間には持てなくって、だんだんだんだん、学校生活なら学校生活、あるいは就職してからの生活であってもいいですけれども、そういうことをすればするほど自信が無くなってしまう、いうことだってありうると思うんです。で、しかもそういうものはよく見える。何年間学校へ行っとる時はこうであったという歴史は厳然としてありますから、そういうことがよく見える。

それに比べて、仏性とか如来蔵の性ということは見えない。もうなんにも分け分からんようになってしまうということになると思うんです。

で、そういうような時にどうなるかと言いますというと、やっぱり優れた指導者に遇うといいますかね、そういうふうな時、自分が、まったく何の夢も希望も失なったという状況にある時に、また原点に帰って、やろうという気を起こしてちゅうようなことになるかならんかちゅうようなことは、多分に何か自分がそういう指導者を持つか持たんか、というようなことにもね、関係が出てくると思うんです。優れた指導者というものは、だいたいそういうふうなところのツボどころを心得ておって、相手がそういうようになって、非常にこう自分に自信を失なってしまっとるような時でも、ちゃんとそれを見定めておって、ある、極めて適切な時期に、適切な導きをもって、その人間がうやむやになってしまわないように、よみがえらせるような手立てを講じるといいますか、そういうふうなことをすると思いますね。

そういうことを自分で、自分に対してするということが出来ず、まあたまたま回りにもそういうような指導者を持たなかったということになりますというと、ずるずると、分けが分からんことになって、分けが分からん一生になってしまって、ということだってゴマンとあるというふうに、まあ、私は思うわけでございます。

ある死刑囚

弘法様の幼名は貴物《とうともの》という――真魚《まお》ということの他に、弘法大師の幼年時代に、両親が貴物というふうに呼んだという、『御遺告《ごゆいごう》』には呼んだというふうにとれる表現がありますね。*

貴物というふうに呼ぶということは、たいした値打ちのあることだというふうに思います、自分の子供に向かってね、貴物よ、貴物よというようなことはね、なかなかそうやって…、だから両親というものは、もう期せずして非常な教育者であったというふうな気がいたします。ちゃんと――相手の中に見えんものですけども、そういう仏性とか、如来蔵の性とかというようなものは見えんもんですけども、いかにそういうものを見据えたかのごとくに、貴物というふうな呼び方をした、呼び方をし続けたというようなことは値打ちのあることだと思います。しかし学校というようなものは、必ずしもそういうことはしとらんというふうに思います。学校というものは、教師というものは、まあいい加減なことでございまして、なんだかかんだか、いちおう何か切り売りをいたしまして、けれども一人一人の学生、生徒というふうなものに定めて、そういうふうなものが本当にまあ、この上なく立派に最高に伸びていくちゅうようなことに喜びを感じ、そういうことを手助けすることを使命と思って…、なかなかそういうことには行きませんですよね。いい加減なことで、まあやってとるちゅうなことが多いとしなければならんと思います。まあ、これはこちらの懺悔というようなこと

＊夫れ以れば、吾れ昔、生を得て父母の家に在りし時、生年五六の間、夢に常に八葉蓮華の中に居坐して諸仏と共に語ると見き。然りといへども専ら父母に語らず、いわんや他人に語らんや。この間、父母ひとえにあわれんで字《あざな》して貴物と号す。
『御遺告』（二十五箇条）

になりますけれども、そういうようなことになりがちなもんだ。

けれども、時々本当の指導者というようなのがおる。で、そういう指導者に遇うことが出来た人っていうのは幸せだと思う。たとえば、あの、今から二十年ぐらい前でしょうかね…、二十年ぐらい前に巣鴨で死刑された島秋人という男がおるでしょう、これは、短歌が、いい歌を作ったんですね。しかし学歴があるんでもなんでもないんです。集団就職ちゅうようなことかなあ、とにかく田舎で、中学校出て、それでもう集団で汽車に乗って、だからもっと前かも分からんですね、都へ出て就職したけれども、そこで本当に落ち着いて仕事を喜んでやっていくことが出来とったら、その人の生涯は変わっとったわけですけれども、どうしてもその職場になじむことが出来なくって、自分のところへいっぺん帰ろうということで、だまってその職場を飛び出してしまって、まあ少年だからいたしかたないですよね、そうやって自分のところまで、金もおそらく無かったんでしょうし、どうやって戻ってきたんか、田舎まで時間かけて戻ってきて、それまでに若干持っておった金もなけなしになってしもうたんかな、それで、あるところへ、農家に入って、それは田舎でそんなところに入るっていうのは簡単ですわね、戸締まりなんかしてないでしょうから、それでたまたま食べるもんがあったから、飯食べとったんでしょうや。ところが家人が戻ってきて咎《とが》められた。あることですね。誰だって咎めるでしょうね。どうしたんだというようなことになって、その時やっぱりうろたえて、片方も悪い人間でもないのに、お互いに悪い人間ではないのに、出会いが不幸だとこういうことになって、それでその少年は何とかその場を逃れたい一心で、ですよね、それがどうしたんかこうしたんか、細かなことは忘れましたけれども、とにかく相手を殺してしまったんですね。相手はおばさんであったと思いますけどね。

で、そのことが直接の罪科となって死刑になっていくんですけれどね。ずうっと、獄舎の生活をしとる間にだんだんいろんな、初めていろんなものにふれて、こんなことをもうちょっと早く知っとれば…ちゅうようなものにふれていくんですよね。短歌なら短歌というようなものも、その時になって覚える。しかも非常に手筋がいいと言われてね、どんどんこう作っていくのが、この人間が死刑になって刊行されますよね、この人の歌集がね。まあ、そういうようなことで、名前はほんの一部の人でも知っとる人があると思うんですけど、島秋人という…。

人の値打ちを見いだす

ところで一つ、なんでこういうことを言い出したか、ということですね。というのは、一年に一回、二年にいっぺんぐらい、島秋人を思い出すんだ、僕はね。で、その先生がね、この人が中学校の時の先生の中にね、良い先生が一人おったんだね。これはまあ主として、絵の、図画の指導をしとった先生らしいけども、島という人の絵には、ひじょうにこう、異色のある絵を描くというか、ひじょうにもう色の使い方がうまいといいますか、何といいますかね。ちょいちょい島の絵を褒めておったというんです。こうみんなに見せてね、これはいい、見所のある絵だっていうことでね、褒めておった。

これが、彼がいよいよそうやって罪を犯して、もうさっぱり自由を奪われてしまって、つながれてしまった身分になった時に、まあ思い出したのは、この先生のことだ。で、先生に手紙を書いてね、自分はこういうようなことになって、まあ、刑務所の暮らしだっていうことを…。それを知った先生が一月にいっぺんずつか、きっちり見舞いに足を運ぶんです。で、自分が行けない時は奥さんが代わって行くといいますかね。でも、そういうこと自身ひじょうに立派なことですけれども、一方から言いますと、島という、この少年が、なんでその先生のことを思い出したかと言うたら、その先生以外の他の先生はほとんど認めてくれることがないちゅうかね、他の先生に褒められたっていう覚えはないけれども、ただこの先生だけが、自分の絵について、ちょこちょこ褒めてくれたという、その褒めてくれた先生のことを思い出しとるということが値打ちがあるちゅうかね、面白いということですね。

で、それで手紙を出して、先生との間に交流が…、もうちょっと、じゃからこういうような先生のことを早く、あるいはこの先生ともうちょっと早く、もうちょっと深いつながりを持っとったらば、というような気もいたしますしね、それには、島という少年が幼すぎたということだと思いますけれども、ともかく、面白いと思いますことは、くどいようですけれども、自分を認めてくれた先生を一番、真っ先に思い出したと、こういうようなことになりますというと、これはまあ一方から言ったら、値打ちのあることでございまして、人間は人を信じることがひじょうに大事だと。「一切の衆生を観ること己身及び四恩のごとし」。こういうことが、まあ、たとえば、その先生の島を認めたということをね、仏教流儀に言えば、こういうふうなことになるかも分かりませんしね。ともかく、何によらず、相手の中のどこか一つ目をつけて、その人間を認めるというようなことが、あるかないかちゅうことが、ひじょうに指導者としては大事なことになる、もうひじょうに大事なことになるということだけは、たしかなことだと思います。

私自身はあんまり人を、うまい按配によう褒めとらんと思います。しばしばよけいなことを、どうでもいいことのために相手を罵倒するようなことになったりしましてね。考えてみたら、つまらん教師だと思います、指導者としてはね、そう思います。本当の教師というものはそういうもんじゃないと思うんです。相手をちゃんとどこぞで、こういうところは、はっきり言うて立派だというふうなことをね、何しますっていうと、本当にそれはなってくるんだ、相手が不思議にね。初めはそれほどでなくて、本当かいなと、聞いた本人がそう思うくらいであっても、だんだんそういうようになってくるということは本当だと思います。

私はね――自分のことを言うのはおかしいですけれどね、ある時、私が知人のことを、まあ、ある先生との間で話しとった。知人と言いましても、その先生は、私の知人なるものをあんまり知らんのです。で、この人が、今こういうことなんで、ああいうことなんで、ちゅうようなことを話しておった。ところがまあ、たまたまそういう時であったと思いますけれども、その先生が、あんたはいいところがあると、わしに、言うんですよね。あんたは、わりあい、この世の中で気の毒だと思われるような立場の人に対して同情することを知っとる。なんとかその人を、今のやや行き詰まったような状況の中から引き上げていくことが出来たらなあと思うて、そういうことの手立てというようなことを、やっぱり自分なりに考えようとし、自分の考えの、どうせ足らんと思う時に、そういうことについて助言を求めるちゅうようなことが、ちょいちょいあんたにはある、といいますかね。そうやって、立場の弱い人やら力弱き人に心くばりが出来るちゅうことは、君、大事なものを君は持ってると、こういうふうに言われた。わしは、そうかいな…っていうぐらいのことでした、それを聞きましたときに、さっき申しますようにね。

ところがだんだんそれをその通りにならにゃいかんというように思うようになったちゅうかね、そのような在り方をせにゃいかんちゅうかね、なるべくそういうような在り方をせよということだという、それが出来ん時には、どうもやっぱりそれは、これはいかんといいますかね、なんとかしてそういうところの、かつて、今は亡くなったその先生にそう言われたごとくに、自分を持っていきたいちゅうような気持ちがだんだん私の中にあって、消えずに残っておって、まあ、そういうことはね、確かにそうなんです。

で、それにつけても、まあ、人を認めるとか、人を評価するということについてね、あんまりケチケチしとってはいかんのじゃ、少々当たらん部分があってもですね、三のところを五ぐらいに、五のところを十ぐらいに言うて、っていいますかね、まあ、妙な駆け引きだと思われるかもしれませんけれども、それは案外と効果を発揮するちゅうか、そういうふうな気がするわけでございます。

うーん、まあ、ともかく、昔の教師の中には、時々、ひじょうにそのず抜けて偉い人が立派な人がおりますよね。この島少年についての、その先生ちゅうものは、これは正真正銘、相手が絵は面白い絵を描いたのかもしらんと思いますけれども、たとえそうでなくっても認めるということはたしかに値打ちのあることなんだ、ということでございます。

勝義・行願・三摩地の生活

で、今日のところは――今日のところは、って今までわずか二行か三行でございますけれども、行願ということについて書いてある。それは一切の人々をみんな自分自身とも思い、自分の恩人とも思うことだと。ひじょうに自分にとっては大事なことですよね。大事なもの、きわめて大切にする。人をきわめて大切に考えるということが、まず謳《うた》われてきておると思います。なんでひじょうに大切にせにゃならんのかと言うたら、相手はみんな仏性を持って、如来蔵の性を持っとって、値打ちのないものなんて一つもないんだ、だからもうとにかく本気に大事にしなければならん。まあ、こういうふうな書き方が、まず初めの三行か四行のところに出来とる。こういうふうに思っていただいたらいいわけですね。

で、行願《ぎょうがん》ということですけれども、これはあの、自分の気持ちだけのことだ、どうせ形に現われるものじゃないんだ、というように決めてしまわないで、人を大事にするとか、大悲とかいうことはやっぱり形に現わしていくちゅうかね、で、ここに書いてある、大悲とか行願とかいうこと、二つに分けて、利益し安楽する、いうような時の利益というのは、すべてをみんな、すべての人々を即身成仏させるといいますかね、成仏させる、仏の位に導くということが、これが利益——そういうふうなことが出来るもんか、というようなことでなしに、こういう『菩提心論』というのは、だから、しかしひじょうに難しいことを人間に向かって要求しとるというか、われわれに向かって要求しとると言うべきですね、一方から言えば。

勝義《しょうぎ》、行願、三摩地を戒として、時として暫《しばら》くも忘るること無し

昔、仏菩薩というのは、みんなもう、そうやって一刻も、勝義、行願、三摩地《さんまじ》ということを忘れることがなかった。時としてしばらくも忘れることがなかった。わしらも、時としてしばらくも、忘るることなく、勝義し、行願し、三摩地しなければならんというのが、まあ、この『菩提心論』の教えちゅうことになるわな。

で、勝義というのも、一つの具体的な生活ですし、行願というのも生活です。それから三摩地というのもむろん、そういうことでございまして、だから、勝義ということは、この前の言い草から言えば、名詞ではないんだと。勝義し、行願し、三摩地する。いつもいつも一切の時において、怠ることなく、忘るることなく、勝義し、行願し、三摩地しなければならんというふうなことが、ちょっと初めに書いてあるんだ。ところが、たいへん――しかもちょっと難しいことは行願から説き始めてあるということですね、行願から。まあ、二〇六頁を見てください。二〇六頁の五行目、

是の心を発し已《おわ》って、勝義、行願、三摩地を戒と為す

こうでしょう、勝義、行願、三摩地を戒とす、こういうような順序になっとる。ところがそれから二三行いきまして、その頁の終わりから四行目には、

一つには行願、二つには勝義、三つには三摩地なり

こういうふうに、これからこういう順序で内容を進めていく、叙述を進めていくというようなことになった時には、行願、勝義、三摩地という順序にしてあるですわな。「諸仏菩薩、昔因地に在して…勝義、行願、三摩地を戒として、時として忘れることなかった」いうようなことが書いてあって、こういう順序になっとったのに、今度内容に入った時には、一つには行願、二つには勝義、三つには三摩地なり、と、ここんところが順序がひっくりかえっておるんですね。ひっくりかえっとったって、どうしたって、たいしたことないじゃないかということもあるとは思います。あるとは思いますけれども、なんらかの意図があるというふうに考えることも出来んことはないと思います。

勝義ということは、何か、いろいろ——いろいろね、後になって、そこまで行けば分かりますけれども、二乗とか外道《げどう》とか、二乗というのは小乗仏教です、それから外道というのは仏教以外の教えです。そういうふうなものとかいうようなことを、ずっ

とこう、教えにしたがって、外道の教えを喜んでおるようなこっちゃだめだって、いいますかね、それから二乗の教えを喜んどるようなことじゃだめだというか、何となれば、それはこうこうこういうわけだから、大乗仏教、密教の教えを選ぶべきだと、こういうことでございます。

第4講　自分と他人という仕切り

みんなと共に無上の菩提を得る

この前のことも半分しか思い出せなくて、テープがいい加減ヒョロヒョロしたことであっても、あとをたどることは可能なんですけれども、ちょっとそれも聞き損ねて、っていうのはおかしいんですけれども、おととい、先おとといほど、止むを得んことで葬式があって、何しましてね、それから、おとといと昨日と人が上がってきて、そういう人が、そしらぬ顔をしとれんような都合の人ばっかりであった、というようなことで、それをゆっくり聞いとることもしきらなんだということなんです、事情を申しますと――。

で、まあ、想像で多少こうであっただろうと思うことをふんまえてものを言うてまいりたいと思います。

頁数から申しますと、二〇六頁から二〇七頁に入っておる…、二〇七頁に入っておるかとこういうふうに思うんです。それで「行願」という、二〇六頁の最後の行は、「言う所の利益といっぱ…」という利益という言葉が最後の行、それからその二行前つまり全体から言うと八行目にあたるところ、そこは「行願といっぱ…」ちゅうようになっとる。まあ「行願」っていうことの中身が利益と安楽ということに分かれとるということであって、その利益というのは何か言うたら、人々を最高の教えによって導いていくというか、あるいは最高の真理に導くというか、あるいは最高の悟りにすべての人々を導こうとすることが利益ということなんだと。そういうことが、こう書いてあるわけですね。ちょっとそこを見てみますというと、二〇六頁の最後の行ね――

一切有情を勧發《かんぼつ》して悉く無上菩提に安住せしむ。ついに二乗の法を以て得度せしめず

という言葉が、ありますわね。みんな最高の悟りに連れていく。二乗の法では、二乗の宗教でもって最高の悟りに導くことは不可能だ、だから、よりすぐれた教えによって、最高の悟りにすべての人々を導かねばいかんと、こう書いてありますわね、一行半にわたって。たった一行半ですけれども、すべての人々を最高の悟りに導く。それには最高の教えをもってしなければならん。最高の教えをもって最高の悟りに導く。まあ、何かそういうことが書いてあると思います。

で、二乗では駄目なんだと。その二乗ですけれども、今までに何ほど二乗のことが出てきたんか、そこらになると前のことを忘れるんですけれども、まあ二乗というのは、小乗教というふうな言葉がありまして、一部の人はもう耳に充分知り過ぎるぐら

いに分かっておるちゅうことであってみたり、あんまり聞いたことがないということであったりするかも分かりませんけれども、まあ、大乗の教えというふうなのは、みんなとともに、みんなが一緒になって、みんな助かっていくっていうか、自分だけが悟りの喜びを得ようとするということじゃなくって、みんなとともに悟りの喜びを得ようとする教えというか、まあそういったようなことで、だから大きな乗り物というふうに、こう書いてある。自分一人のことじゃない。

——まあ、もう大昔になりますが、もう戦争の終戦前後であったかと思いますけれども、高野山で、これ誰の話でございましたか、散髪屋か何かで、高野の町民が二三、順序を待って髪を一人が摘んどる、次の人間は自分の順番を待ってる、もう一人の人間は済んだけれども、ちょっと腰かけて事のついでに世間話に入っとる。で、一体大乗とか小乗という言葉があるけど、一体どういう意味や。ああ大乗というのはこうだ、小乗というのはこうだ、っていうふうなことを、まあ一人がやや知っとったとみえまして、そういうことを言うとった。だったら一体全体、高野山の仏教っていうのは何になるのか、大乗か小乗か、今の話だとわしは小乗仏教だと思うな…、こう言うたという話がね、まあ、何かその頃ありましてね、誰から私の耳に入ったのかは、もう何ともかとも大昔のことになりますので思い出すことも不可能でございますけれども、まあ、ある意味で面白い話だと言っちゃおかしいけれども、大乗というのはみんなといっしょに、みんなと共に、まあ我のみ一人菩提の喜びを得ようとするこっちゃない。何はともあれ自分が悟ることが肝心だ、人のことばっかり考えてる暇は無いちゅうようなのが小乗だ。で、みんなといっしょでなけにゃ駄目だというか、自分のことだけ考えとるようなこっちゃ、到底仏道の修行者とは言えんというふうな考え方に立つのがまあ大乗教というようなことになるわな。ところが、そういうような話が出た後で、だったら高野山の仏教は小乗仏教だろうと、誰かがその三人の中の一人が言うたちゅうのは私はええとこを言うとるんじゃないかという気がするんですね。

ええ、まあまあ、そんなことを言うと、高野山の坊さんは怒るじゃろうと思うけれども、怒るだけの人じゃったら、まあちゃんとした人だとも言えるし、また高野山の坊さんがみんな、そんな何もかにも、きわめていい加減であるとも言い切れん。わしはちゃんと一分の坊さんとしての道を責任を果たしておる、こう言われる人、言える人ちゅうのも、だんだんそれはあるというべきかと思いますけれども、またしかし、本当に人、みんなの幸せとか。悟りとかちゅうようなことを自分の問題のごとくに考えて一生懸命であるというような人ちゅうことになるともう存外と無いんじゃないかという気もいたします。

で、そういうことになると昔に、何十年かさかのぼったところには、ちらほらと、立派な人がおられたと見るべきですけれども、近ごろの人ということになると、だいぶ自分のことだけに、いっぱいいっぱいになってっていうか、若い者のことやなんかはもう、ほとんど問題にしとらんというふうなことだって無いとは言えんと思いますし、だから学生がわりあいこの、高野のお寺におりながら喜んでおる人が少ないといいますかね、ウジ虫同様に思うておるちゅうようなことを言うて、まあ最終的にはお寺と喧嘩して飛び出していく、ちゅうなのは昔も今も変わらず、だいぶあるこっちゃろうと思うんですけれども、そういう一面があると言やあ、あると思うんですね。

これはまあ人間というものはそういうもんでして、なんて言うても、形とか、形の無いもの、というようなことを前に申しましたけれども、なんやら形がひじょうに、ものを言いますから、大きなお寺におるとか、自分は経済力持っておるとか、っていうようなことになりますというと、自然、それで態度がでかくなってくる、ちゅうのは、まあ人間の弱さでございまして、そういうことから言うと、まあこの小さな、地方の、まあ名も無きお寺の息子ちゅうようなものを一人前とはとてもよう思わんというような、まあそういう人がおって――いいとは思わんけれども、そういう人がおるんだろうかと思うのは思うわな。まあ、そこらがトラブルの起こる一因であるか思うんですけれども、まあ、しかし、大乗とかいうようなことは、そういう形に見えるものを基準にして人が重んじられたり、おろそかにされたりちゅうようなことじゃなくって、全部がみんな仏性を持っとって、無上菩提に達するだけの資格を持っておるということである。だから平等に尊重されなければならんという前提があるということをこの前にも書いてある通りでございます。

一切衆生にみな仏性あり

で、そのことについてちょっと補足をしておきます。前、言うておらんと思う言葉を一つ二つあげておきます。（板書）こういったような言葉が、お大師さまのお言葉の中にある。一番はじめ、

一切衆生、皆仏性あり。一一に秘密の深器にあらざるなし

これは、あの、お大師さまの、不動明王の十九相というようなこと、前に言うてな

いですか、十九ほど不動明王には、お姿の上に特色がある。目はこういうようになっとるとか、口はこういうようになっとるとか、頭の毛がどういうようになっとるとか、剣を持っておられるとか、磐《いわ》の上にどうしとる、身体の色がどうしたというようなことについて数えていくと十九ほど、人間の手相とか人相とかというときの相ですね、相があるというふうに言われておりまして、そのことを述べられたお大師さまの御文章（『唅《かん》十九種相観想略頌文』）の中に、この第一番目の言葉が入っとる。次、

自心は亦《ま》た是れ三身の土なり。五智の荘厳本より豊なり。

これは『性霊集』（巻一、喜雨の歌）の中にあります。それから三番目（『十住心論』巻十、経疏七の引用）は、

如来の無碍知見は一切衆生相続の中に在って法爾に成就して缺減《けつげん》有ることなしだいたいの意味を述べてみます。

「一切衆生、皆仏性あり…」っていうのは、これはまあ今『菩提心論』の中にそういうことがちょうど述べてあるわけですから。どういうふうに言ってあるかといったら、二〇七頁の一行目の後半、

今、真言行人知るべし、一切有情は皆、如来蔵の性を含じて、皆無上菩提に安住す

るに堪任せりと

みんな如来蔵の性を具えておる、いうところが『菩提心論』にあるのと、これと同じことですわね。で、「――に秘密の深器」深っていうのは、深い、それから器というのは「うつわ」ですね。まあ、こういう言葉は、分からんでも、およそ見当は、みなさんつくじゃろうと思いますね。あれはそんな器ではない、なんていうような言葉はちゃんと普通の言葉になっとると思いますね。何かの役どころに、誰かがついた、で、あれは大丈夫かな、あの男はとてもじゃないが荷が重いんじゃないか、といいますかね、それほどの器とは思えんというふうなことを言うことがあるでしょう。だから、深器といったら、しかるべき人物っていうようなことに、だいたいなりますよね。「――に秘密の深器にあらざるなし」誰もかれもが、もうあんなものはただの知れたボンクラだといいますかね、たいした人物じゃないと。たいした器ではないという、そんなことはみだりに言うべきことではなくって、誰もかれもが、しかるべき器である、みんな上等だっていうかね、捨てたものは一つもないっていうか、まあこういうことになるのが第一番目ですね。

二番目は「自心はまたこれ三身の土なり…」三身っていうのは、仏に三身あるというようなこと――『（弁顕密）二教論』にあります、「それ仏に三身あり、教はすなはち二種なり」というのが、『二教論』の書き出しですね。仏に三身あり、教はすなわち二種なり、顕教と密教だ。仏教というのは二つある、顕教と密教だ。仏様はなんぼあるかと言ったら、法身、報身、応身の三つだ。こういうことが『二教論』の書き出しであります。その三身というのをそこに引っぱってあるわけでして、栂尾《とがのお》（祥雲《しょううん》）先生など、この三身という言葉には「ほとけ」という仮名をつけておられる、もうそれでいいですね、仏に三身ありというんですからね。結局、三身と言うたら、何と何と何じゃというようなことになるにはなるけれども、しかしもとに帰して言えば仏は三つあると言うんじゃから、三身は「ほとけ」という仮名をつけられてもいっこうに…、そんなことはないということは言えませんわね。

自心はまたこれ三身の土、ほとけの土なりというとお浄土だ。心が仏の浄土だ。五智の荘厳本より豊なり。五智というたら、仏様の智慧であります。一切智智というふうなこと言ったりしますけれども、そういうふうな大日如来の智慧ですが、それが、本より豊なり、われわれの個々の心、一人一人の心と言うてもいいし、もうちょっとこう、広大なものとして考えていく方がもっといいかも分かりませんけれども、心というものは仮に人間の数ほどあったといたしましても、みんな平等平等でございますから、もう何億の人間があっても、もうそれは一心ですわね、一つしかないと言えば一つしかないんでございまして、そういう一つの心ちゅうものは、どうかというと、三身の土であり、五智の荘厳本より豊なりというようなことは、心が、個々の心でもいいし、もっと全体の心でもいいし、そういうふうなものが、みんな仏の浄土であり、仏そのものであるというふうな、まあそんなような言葉ですから、人間の心、一人一人の心というようなことになった時に、そんなものはつまらんもんだというようなこっちゃなくて、大きに値打ちがある。で、一番目も二番目もそういうようなことになってまいると思いますし——。

三番目は、「如来の無碍知見は一切衆生相続の中に在って…」。相続というような言葉はちょっとはずしておいていいと思います。如来の知見というのは、これは如来の智慧ですわね。無上の智慧は、一切衆生の中にあって、「法爾に成就して缺減有ることなし」。みんなもう完全な智慧を持ってる。一人一人がみんな完全な智慧を持ってる。まあこういうことになっとって、「缺減有ることなし」ちゅうことはね、ある人間は一人前じゃなくて半分しかないとか、もう一割しかないとか、何パーセントしかないちゅうようなものは一つもない、みんながみんな完全な知見を、仏様と異なることのない知見をみんなが具えておる、こういう言葉ですから、まあこの三つのものはそれぞれに言葉は表現はかなり違っておりますけれども、真言宗の、こういうことが一つのこう大事な人間解釈っていえば人間解釈でございますし、『菩提心論』の一切衆生はみんな如来蔵の性がある、というように『菩提心論』が言うとるのは、みんなこれ同じことだ、こういうことになります。

自分のことばかりを考える姿勢

で、まあ前にも申しますように、宗教によっては人間というものをそれほど価値あるものと考えないような宗教もあるけれども、まあ仏教というものの本流はむしろこういうふうなもので、人間を非常にかけがえのなく尊厳なもんだというふうに考えとるということでございます。お大師さまの幼年時代にご両親が「貴物《とうともの》、貴物」というふうに呼ばれたちゅうようなことを前の時間に言うたんかも分かりませんけれども、まさに貴物である。一人一人が貴物であるというか、まあそういうことです。

それで、そういう筋合いの良いものなんだ、一人一人がみんな値打ちがあるんだから、どんな教えでも受け付けていくだけの能力を持っとる、可能性を持ってる。どんな程度の高い教えであっても、受け付ける、受け入れていくだけの可能性をみんなが持っておる。だから程度の低い教えで人を導こうとしてはならんということがここにこう書いてありますわね。で、程度の低い教えということの中に二乗《にじょう》*ということが出てくるというふうに考えたらいいわけですね。

つまり『十巻章《じっかんじょう》』（高野山大学編）二〇七頁のはじめに、無上菩提に上るだけの資格っていうか可能性をみんな持ってるんだから、二乗の法をもって導こうとしてはいかん、得度するっていうのは導くっていうことになるでしょうね。二乗の教えの究極というものがそれなりにあります、二乗には二乗の涅槃っていうものがありますからね、二乗の涅槃に導こうとしてはならんといいますかね、もっと高いものに、高い世界に導こうとしなければならん、こういうことになってくる。

で、そこのところで二乗というものをちょっとこう落としてある、大乗というものに比べた時にちょっと落としてある。あるいは密教というものに比べて落としてある。

＊二乗…声聞と縁覚の人々。声聞とは釈尊の教えを聞いて悟る人。縁覚とは師なくして独りで悟る人（独覚ともいう）。大乗仏教の立場から、彼らを自分だけの悟り（自利）のみを理想とする劣った人々と見る。

何が悪いかといったら、私はやっぱり自分のことを考えるということには、大きにまじめであり、熱心であるけれども、まわりの者に対する気配りが足らんちゅうようなことが、まあ二乗の大きな限界ですわね、これを大乗仏教がひじょうに嫌ってるということは、大きに考えていかにゃならんことだというふうに私は思います。人間がまじめであるということは、値打ちのあることです。値打ちのあることだけれども、愛情を欠くちゅうことは大問題ですわね、で、本当に人間が人間であるということの値打ちは、まあ、思いやりを持つというか、愛情があるっていうか、愛があるっていうことだと思うんでございまして、自分のことをまじめに考えて自分のこと切り明けても暮れても考えてっていうことは、いいことでしょうし、今の時代は多くはそういうふうな道を行くっちゅうことを怪しまんようになってしまった。まあ、もろもろの仕組みのいたすところで、誰が悪い彼が悪いと言えんのかも分からんけれども、おかしなことだというふうな気もいたします。

もう国と国とでも、なかなか自分の国の利益ということしか考えない国というものもあるし、大いに、諸外国と提携し歩調をあわせて、みんなの繁栄を考えていこうとするような、ややそういうおもむきをもった国も、国柄もありますし、日本なんちゅうのはどうか言うと、ひじょうにそういう点ではなんかこう、びくびくしながらっていうか、おそるおそる後から付いていくというような、用心深く付いていくちゅうような感じですわね。とにかく自分を守るということには、なかなか熱心だけれども、もう個々の日本人と同じことですよね、けれどもまあ先頭を切って、世界人類の幸せというふうなことを政治家が考え、誰も彼もが考え、ちゅうような国柄とは、目下のところ言えんような気がいたします。そういうことから言えば、アメリカの方がやっぱり一段と進んでると見るべきだと思いますね。なんぼかんぼいろんな理屈があっても、まだ進んでると言うべきじゃないかとこう思います。

で、あのう、戦争というものを経まして、自分のことさえ考えとればいいというか、自分のことさえまっとうしとればそれでいいんだというようなことが、いかに危険なことであるかということは、みんなある程度身にしみて知った筈なんでございまして、やっぱりもう、これからの生き方というものは、みんなが携えて、手を携えて生きるという方向しか残っとらんといいますか、だいたいそういうことだと思うんですが、なかなかこれが身にしみんと思いますね、どうも人間というものはね――私なんかも口先の人間でしてね、なかなかこういうことには徹し切れんものです。けれども、まあやっぱり、繰り返し巻き返し自分も教育しなければならんと思っています。人に言う前に、やっぱり自分も聞いとると言いますかね、まあ、あのここんところは、なかなか日本人の弱点だというか、あるいは人間の弱点と言っていいかも分かりませんけれども、自分だけ助かればちゅうことじゃいかん、小乗仏教の人達は、まじめに修行し、まじめに涅槃ということを考えるけれども、残念ながら、我、人共にちゅうかね、我らと衆生とみな共に…、というところあたりにおいて、かなりに問題があるという、まあ、そこんところを嫌われておるわけでございまして、これはあの大事に考えていかんにゃならんというふうに思います。

わずかに発心して法輪を転ずる

『菩提心論』はまあそういうことで、全体、『菩提心論』の内容の方から言えば、これは初めの方です、まだね。私の時間がたまたま、ゆっくりしとって、いうようなことでもない、なんでもない、この論文全体の構成から考えて、これはまた初めです。初めの方でこういうことが出てくるちゅうことを、充分気をつけていかにゃならんことだというふうに思うんです。思いやりというようなことの大切さということは、まあ一番…。

で、これはあの、弘法大師の『三昧耶戒序《さんまやかいじょ》』＊という御文章がございまして――これは十巻章の中に入っとるわけではございません。ところがその中の、『三昧耶戒序』の中に出てくる考え方というものは、菩提心論の内容とかなり重なり合うような内容なんでございます。だから、『菩提心論』を勉強する人は、『三昧耶戒序』を併せて読むというようなことは、わりあい今頃の人はするようになっておる、そういうことなんですけれども、その『三昧耶戒序』に何を書いてあるかと言いますとね、やっぱりむこうでもこの順序で、行願《ぎょうがん》と言いますかね、大悲という、思いやりということから、内容が展開していきますけれども、『三昧耶戒序』においても。ところがその『三昧耶戒序』において、大悲、思いやりを説く初めに、どういう言葉があるかと言うと、

大悲心とは、また行願心と名つく。いわく外道二乗はこの心を起さず

＊三昧耶戒序…空海著。僧俗ともに、信心・大悲・勝義心・大菩提心を起こすべきであることを説き、即身成仏を目指す密教者の歩むべき姿勢を具体的に示す。『弘法大師著作集』（山喜房仏書林）第一巻所収。『現代語訳　三昧耶戒序・秘密三昧耶仏戒義／弘法大師に聞くシリーズ④』福田亮成（ノンブル社、一九九九年）が分かりやすい。

ここで言うたら、『菩提心論』で言ったら行願にあたる。『三昧耶戒序』で言うたら、大悲という言葉になっとって、行願という言葉を使っていないことはなくても、大悲という…、それなら、大悲と行願と違うんかと、同じことですけれども、そこを述べるにあたって、何いうたら、「外道二乗はこの心を起さず」という言葉があるんですね。だから、二乗は思いやりを欠く。外道も思いやりを欠くというかですね。そんなんじゃ駄目なんだ。真言密教を学ぶ人間って大乗仏教徒だろう、ちゅうかね。外道や二乗じゃないんだから、大悲というようなことは本気に考えにゃ駄目だっていいますかね。思いやり、慮《おもんぱか》りというようなことについて本気に考えにゃだめだ。

まあ、自分がまだ修行が足らんから、まだ勉強が足らんから、ってみんな言い訳をするんです。言い訳をしながら、もう一生終わってしまいます、はっきり言いましてね。そんなもんです、あのう、だからもう、とにかく初めからやろうと思ったら、初めからやらにゃ駄目なんだということが、『菩提心論』の言い分だ、あるいは『三昧耶戒序』の言い分だというふうに私は思います。初めからやるんです。力があるとか、無いとかちゅうようなことは、それはどっちでもいいことだ、っていいますかね。その気になれば、だんだん力は後から付いてくるっていうようなことじゃないですか、むしろね。

だから、『理趣経』の中にあるでしょう「纔發心轉法輪菩薩摩訶薩《さいはっしんてんぼうりんほさんばかさ》…」って理趣経を読んでるけども、あれは何か言うたら、纔《わず》かに発心すれば即ち法輪を転ずる――法輪といったら法を説いて、倦《う》むこと無しにむこうへ向かって法を説いていくことが法輪を転じる、ですわね。わずかに発心をすれば、っていうのは、これはもうどんどん自分が修行をして、私はもうそんじょそこらの人には引けを取らんだけの学びをした、修行をした、だからこれからそろそろと人の導きをする、いうようなこっちゃなくて、わずかに発心すれば法輪を転ずる、これが意味が深いんだと思いますね。

一日、まあ、学校の教師なんていうのは、煎じ詰めたらそんなもんですからね。勉強をだいぶん人一倍やって来たから教師になって、ちゅうなことじゃないですよね。一日早う勉強すれば教師はつとまるもんなんです、変なこと言うようだけどね、前の晩に一夜漬けで、なんやちょっと調べものをして、それから明けの日に涼しい顔をして教壇に立つというのが教師なんですから、なにも、そんなに大したことじゃないんだと言えば言える、っていうか、そんなこと言うとひじょうにこう不謹慎なようですけれども、多分に真理でございます。こんなようなことは、どんな偉い人でも、まあまあそんなもんだと言いますわ、それはまあ、打ち割ったことを聞いてごらんなさい、そんなもんです。前の管長さんでね、堀田真快という管長さんがありまして、まあ立派な方です。誰もが立派として認めておるような人ですからね。やっぱりにやにやしながら、まあそんなもんだと言ってね、前の晩の、一夜だけ、人より早いちゅうだけのことだ、っていうか、それが先生ちゅうことだ、っていうかね、まあ、そんなような面もあるちゅうことで――で、まだ私は勉強が足らんから、まだ私は修行が足らんから、そんなこと言ったって、なんぼたっても、それは同じことですから、で、そういうことですよね、この、専修学院を出た人が、今年の春卒業した…、まあ、布教研修生というものを志願して二人ほどそういうような道に行って、私は立派だと思いますよ、ある意味で、あるいは当然至極のことかも知れませんけれども、もっと修行して、もっと修行して、言いよったら、なかなかです。もう、そういう傾向…、そりゃあもう、今、待ったなしで、そういうことに飛び込んでみようということは、若くなければ出来ん面もありますしね、私はまあ、ああいうふうなことは、大いに参考にすべき姿勢だと思ってほしいと思います。

根本煩悩

で、今、二〇七頁の方をそろそろと申してまいりますけれども、みんな無上菩提っていうのは、この『菩提心論』から言えば、阿耨多羅《あのくたら》三藐三《さんみゃくさん》菩提《ぼだい》のことですね、阿耨多羅三藐三菩提ちゅうのは、のっけから分からんけれども、この無上菩提、無上正等正覚という言葉を使ったり、この上も無く正しい最高の悟りとか、栂尾先生流儀に言いますというと、まあ、屋上屋を架するように、これでもかこれでもかというようにこう言葉をね、重ねて、一つだけでもいいのに、この上も無いちゅうだけでよさそうなものですが、正しいっていうかね、最高のとかね、なんとかというようなことをこう何回も、三回ぐらい重ねて、そういう悟りを目指す。自分だけじゃなくて、みんなと共にそういう悟りを目指して生きようじゃないかと、これがまあ『菩提心論』の課題でございますけれども。

一行目から二行目、一切の有情《うじょう》はみんな仏性があって、如来蔵の性があって、無上菩提、阿耨多羅三藐三菩提ちゅうものは、よそごとじゃないんだと。そんなものは難しいと言うとっちゃ駄目だ、って言いますかね。そんなものは何でもないんだと。その気になれば何でもないんだっていうか——まあ、私が言ったらおかしいでしょうけれども、弘法大師は多分にそういう傾向のある人だったと思いますね。いやあそれは難しい、それは難しいと言うてね、ぼそぼそと声を落として小さな声で控えめに自分の感想を述べて、っていうようなタイプじゃないでしょうね、もうちょっと胸を張って、こんなことぐらいはね、そんなものは何でもないんだと言うてね、言い切って憚《はばか》ることがない、って言いますか、引くことを知らんと言いますかね、そういうふうな一面をお持ちになっておったんかと思ったりします。ちょっと、弘法大師像というもんがね、そうであるんじゃないかと思うこともあるっていうか、私…。で、無上菩提を体得するだけの資格がある。で、二行目のまん中、この故に、二乗の法で人を導こうとしちゃいかん、二乗の法というのは劣法なんだ、劣った教えなんだ、そういうものを自分が喜び、また人にもそういうものを教えたりする、ちゅうようなことは望ましいことじゃない、むしろ、不謹慎であるっていうか誤りであるっていうかね。

三行目、

故に華厳経に云く一衆生として眞如智慧を具足せざるは無し

これは、真如智慧ということは、この如来蔵の性という言葉が今、前の行に出てきたんですから、そういう如来蔵の性というんでも、それから、ここに言う仏性という、

「一切衆生みな仏性あり」というこの仏性でもみんな同じ意味ですから、それをここでは「真如智慧を具足せざるは無し」。一人として真如智慧を具足しない者はおらん、全部が、ありとしあらゆる人間が真如智慧を具足しておる。ありとしあらゆる人間が如来蔵の性を具足している。ありとしあらゆる人間が仏性を具足してる、同じことですね。

で、これは『華厳経《けごんぎょう》』*の言葉だと書いてありますわね。華厳経に云く、とね。だからこれは華厳経って何や言うたら、真言密教が特に真っ先に指を折る経典ではございません。真言宗の経典とは、まあ言いにくいようなもんですよね。なんとなれば、華厳宗という宗教が別にあるんですから、その華厳宗の経典でございますから、でも、こういうことは華厳宗だ、何宗だ、かに宗だ、ちゅうことじゃなくって、同じことですから、『大日経』にそれが書いてあったとしても、金剛頂経系統に書いてあったと

***華厳経**…代表的な大乗経典。梵語の題名は「仏の花飾りと名づけられる広大な経」という意味。「自帰依仏、当願衆生、大道体解、発無上意…」「信は道の元、功徳の母」「心、仏、衆生の三つに差別無し」などの教えの他、善財童子の悟りを求める遍歴（入法界品）も有名。空海は『十住心論』で華厳経の教えを究極の真言密教に次ぐ第九住心に位置づけている。

しても、あるいは華厳経に書いてあったとしても、こういう華厳経に書いてあったんだったら値打ちが無い、信用しにくいって、そういうもんではないと言っていいと思います。で、そういうことでここにも華厳経が引っぱってあるんだ、こう思ったらよかろうかと思います。華厳経にいわく、例外なくみんなが真如智慧を具足しておる。ただし、

妄想顛倒の執著を以て證得せず。若し妄想を離ぬれば一切智、自然智、無礙智、則ち現前することを得る

ここで「妄想顛倒の執著」という言葉が出てきます。これはまあ、何かちょっと少しもってまわっとるような気もしますんですけれども、昔からの註釈に、とにかく、拠りますと、こういうようになっとる——ちょっとこれ註釈に智慧を借りて逃げてしまうというようなきらいがあると、自分ではちょっと思わんでもないけれども、註を借りますとこうなんです。多くの註釈はこういうふうな書き方をしとる。妄想顛倒の執著ということについて、妄想顛倒は根本煩悩だ、それから執著というのは枝末煩悩だ、というふうな書き方をしておりますので、まあそうするというと、ありとしあらゆる煩悩だというようなことに、いちおうしとけば、まあこれは足りますわね。煩悩

というものに、根本と枝葉とある、それはそれでもいいと思います。

　で、何が根本煩悩かということについては、真言宗では、「五根本煩悩」というふうな言葉が大日経の方に出てきます。根本煩悩が五つですね。五根本という考え方。五は何かというと、貪《とん》、瞋《じん》、癡《ち》、慢《まん》、疑《ぎ》、これで五つだというように…。で、その中でも何か中心があるんだろうとか何とかいう、ちょっとそんな議論もあります。学者の言い分の中には、貪・瞋・癡・慢・疑というようなものは平等であって、それらの上にさらにって言いますからね、というふうな考え方が、またしかし、ここにあるわけですね、何か言うたら、それは「而二《にに》の隔執《きゃくしゅう》」というのが、これが根本の根本であって、これを五つに分けたら、貪瞋癡慢疑というふうになるとでも言うか、だから根本煩悩と言いますけれども、根本の根本というようなのは、もうひとつ、而二の隔執ということを、まあ、言うてる。『菩提心論』にも、而二の隔執という言葉に近いものは『菩提心論』の中にもある。あるいはこの考え方は『菩提心論』の中にもあるということです、後の方で…。

　それから今度これから、まあ、さらに、枝末ということになるというと、まあとにかく、たくさんのものがある、でそれがたとえば「百六十心」というようなのが、大日経にありますわね。百六十心という言葉は少なくとも出てくる。そしたら『大日経』の住心品というものに、八心、三業、六無畏とか十地とか、ずっと心の問題について細々《こまごま》と説いてあるのが初めの住心品ですけれども、住心品の中に百六十心という言葉がまあとにかく出てくる。で、百六十心と言うたら、これとこれとこれが百六十心だというふうな、そういうようなことまでは書いてないけれども、百六十心ということが煩悩を意味するちゅうことだけは、まだ見当はつくわけですね、つくような書き方になっとる。なんや言うと、その五根本煩悩を五回ほど倍倍倍倍倍にしていくというと百六十の数を成就する。なんでそういうことを言うんか――。

（居眠りしている学生に）左側の方の、起き、一番目、二番目。起きとれよ。あの、それ、ちょっと起こして――その向こうのも起きろ。いつでもいつでも寝るんじゃない。――寝るということについて、少々神経質なのね。わし、若い時に天台宗の坊んが高野山大学に来まして、天台学の授業というのがあった。授業、それは交換授業でございまして、天台の学者も来るし、日蓮宗の学者が来る、浄土真宗の学者が来る、それから神道の学者が来る。まあそんなようなことをやって来て神道の授業をやる、天台の、それから日蓮宗の授業をやる、ようなこともあったんですけれども、その天台の人がね、わりあい高野山のことについては、ずけずけと皮肉を言うんですなあ。弘法大師に対しても皮肉を言う。それが過剰に、なんだか、（くそ…）と思う気持ちがするんだね。こちらはやっぱりその、われわれの我《が》なんでしょうけれどね、弘法大師は中国に二十一という、数え年三十一の時に中国に行った。向こうへ行くというと金かかりますよ。仮にも十年なら十年の目標で行くんですからね。一億円ぐらい、今の金で言うたら一億円ぐらい持っていっただろうというように考える人がおるわね、そうかも知らんと思うわね。ところがそんな金がどないして出来たんじゃろうかということやね。これは分からん。分からんけれども、天台の学者が言うと、これが耳ざわりなんだね、どないして出来たんだろうと言うのがね、皮肉たっぷりに言うとるように聞こえるんだね、でまあ、その人が言うとることがことごとく、くそ、くそ、と思うようなことを、ことごとくじゃないが、ちょいちょいそういうことを言うた人でね。で、高野山にその頃は、木魚に坐って居眠りしている小僧さんの――まあ、なんちゅうんかな、あれ。まあ、そういうものが店頭にあるといいますかね、何十円か、なんぼかの、まあ。それは高野山の絵本なら絵本がある、あるいはウグイスのかっこうをした笛がある、とかなんとかちゅうふうに、いろいろやっぱりそれなりに玩具があるでしょう、そういうものの中に居眠りしとる小僧さんの、そんなものは、いちおう可愛いような感じのもんですけれども、それのことでもね、ああ、あれは高野山にはふさわしいもんだ、っていうか、いかにも高野山的だと、こうくるんですな。高野山というのはこんなとこだよというかね、木魚に坐って居眠りしとるのは小僧だけのことじゃないだろうと、こない言う。みんな居眠りしとるんと違うかと、こういうようなことを言うんだ。くそと思うてね。

だからまあ、あんまり居眠りしちゃいかんという気持ちが起こった。その時からだ、と言いますかね。まあ、あんなこと、いかにも残念至極のような気持ちがしたというか、その後どうしてこうしたということは何にもありません、ただその時の天台学の授業だけの記憶でございますけれども、なんとなしに、人が寝とるのは…、これいけないでしょう、私も自分がひじょうにちゃんとしとるというか、立派であるとよう思いません、たしかにあの、人間はいくらか真面目になるというと、人も、そう居眠りしたから不真面目だという判断はこれ間違ってるかも知れませんけれども、なんとなしに、急いで自分の型というものを押し付けようとするところが出るもんですね。私にちょっとそういうところがあると思います。で、それは間違っとるかも知れません。

これは長い間…、あと人生無いかも分からんけれども——まあ、やっぱりあいつは止めたという時が来たら止めます、なんとなしに、今のところはそういうのを見ると起きとってほしいという気持ちが、まずまっ先に起こるもんですから、つい、言うてみたくなる、そういうことです。いやあ、それはそうじゃないで、こういうようにさしてもらうと、わしはこれは正しいと思うというんだったら、そういうように、寝るんなら寝て下さっても仕方ないです。まあ、そういうことで、次まいりましょう。

而二の隔執

いちおう根本煩悩と枝末煩悩——顛倒妄想の執著、顛倒妄想執著ということを根本煩悩と枝末煩悩というふうに古来の註釈はなっておる。まあ、なんでや、かんでやということを抜きにして、今それをここに紹介しようとして、で、根本といったら、貪・瞋・癡・慢・疑の五つをいうけれども、さらにその根本に、而二《にに》の隔執《きゃくしゅう》というものを考えるというようなことが、まあ一般に真言宗の学の方では——宗学っていいますかね、真言宗の学問では、そういうふうになっておる。で、その而二の隔執という言葉は、たしかにあるっていうか、それから、百六十心ということを何しましたのは、百六十心というものは何も、数だけでとって、百六十っていうのは、こうこういうものだっていうことで、百六十数えてあるという、百六十の名前を全部上げるということは一つもないんです。ないのに百六十心という言葉が出てくる。で、まあしかし、これが煩悩だっていうことだけはね、煩悩のことを言おうとしていることだけは分かるんです。『大日経』です。これは、なにしろ、五つですから、五が二倍しましたら、十になって、これを二倍すると二十になって…、四十になって、八十になって、それを二倍しますというと、こうなるんです。でそういうふうに書いてあるんです。なんでそういうことをするんか知りません。まあ、五回ほど倍倍倍にしたら百六十になるということが書いてある（註・秘密主、一二三四五再数すれば凡そ百六十心あり『大日経』住心品）。

で、根本煩悩、枝末煩悩の故に、せっかくの仏性を持ちながら、それが充分に働きをしないというふうに書いてあると思いますね。で、もし、根本、枝末の煩悩を離ぬれば、一切智・無碍智・自然智、すなわち現前することを得る。いちおう文章の表面は分かるんじゃないかと思いますね。妄想っていうものが、太陽にあるいは月にかかった雲のようなもんであって、その雲が吹き払われたら、一切智・無碍智・自然智っていうか、そういう本来の智慧なら智慧が、明々白々にそこに姿を現わしてくる、仏性が姿を現わしてくる、たとえばそういうふうに解釈することが可能であろうかと、こう思います。

そこでほんなら、一切智・無碍智・自然智って、これなんやというようなことですね。それにつきまして一つの註釈には、こういうふうな言い回しが出ておる。これを都合がいいから借用いたしますね。分かったような気がするからっていうかね、それでいくことにします。そうすると、一切智というのは、応身《おうじん》の智だと。それから自然智というのは法身《ほっしん》の智慧だと。それから無碍智というのは報身《ほうじん》の智慧だと。こういうふうな、一つの解釈があるわけです。三身というのは、さっきも何しますように、仏に三身あり。仏には法報応《ほっぽうおう》の三身があると、こない言うんですから、一切智・無碍智・自然智っていうのは仏智ですわね。仏智ということを少し開いたら、一切智・無碍智・自然智っていうふうに三つに開くことが出来る。約《つづ》めたら、一切智智というか、仏智というふうな言葉に、まとめることもできる。まあ、そんなことといたしまして、処理しておきたいとこう思います。一切智・無碍智・自然智、現前することを得る、仏智を現前することができると、あるいは一切智智を顕現するっていうか、まあ、こういうふうに読んでおきます。

で「而二の隔執」というのが、煩悩の中の煩悩、一番根源的な煩悩だというふうに申しました。そういうことではね、少し分かるようには思うんです、私はね。而二と言ったら何か言うたら、二ということですからね、二ですからね、人間には、きわめてこの二元的な発想というものが根が強いものでございますから、まあとにかく自と他というもんがある。まあ、私がこうやって身体を持っておるということが邪魔になるのかも分からんと思いますけれども、自ということに対してやっぱり他というもの、自と他ということが、これは付いてまわりますよね、このことがもう多くの問題の根本にあるというふうに考えていいと思います。で、そういうことが、二ですから、そういう二というものを捨てて、あるいはそういう二を超えて、まあ一切が一つだというふうな、そういうことを深く知るというようなことが仏教のねらいとするところだ、仏教がねらってるのはそういうことだ。

まあ、三心平等なりと知るを即ち大覚と名づける…。『性霊集』の中に「三心平等なりと知るを大覚と名づける」(「諸の有縁の衆を勧めて秘密の法蔵を写し奉るべき書」)。悟りって何じゃって、たとえばこういうふうな表現もある、三心平等ということが本当に分かるのが悟りだと。

三心というたら何か言うたら、もう一切の自と他というような、仏と衆生…、上と下との違いっていいますかね、あるいは自と他との違いっていいますかね、上下とにかく、心というものには階段があるというように考えたり、もうとにかく「自」の他に、たくさんの「他」があるというような、あるいはだんだん位の上で、もう無限の位が上下にこうある、あるいは横に向かってたくさんの差別があるというようなことを考えるのが、みんな間違うとるといいますかね、みんなそういうふうなものが単なる差別であって、隔執であって、って言いますかね、実はもう平等平等であって、一つだ。ありとしあらゆる衆生が一つだと、存在が一つだということが本当に分かることが悟りなんだという、まあ、こういうことですから、そういうふうなことになるのに一番妨げになるのは何かというと、こういう「而二の隔執」が一番妨げになる、それは本当にそうなんだと思います。

で、それがどこにありゃあ、ここにありゃあ、どんなもんだ、こんなもんだじゃなくって、自分がなんぼ少々、自分との戦いをもってね、長い工夫努力を積み重ねて、もうわれこそは、かなりの修行をなし得たというふうに思うても、思うても、思うても、まだまだ、まだまだ、気のつかんところに、まだなんぼでも残って付いてまわってきそうなものが「而二の隔執」だといいますかね、生きとるかぎりにおいては、ともすればこれに悩まされるっていうか、ふりまわされる、というふうなものとして、見えんところにおるものだという、まあそんなようなことかも分かりません。人間が生命を持続しとる間はなかなかもって、そういうものにふりまわされやすいもんだというふうな、そんなことになるかも知れませんね。

煩悩というものもね、相撲のようなもんだという説がありますよ。相撲というものは、幕下に何やらかんやらありましてね、それから十両があってね、それから幕内に入ってね、だんだん、これより三役というようなことになって、小結、関脇、大関、最終的に横綱が出てきて…、だんだんだんだん後ろにいって、後になって大物が出てくる。煩悩ちゅうものはそんなもんだって言いますよ。見えやすくって、ああ、私はこんなに煩悩が強いって、今、仮にね、自分はこういうことが、弱点が大きにあるというようなことでね、まあまあ何かあの、ひじょうに反省して、じき目に止まるようなものっていいますかね、どうも、ひじょうに気短かなら気短かであってどうだっていうか、後から考えてみたら、しもうた、なんであんなものを渋って人に渡すのに、あんなに小手先のウソを重ねてやるまいとしたんか、アホなことしたちゅうかね、たかが知れた、これぐらいのものを、なんであっさりと手放せなんだかというのは、それはあるでしょうね。

まあ、いろいろな欲ちゅうようなことはいろいろありますから。けれども、そういうようなこととして、自分がちょっと反省して分かるという程度のものは、言うたらまあ、十両とか幕下の煩悩でございまして、なかなか自分ではもう、大いにゆきとどいたと、私は自分の心の整理、掃除ということにおいては、まあ得るところまで得とるというか、届くまで届いたというふうに思うても、思うても思うても…ちゅうようなのが大物なんでしょうね。横綱がまだ控えとるちゅうのが、これなんです。「而二の隔執」という、まあそんなしろうとくさいこと言いますけれども、そうであろうかと言うか、そうであるようにも思うということをまあ、申しておきまして、それで、二、四…、五行目にいきます。

教えを自分の上に重ねていく努力

言う所の安楽といっぱ…、どうかと言ったらですね、すべての人々に、無上の真理を教えて、無上の真理を学んでもらって、で、みんなと共に最高の悟りに至りたい、自分も最高の悟りをこころざすけれども、すべての人々に最高の、無上正等正覚を得てもらいたいというふうなことを、まあ考えるのが利益でございますけれども、ところがその大きな障害になりますものが、この煩悩というようなものであって、なかなか簡単にいかんといいますかね、で、すべての人々が簡単にそのぐらいのことで、あぁ分かったわしも喜んで仏法にしたがってくるかというと、そうもいかんといいますかね、――いうので、次の「安楽」っていうのは「方便門」だっていう言葉になってくるわけです。仏教の道理を教えて、仏法の道理をもちこんで、仏教の道理にみんながみんな目を輝かせてっていいますか、ひじょうに前向きな反応を示して、その中に入ろう入ろうと努めてくれるちゅうようなことになれば、まあめでたし、めでたしでございますけれども、なかなか人間そうはいかんもんだ。そんなことってかなわんっていいますかね、この限られた人生なんやちっとも面白うないじゃないかと思う人だって、たんとおると思いますよね。で、もっともっと面白く生きて、もう歳とってから、先がなんぼも無いような頃になって、もう『菩提心論』の利益なら利益を考えてみましょうか、というようなことぐらいがオチになるかも分からん――。で、そういうことで、そこでまあ安楽というのは…、安楽のところを読んでみます。五行目ですね。七頁の五行目。

言う所の安楽といっぱ、謂く、行人、既に一切衆生畢竟《ひっきょう》成佛すと知るが故に敢えて輕慢せず。又、大悲門の中に於いて、尤も宜しく拯救《じょうぐ》すべし。衆生の願に随て之を給付せよ。乃至、身命をも悋惜《りんじゃく》せず。其をして安存せしめ、悦楽せしめよ。既に親近《しんごん》し已《おわ》んなば、師の言を信任せん。その相親しまんに因って亦、教導すべし。衆生愚朦ならば強いて度すべからず。真言行者、方便引進すべし。

この四行ほどのところについて、内容は一応の解説は可能でございます。利益というのは、まあ、まさに正攻法でございまして、もうすべての人々みんな無上菩提に、無上正等正覚に引き連れて、誘うて、全部そこへ持っていこうというか、真言密教なら真言密教の悟りちゅうものを全員に植えつけていこうというような、まあそういうことで大上段に振りかぶったようなところでございますけれども、ところがそれが何の抵抗もなしにそういうことが、すらすらすらすら運んでいけば文句はございませんければども、実際はそう甘いもんじゃないっていうことですよね。多くの人間はそれには付いてこないっていいますか、今日的にはそういうもんであろうかと思いますね。

で、だから、方便という、そういう安楽というのは、一応方便引進ということを考えなければならん。それは、前に私、山岡瑞円さんという人の名前を上げましたね、山岡瑞円さんという人が愛媛県にあった。昭和二十年代の初めに亡くなったんですけれども、その人が方便引進というようなことについて、書いておられる部分がありますす。『人格的生活をめざして』という題目の本じゃったと思うんですがね、あれ、いいです。まあ、百五十頁か二百頁ないかも分からんっていうようなもんですけれども、まあ、みなさん本っていうものはいろいろあるですわね、どんなんが一番いいかっていうのは、ひじょうに個人個人の受け止め方っていうのが違いますから、仏教の書物なんて特にそうなってまいります。今日仏教っていうものは、やっぱりひじょうに知的な、っていうか、学問学問って、一種の学問いうようなものがひじょうにこう表になってまいっておりますから、昔のように宗教体験というようなものをひじょうに強調するという流れがかえって弱くなっておるというようにも思いますし、そうなりますというと、もう微に入り細に入りっていいますかね、細々といいわゆるこう研究的なものが大変な労作であるというふうに考えられてくる。で、学校で勉強した人ちゅうものはみんなそういう方向の教育を受けておりますから――それを悪いとかいいませんん、けれども片手落ちじゃないかなあと言うだけのことでございまして、やっぱり人間一生の間、そういうこともいいだろうけれども、それぱっかりで始まってそればっかりに終わることには、疑問があるというだけのこと、私から言えば。

で、山岡瑞円さんなんていうのは、まったくその反対の立場におった人と言っていいですよね、で、そういうこと――まあ、昨日会いました和尚は、専学の昔の卒業生で何年前に出たんか、おそらく四十年ぐらい前に専学出たんでしょう、三十七、八年前かな…、出た人なんだと思いますけれども、まあちょこちょこ奈良県の東大寺とか法隆寺とか、それから京都の清水寺、法相宗ですかね、まあ、そういうふうな人の話を聴く機会が無いことはないんだと。あるけれども、しかし、昔の、一昔二昔前のそういう奈良県の古い古い本山の和尚さんちゅうものと今頃の人ちゅうものは、やっぱりちょっとまた違いがあるように思うということを、ゆうべ言うとりました。

二十年ぐらい前の和尚さんというものの中には、ちゃんとやっぱり古い仏教の中に身を置いとっても、そういう古い仏教を学びながら、それなりに解脱を考えておるちゅうようなおもむきがあったけれども、今の人は頭の勉強だけの話だというか、まあ、そういうことを聞いてつまらんというのも、少々失敬かも分からんけれども、なんとなしに飽き足らんというようなことをちょっと言うとりましたけれども、そういうもんかなあと思って、まあ聞いたんです。私の前だからそういうふうに言うたんかも分かりませんから、全面的にそうであるともないとも、これは聞いた話でございます。けれどもそうかも知れんと。

真言宗全体のことを考えましても、終戦っていうか、戦争を境目にしまして、だいぶん、体験的な仏教というふうなおもむきのものが減ってきたというようなことは言えると思いますね。で、そういうようなことは時間がかかって、なかなかこれっちゅうことにはなりませんもんね。何十年どうしようがこうしようが、そんなものは何、それがどうしたんだというようなことになってしまわんことはないでしょうから、何かやっぱりこう学者の問題ちゅうようなのは別なところにあるということになりますわね。学者の問題っていうのと、解脱を考える人の問題っていうのは、やっぱりちょっと違うと思います。で、みなさんが、みんな学者になるわけじゃないんだから、お寺はもっと…ちゅうようなことになりました時には、やはり身をもって教えというようなものを自分の上に重ねていこうとする、いうようなことが、やっぱり大事なことになり、そういう工夫とか努力ということが、やっぱり人のためになる、というふうに私は思いますので、まあ、私の独りよがりかも分かりませんけれども、そういう気持ちの上から私は私なりのことを一年間しゃべっていきたいということなんでございます。

人を軽んじない

で、それで今、正攻法ですべての人を無上菩提に導く、導こうとするのが、利益ですけれども、それがなかなか、必ずしもみんなの、はいはいと二つ返事でついてくるようなものばっかりじゃない、で、そこで山岡瑞円さんの『人格的生活をめざして』っていう本の中にどんな譬えが出ておるかと言うたら――まあ、相手の中には碁が好きなとか、将棋が好きな…とか、やや昔の本ですからね、まあ今とて碁や将棋がある程度の、そういうものに関心を持ってる人は、若い人の中にもたんとあると思いますけれども、そうふうなことで「和尚さん『菩提心論』もいいけれども…」っていうかね「無上菩提もいいけれども、わしはそんなのよりは将棋の方がいいんだ」っていうようなことになったり、野球の方がいいんだというようなことになったり、サッカーの方が面白いんだというようなことになった時に、和尚さんが「馬鹿なことを言うんじゃない」と、「まあ、人間八十年あったとしても、もう早いんだぞ」と。それは早いのは早いですよ、本当にね。

おととい、先おとといの葬式じゃないけれども、わしと同じ歳のやつが死んだんですけども、奥さんが何言うかいうたら、「ああ、私の主人は私の横をとにかく全速力で走り過ぎていったような感じだ」とこう言いましたね。旦那は私のそばを走って向こうへ行ってしもうたっていうかね、わしはね、これはね、なるほどと思うんです、そんなもんかも知れんと。身の回りの人の感じとしてね、納得のいくような感じがしました。短いんですよ、こんな筈じゃなかったいうような、おおっという間に歳取ってしまうちゅうようなもんでしてね。何やっとるんか言う間に、もうこんなようになってしまったという、そういうことなんでして…。

だからまあ、まともに言うたら、「そんなこと言わんと、さっさとこれやれ」ちゅうことはあるだろうけれども、しかもなお、こちらの思いだけを押し付けていっても、どうにもなるもんでないことの方が多いでしょうから、ゆずって、向こうの土俵に自分が上がるといいますかね、ということが、「なら、わしも一緒に碁をやろうじゃないか」ちゅうことになり、一緒に将棋をやろうということになり、たまたま、山岡瑞円さんは、その、碁か将棋をどっちかがかなり強いんじゃないかと思うんです。ですからそういう譬えが出てくるんじゃないかと思うんですけれども、まあ、ともかくそうやって相手と、まあ仏教の話をされるのは迷惑だと思うたけれども、この人と碁をやってるとけっこう楽しいっていうかね、ちょこちょこその中で出てくるひとりごとやら世間話もなかなか味があるとか面白いとかっていうようなことになって、もうちょっと和尚の話を聞いてみようかと、まあ碁や将棋もしばらく横に置いて、もうちょっとこっちが向こうの土俵に上がってみようかというような気持ちが起こってきた時から、まあ仏教が始まってくるんだというか、ほんまにこの方便という段階からまた阿耨多羅《あのくたら》三藐三菩提《さんみゃくさんぼだい》（この上なく優れた仏の悟り）の方に変わってくるといいますかね、そういうようなことを言わんとしておるのが、安楽——利益安楽の安楽ですね。

で、もういっぺん見てみますから、見とってください。

安楽というのは「行人、既に一切衆生畢竟《ひっきょう》成仏すと知るが故に…」っていうのは、みんなみんな如来蔵の性を持つあるいは仏性を持っとって、みんな阿耨多羅三藐三菩提を成就するだけの資格を持っておると。だから、「畢竟成仏する」っていうのはそういうことです。みんな必ず成仏するということを知っとるから、値打ちがみんなあるんだということが分かっとるから、「敢えて輕慢せず」っていうのは、軽んじない。自分が相手を見くびるというようなことを、ああ、あんなつまらんやつというようなことを言うて相手を見下げるっていうようなことはしないと。なんとなればみんな仏性があるんだから、こういうことですね。

身命も惜しまぬ衆生済度

で、「また、大悲門の中に於いて、尤も宜しく拯救《じょうぐ》すべし」。で、そういうようなことで今日はひじょうに仏教的ではないと、で、そんなつまらんこと言う…、わしらから言うたら、つまらんことに聞こえるんだ、やめといてくれと、もっとこっちの土俵になんで入ろうとしてくれんのか、っていうことになったらですな、よしっていうことで、今度は和尚さんの方が相手の土俵に入る。「大悲門の中に於いて、尤も宜しく拯救すべし」やっぱり相手に対する慮り、思いやりの心を持って、相手を「拯救」する。拯救するっていうのは、救っていうのは救うという字ですけども、拯というのは、引き上げるんですね、とにかくまあ何か、こうもっと自分が、仮に、やや高いところでおるとしますとね、自分の力から、目から見て、悪いけどもあちらの方が誤って、あちらの方が低いということを思わざるを得んといいますかね、現段階じゃあ、向こうの方が低い…であるにかかわらず、それが分かっていないちゅうようなことだとしましょうね、で、そういう人を救うというのを、この拯救という言葉を使ったら、引き上げて救うって言いますかね、あるいは今溺れている人間をこう引き上げて救うちゅうような感じになってくるのが拯救という字です。泥沼から引き上げて、いうような、そんな場面を考えていただいたら近いかと思います。拯救すべし。そういう、もうどろどろした所から引き上げて救えと。

「衆生の願に随って之を給付せよ」っていいますのが結局、わしは仏教は面白くないんだということでいったら、相手の土俵に上がるっていうことですね、これが衆生の願にしたがって、っていうのは相手の土俵に、相手の言うことに耳を傾けて、よっしゃそんならそうするちゅうことで、今度は和尚の方が自分を曲げて向こうの方に入るということですわね。これが、衆生の願に随って之を給付せよ。

で、「乃至、身命をも悋惜《りんじゃく》せず」と書いてあるのは、命を惜しむなと。命でも惜しむな、と。これは大変なことです。だからまあ、文字を読む時は簡単ですよね、読むのは簡単ですけれども、書いてあることって、命がけだということになりますからね、仏教というものの生易しくないことはこういうことですよね。で、相手が欲しいというもんだったら、何でもやれと言うんですね。衆生の願にしたがってそれを給付せよ、なんでも相手の欲しがるものをやれ…、自分の、しばらくもう自分のことは何も、自分を立てようとしないで相手に耳をひたすら傾けて、相手が欲しがるもんだったら何でもやれ、場合によっては命でもやれと、こういうことですわね。まあ、こういうことは、仕方がないですなあ、まあなんぼ割り引きしても、とにかくものごとは命がけだということぐらいで、まあ逃げるのが精一杯ですな、これはな。仏教っていうのは命がけの仕事なんだと言いますかね、そういうことを言おうとしとると言えば言おうとしてるかと思ったりします。

私は、あるところで、そういうことを二度三度と言うたことがあります。前に、ここで言うたんか言わんのか、本当にじき何もかにもが混沌として忘れますけれども、学部の授業の時に、五十…、六七年前かな、高野山大学の先生に山田契誠という先生がおられて、とっくに亡くなっていますけれども、仏教というものの授業をやっておられて、でも、どうも私はこの先生の話は分かりにくかった。二三人の、もう三十人の授業を聴いたとしたら、もっとあったたな…、三人ぐらい分かりにくい先生があった、私にとっては二人か三人だ、その一人ですね、どうも、どういうことなんか、こういうことなんか、常識次元を超え過ぎとったんかと思いますけれども、どうも分からんのや。ところがまああの、やっぱり、いつ、どんな時も、どんな所ででも、命がけだって言いますかね、一切の時と一切の場所とに於いて、我が身を捨てるというような、そういうことが出来る出来んというようなことが、まあ仏教じゃ一大事なんだというか、そういうことを、仏教の一大事ってどこなんだといったら、そういうことを言われましたですけれども――。

まあ、ここらに書いてあることも、そういうことになると思いますね、言うのは実に簡単です。衆生の願にしたがってこれを給付せよ、乃至命も惜しむな、と。すうっと読むのは通っていきますけれども、本当にそういうことを我が身にあてはめていくことになると、本当に目をつぶって、ここを過ぎていきたい気持ちになってしまいますね、大変なことだと思いますが――まあ、大変なことだということだけで本日はまあ逃げますけれども。

ええ、それから…、「恪惜せず」っていうのは、惜しむな、ですよね。命も惜しむな。で、「それをして安存せしめ、悦楽せしめよ」というのは、そういう人たちですね、仏教仏教と言うんじゃないと、もう少しわしらの土俵にも来てくれという人たちを、安存せしめ、悦楽せしめよ。そういう人たちを安んずる、そういう人の中には暮らしに困っとって仏教ちゅうようなものは、もうちょっと生活が安定してから聞かせてもらいますという、今の時代はそうでないかも知らんけれども、ある種の時、もう本当に生きることが精一杯の時代もありましたし、今でも、ある種、特定の社会で、そういう社会に属しとる人もあるかも知れませんよね。無いとは言えませんよね。そういう人はやっぱり暮らしを助けるちゅうようなことが、ひじょうに大きな問題になって、もう仏教どころじゃないんだと言いますかね、もう血を売ってかろうじて命を支えとるちゅうか（終了のチャイムが鳴る）あれっ、すみません、どうも時間が…。

——まあ、尼さんで、専学を昔出た人が、大阪のスラム街で何年間か、尼さんとしておった人がおりますよ。今もう亡くなったかも分かりませんがね、だから、時々捨て身でやってみようとする人ちゅうのはおるんです。おるんですよ。大阪行って、一月にいっぺんづつ難波へ行って説教した卒業生もおります。専学じゃありませんが、大学ですけどね。で、まあ、馬鹿か、アホかと言われて、唾吐きかけられたりしながらも、一月たったらまた敢然と難波まで行って説教した男がおります。高野山大学だって捨てたもんじゃないですよ、時々そういうようなんがおるですね。今は北海道におりますけどね、北海道の人間は積極的なええところがあります。まあ、終わります。

第5講　信仰の年季

無上正等正覚を目指す

…どのあたりからかな。（高野山大学編『十巻章』）二〇七頁の後半、終わりから二行目から勝義《しょうぎ》っていうことで、ちょっと段が変わっとりますね。二に勝義といっぱ、と終わりから二行目。その少し前ぐらいまで、何かたどりついておって、それから今日じゃないのかなと思うんです。自分が大変こう迂闊なことですが、だいたいそういうようなつもりで申してみたいと思います。

で、回数だけは五回なり六回なり来とるんですから、たとえわずか、三頁目さえ終わっていないという程度ですけれども、まあ、何かといえば、『菩提心論』という論文があって、しかもそれはなかなかもって、もう三百年、五百年じゃない、千何百年も読まれて来てるいうか、もっとかも知れない——そういう論文で、これはまあ真言宗といわず、広く仏教者にとっての指針であると思うけれども、特にわが真言宗においてはこれを所依の、よりどころの論文として弘法様以来、非常に重んじておる。『大日経』とか『金剛頂経』とかいう経典と共に、併せて非常に重んじて今日に至っておるということですから、まあここの専修学院において、こういうものをいっぺん——まあなかなか再々読むことが出来んかも分かりませんので、読もうとすることは当を得た選択ではないかというふうに自分では思っているということで――。

まあ、さて、ですよ、菩提心というのはとにかく一体何かと言うたら、栂尾《とがのお》先生流儀に言えば、この上もなく正しい完全な、この上もなく正しい完全な悟り、無上正等正覚ちゅうものを目指して、退くことなく前向きに進んでいくことですね、そういう姿勢、そういう心っていうか、そういう元手が菩提心とよばれておるものであって、菩提心、菩提心と言うと、はやから何のことやらちゅうようなもんですけれども、そういうものが真言行人には要求されるというか、頭が良いとか悪いとか、それはいいですよ、良い方がいいだろうかと思うけれども、しかし、考えにゃならんことは、授業というものを受けて――まあ、私のことをいってるんじゃない、いろんな授業を受けられて、これからもまだそういう機会を持つ人がこの中にもあるかも知らん、で、そういうことになるというと、いろいろ頭の中に蓄積していく、貯金をしていく。それは私はせんより良いことだと思います。

ところが、今の、ここ何年か、戦後の教育の中では特にそういうふうなことがものを言うとるんじゃないかというような気がしますね、たくさんのものを頭の中に詰め込んでおるのが、もう勝負のすべてだと言いますかね、で、そういう貯金の分量がすべてを決めるというか、そういう貯金の能力のない人間はもう落ちこぼれだというふうな、そういうふうなことになっておるように見えんこともない。それが果たしてそうであるのか、という、まあそういうことはありますけどね、でまあ、私もいちおうの記憶力――いちおうです、卓抜ではないけど、いちおうの記憶力があって、若い時…、で、そうしますというと、何かかにか聞いたら覚え、読んだら覚えというようなことも、特に覚えにゃいかん覚えにゃいかんということでなくても何らかは覚えておって、そういうふうなことが無益だったとは思わん。もっともっとたくさんのものを仕込んどったらよかったかも知れんと思うこともありますけれども、ところが、あまりそういうふうなことが仏教のすべてのように思うちゅうことは、これはおかしいと思います。今日の学校教育の中から来た一つのこう、やや問題の傾向だというふうな気もする。

それで専学にこうやって三年前から復帰して、まあ三年続けて『菩提心論』ばっかり何しとるというと、自分ではちょっとへんな錯覚を起こして、あらこれはもうやったかなと去年と今年とが混線してというぐらいアホになってしもうて…、ちょっとそこら具合の悪いことがあるんですけれども――。

訓練では対応できぬ問題

まあ、あの…、質問した人がある。なんのことじゃったか、あるところで、今から三十年前とだいたい思います、大阪ですが、時々話をしに行った。で、その時に三十人ぐらいか四十人ぐらい、お寺の檀家の人が来とった。で、ばっちゃんが、その中に一人ずばぬけて、ばあちゃんがおって、で、わしがまあなんかかんか、それはまあその頃はいちおう喋くるということになれば、一時間喋れということだったら一時間なんかかんか格好をつける話はそこいそこいに出来たかも知れませんよね。ある意味では今よりも段取りよかったか分からんです。そつなく一時間の話が出来たかも分からん。

ところが、まあ、後で、そのばあちゃんが、わしは耳が聞こえにくいので、せっかくのおたく様の話も何ほども耳に残らなかった。で、ついてはまことに済まんけれども、わしのような耳の能力の足らんもんに一番肝心なこと、仏法の一番肝心な一事はこういうことだと、ここやここやということをね、いっぺんわしの此処へとくと入れてくれんかと、そばへ来て入れてくれんかと、こう言われてね。で、わたしはこれにはちょっとこう…、まあ、来ましたね。ああ、こういうことが一番大変なことなんだと、物事の記憶力ちゅうようなことは無いのよりある方がいいだろうけれども、そうやっていろいろ蓄積しとるのはいいだろうけれども、こういう臨機応変な時に、変に応じて、自由自在に一番相手に適切なことがパッといけるというようなことが、これがもうやっぱり宗教家としては大事な能力であって、そう思いますね、そういうふうなことが、そういうふうな時に、時を誤らず極めて適切な姿勢がこう、その相手に向かって適切なものが飛び出してくるというようになったら、これは一流だろうと思うけれども、まあ、まごまごしました、正直申しましてね。まごまごして、三遍も五遍も、まあとにかく長生きしてくれ長生きしてくれ言うて、頭を下げて私は引き下がったというような、まあ、結局経験不足ちゅうこともあるけれども、もっと総合的にわたくしの宗教家としての能力の限界を私は見せつけられたように思いましたね、感じましたね。

で、そういうことを私、ここである時しゃべったら、そしたらどう言うかいうたらね、院生の二三がね、私だったらこう答える、いうかね、何やら言うてね、で、なんかいかにも、あんたそれでも今までよう教師をやって来たなちゅうようなもんかも知れません。しかしそれが私はね、ああそうかなあ…と。よっぽどこの人、偉いんだなあと。私だったらこう答えるっていうかね、そういうことは学校で、そういうことをしきりに小学校以来訓練しておられるんでしょうね、今こうだったら、ああ、ああいう時にはこういうに、ちゅうようなことの、もう、ひじょうにあざやかに、そういうことに、ひとつひとつに対応できる訓練ということばっかりやって来とるんでしょうから、こう言うたらこうというか、もうとにかく長々と、ええとか、ああとか、ううとか、すうとか言わんと、ぱっぱっぱっと返事が明快に飛び出していくちゅうような訓練をまあやっていくちゅうようなことなんでしょうかね、今の学校は。

けれども、そういうことなんですかねえ…。今の、ばあちゃんに向かって、ってなことをね、やっぱりどうも、もっぱらそういう角度で、学校教育を受けたら受けた人ほど、そういう傾向がこうあるんじゃないかなあと私はそう思いました。そういうことで、まあ、もろもろの人間の悩みに、こういう時にはああ、ああいう時にはこう、っていうようなことは、頭の中にだあーっともう入れといてね、それでもうとにかく、まずはほとんどこれで、百中九七、八ぐらいは、まずは大丈夫だというふうにすることが、われわれの修行であったり勉強であったりするのかなあと。私、なんだか知らんけど、ちょっと私はそれは――私だったらこう答える、でまあ、しかし参考までにあなたのその時ちょっとまごまごしたと言うたけども、もっと一部始終を参考までに聞かしてくれとこう言うんだなあ…。ちょっと白けましたけど、私は、正直言うとね。うーん…、でまあ、むこうが偉いんだから、何がどうなったのか知らんけれども、ちょっと、仏法ということの対応というようなことは、こういうような形に万事なってしまう…、難しいことですよね。

雲照律師と自転車

ちょうど今「真言行者、方便引進すべし」っていうことが、こうあったですね、この前から言葉は書いたかも知れませんよね。みんなに法を、法をっていうか、宗教の教えを、とにかくなんとか、こういうことなんですよ、こういうことなんですよと言うて一人一人を真言密教の最高の真理、最高の教えのところに連れていこうとする、みんなこうなんだよっていうことを本当に身につけて貰おうと思って、教化は努力していく。しかし、まあそうは言うものの、相手の中にはいろんな人がおるから、まあそういうことまで申しましたね、いろんな人がおるから、なかなかその、わあ仏教か、ごめんだ、っていうかね、そんなことはもうわしはあまり好きじゃないんだというか、もうちょっと面白いことでいこうじゃないか、ちゅうようなことで、わしはだいたい坊さんの話が嫌いなんだ、っていうような。よしそんならあんたの好きなことで相手になろうじゃないかというのが方便だということで、この前に、「真言行者、方便引進すべし」。その方便ということで、それがまあ自由自在に出てくるということが、これが大変なんだ。

まあ、小学校の教師であり、中学校の教師っていうなのは方便が一番大事でしょう、たしかにね、相手がとにかく比較的幼いんだから、比較的幼い者に向かっては、それに向かう指導者っていうものは方便もひじょうにたくさん持っとるちゅうか、自由自在の方便が使えるちゅうかね、まあそういうことがもうひじょうに大事な条件になってくると思います。宗教的な指導者も同じことでございます。ところがやっぱりそういうことにも、おのずから、やっぱり各人、各一人一人の人間の、私は限界があると思いますね、どんな人にも、ある種の限界があると思うんですね。お釈迦様のような人は、まあやや――これはもう、ややじゃない、これはまあ、しばらくも何もない、まったくの別格といたしまして、ああいうふうなもの、とにかくまあこれは驚くばかりでございます。ただただ感服するばかりでございますけれども、なかなかその人のその他のことの場合には少々歴史上に残っておるような人格であっても時々思い違いがあったり誤りがあったりちゅうことは、これはあるもんだと思います、私は。

――あの、飛び飛びします、私、頭が衰えていますから筋道を失うおそれが多分にありますけれども、ちょっと思い出した時に申しますけれども、明治時代に雲照*さんというのがありますわね、明治時代に活動期の真っ只中におられた人で、まあ、これは真言宗の、明治、大正、こういう時期における、もう最高の人格の一人であったと思いますね。この人の影響ちゅうものは、かなり後々まで残っておるといいますか、今日でも卒業論文に雲照研究というふうなものをやる卒業生があったりする。まことにしかるべき真言宗の明治時代の傑物であると思うんですけれども、ところがやっぱり世間が――大まじめであって、一般のこう俗世間というものについての知り方ちゅうものがね、俗世間の交わりというものがやっぱりこの少ないんですよね。したがって何か思いもかけん非常識というふうなものが残っておるといいますか、こういうふうなこと…、だから駄目なんだと、これは言えませんよね、そういうことを言う人がおったら、言う人が私おかしいんだと思いますよね、人間の一つのまことに止むを得ざる限界だというふうに私は思うんですけれども、しかたないですよね、世間っていうのは広いんですから、まあまことに広いんですから。
で、そういうことに対応して、もう、どんなどんなどんな世界の人にでも、ああそれならよく分かるというふうな譬え話を自由自在に使って、いうようなことが出来るっていうことは、こらあもうとにかく、お釈迦様はひょっとしたら昔だったからできたんかも分かりませんよね。もうちょっと世間が、広いようで狭かった、っていいますかね。こんなことでも仕事になるんかというふうな沢山の仕事は無かったと思いますわね。商売があったり百姓があったりというぐらいのことだったら、まあこれはもうちょっと方便というような話も枠が狭いと思いますけど、今だったら、もう本当に難しいんだと思う。

それで、何かと言いましたらね、自転車というものがあるですわね、今頃は自転車はそれほど大きな乗り物じゃないかも分かりませんけれども、雲照さんの頃は自転車というものが、この世界に登場してまだひどう間の無い頃だったんだと思います。雲

＊**渡辺雲照**《わたなべうんしょう》
一八二七（文政10年）～一九〇九（明治42年）。出雲の人。高野山などで密教、華厳、天台、律、雲伝神道を学ぶ。顕密二教の宣揚に尽力。真言律を復興して雲照律師と称せられる。

照さんはハイカラなところを見せたつもりだったかも知れませんけど、自転車というものがあると。自転車ちゅうものがある、乗りさえすればひとりでに目的のところへ動いていくそうなちゅうかね…、自ら転がると書いてあるもんですから、まあ別に乗っとる人間が格別な工夫や努力や習練を必要としないと思われたんでしょうね。乗りさえすればひとりで、しかるべきところまで動いていくちゅうようなように自転車とは書いてあるから、自分で転がる車という。でまあ雲照さんはその文字の通りに乗る人間の力量というか習練というようなことをまったくとばしたような話をして、でまあ、みんなは、いかに雲照さんと言えども、これはちょっと滑稽だなというようなことがあったということを私は読んだことがあるんですけれども、まあ、その種の非常識というようなことを笑ったんじゃあ、これ、切りなくそういうものは人間にはついて回ると思いますね、非常に難しいことだ、方便というのは非常に難しいことだ。

ノウハウだけを求めようとする姿勢

で、「真言行者、方便引進すべし」ですけれども、やっぱり、その人の、非常にまあ十八番《おはこ》っていうかね、そういう方面のことだったら、その人はうってつけだというかね。そういう人を相手にさせたらこの人はうってつけだというふうな、どの教師にも多少こうお得意があって、こういう方向だったらあの指導者が一番…、あるでしょうね、こういう方向に向けてったら、もうやっぱりあれに勝るものはおらんってね、こういう、なあんでも、どこにもっていってもここへもっていっても、あの人だったらもう自由自在にどんなもんでもふりまわして、全部こっちに向けてひかしていくだけの器量を持っているという、ある程度はそういう人があるかもしれませんが、ある程度もんでございまして、おのずから限界があるもんじゃないかというふうに思う。やっぱり人間が老い、すわってきて四十年、五十年経てくる道筋というものの中には、やっぱりある種の限界というものがありますからね。まあ、学校教員として来ました私なら、学校教員やら何やらという人に向かってっていっても、あんまり偉い学校教員には話はしにくいというところがありますよ。みんな天狗ですからね、自分が偉いと思っていますからね、そういう人間ちゅうものは、適当にやっぱりまあ敬意を表するような一面を持っとらんと、ああ、あんたら分かるかい…ちゅうような顔をしてこっちがやりますというと立ち所に反発しますから。まあ、やっぱり相手のご苦労に対して、一応も二応も三応も、そういうことは評価しているという、ご苦労様、ご苦労様と、あんたらのお陰をこうむって世の中というものは、あるレベルを保っておるということを重々認めた上で、物を言わんというと具合の悪いところありますですわね。いろいろあるでしょう、いろいろある。

でも、まあやっぱり教員というものに向いていったらこうだ。商売人に話をするっちゅうたら、あの人に限るという。いやあ学問とか何とかかんとか、知識人というようなことじゃなくって、もうごく、しごく一般的な人で、むしろそういうことから言うと、いわゆる知識人でもなんでもないという、ごくある意味では平凡な巷の庶民という、そういう人に向かってなら、この人の話は大したものだというふうに、いろいろ向き向きがあると思います。そういうところに持っていった時に、その人の方便自在な、そういう所には通じる方便を、なんぼでもこの人は、どんどんどんどん、これは自分の中からそれがひとりでに飛び出して、自由自在に飛び出していくっていうかね。ところがちょっと相手をこう、変えるというと、もうそれが必ずしもそういかんというか、そういうふうな限界のようなものがどうもあるもんだと思いますよ。

だからまあ私、授業というものもね、聞き方というものがね――聞き方、受け取り方、ちょっとこう…、坊さんというものの一つの限界はね、みんな、家へ帰ったら信者がある、檀家がある。あんたらだって、大半がそうでしょう、そうするとやっぱり、覚えておいたら役に立つ、役に立たん、それをみんな持ってるんだなあ…。ああ、これは参考になる、他日使い道がある、というか、使い道があるかないかで、人の話を聞き分けていこうとする、仕分けをしていこうとするというような、そういうものをもう潜在的にみんな持ってるね。自分の都合のいいノウハウだけを求めて、こういう時にはああ、ああいう時にはこう、というようなね、そういうふうな…。こういうようなことが、どうも私はあんまり好きじゃないんです。自分も無いんか、といったらありますけどね、ありますけども、けれども、そういうことを若いときから、ずうっとやっていくちゅうことで、それはまあ指導者というものはそれによって役立つところの貯金をしていくちゅうことでしょうけれども、しかし、なんか菩提心っていうこととちょっと違うんですよね。菩提心っていうのはね、やっぱりなんか知らんけれども、ひたむきなこの、一つは向上の意欲ですわね。この上もなく正しい完全な悟りを求めておるっちゅう、そういう求めておるというものが、この中に絶えず絶えずあって…。

でまあ、本当に回りの人に対してそれを、自と他との分別をつけずに、回りの人が、もう今のような状況にあるということに対して、人と異なってと言いますかね、多くの人が素知らぬ顔をしとったり、それほど気にも止めんことが、非常に自分はそれが気になって、気持ちが痛み、心が痛むというような、そういうふうなものが、あり通しにあって、そういうふうなものに駆り立てられて、自分がもう向こうへ向こうへっていうか、上へ上へっていうかね、志《こころざし》を伸ばして行かざるをえんような、一つのこう動機がこの中に絶えず生きて働いておるちゅうような、それが菩提心でしょう？それが菩提心でしょう？そういうふうなものがあるか無いか、っていうか、そういうことが要るんだという話がこの論文なんですからね。

そういうものが、自分はそういうことがあんまり関係ないんだというような、関係ないと言ったらもう、坊さんは、役に立ちません、それはね。はっきり言うて坊さんじゃないちゅうかね。坊さんちゅうのは、今の、そういう一つの機能が自分の中で絶えず働いとるちゅう人が坊さんなんだと、そういうことだ。わしはそう思う。

信仰の年季ということ

――創価学会が、だいぶん、だあっと持ち上がってきて、もうあちこちが、だいぶ旧宗教が騒いだ時にね、高野山大学でも、学校として何らかの対応のできる教師を持った方がいいっていうかね、で、学生にもその人が一年に、たった一か月でも何らかの講義をたとえ一部の学生に対してでも、するというか。あるいは一年を通しで、三年にいっぺんぐらいでも、そういう講義が出来るような人を持っとる方がいいちゅうか、そういうふうなことが宗内にあったりいたしましてね、高野山大学もにわかに、創価学会とか何とかかんとか、新宗教に対応するような意味で、むこうの材料をだいぶ図書館に入れたと思いますね。買い込んだと思いますね。そうやって、そういうふうなものを読んで、そういうようなことの要員の一人に私はなっておったと思います。まあ、あんた、多少そういうふうな勉強をしてくれと言われてね。私には若干の適性があると思われたんかも知れませんけれども、いやあ、そんなことをやって、少し読みましたよね。少し読んだだけは儲けものであったかも知らんけれども、そんなことで、何も対応するいう、創価学会対策ちゅうようなことをね――あの、まあ、平井巽という先生がそのころ高野山に自由な立場でおられてね、この方はパンフレットに三十頁ぐらいのものをお書きになって、それをやっぱり真言宗のお寺さんにはずっと行き渡って、若干の指針になったかと思いますけれどね、私なんか、まあ、なあんにも、それは、そういうふうなことをもってということには、なりませんでしたね。

で、ところが、まあ、いろんな対応がその中に――もうお寺に向かって、創価学会の人間が二人三人繰り返し巻き返しやってくるもんじゃから、仕方ない、じっとしとれん、言う中で、自分で必死になって対応する間に、なんらかの、自分で方便的なものを身につけたという人もおりますよね、それは。いろいろあります。ところがまあ大阪あたりで、ちょっとしたお寺ですよ、しかるべき大学出ておる和尚さん、まあ、幸いにして高野山大学でなかったけれども、表に創価学会の人間が三人ほど来たって言ったら、裏から逃げ出した和尚さんがおる。まあ、笑えんことではある。めんどくさいわな。しつこいからね。そういうふうなのにもう食いつかれるくらいなら、かなわん思うて、そんなことよりこっちはもっと忙しい、別な用事がある。これも仕方がないことだと思う。

ところが田舎の方の小さな小さな教会を守っているばあちゃんが、それで、ちゃあんと自分なりにそこへ「おまえさんいったい何や」と。「わしはお大師さんの信仰を、これでも宣布して、何十年ここでやっとるんだ」「ふうん…」ちゅうようなことでね、まあその創価学会の人間が、しきりにおちょくって、っていいますかね、まあ、どうせあんたら、そんなようなことやったたって誰のためにもならんのだと。さっさとその真言宗やめてしまってね、創価学会に看板変えろや、それはあんたのためにもなるし、みんなのためにもなるんだということで、たとえば、ひとりのおばあちゃん、これはまだ生きておられると思うんじゃ、生きておられたとして、ちょっと、申し訳ない、歳をちゃんと知らんようなことで…、九十なんぼになっておられると思う、でね、たかだか三人ほど来た人間に向かってね――私、どこぞに昔、小さな短い文章を書いとりますけれども。*「あんたいったい創価学会に入って何年たったんだ」と言ってね、むこうが何やらかんやら生意気なことを言うた後でね。そしたら三年なら三年だと。あんたは何年だ。七年だ。あんたは何年だ。五年だ。「なんや、たった五年や七年でね、わしのところへ来て、弘法大師はつまらんの、どっちむいたの、それやめろの、創価学会に看板変えろの、何言うてるんだ」と。「私はこの道五十年だよ」と。もうちょっと少なかった四十年ぐらいかな。四十年ぐらいかも分からん、ひょっとしたらその時ね。「この道四十年だよ」と。年季が違うやないかと、年季がね。ちょっと顔

＊「小さな短い文章」とは「Yさんにあいて」のことで、「人みな佛」（合掌園研修道場、昭和四十五年刊）一三八頁、『田中千秋著作講話集』（高野山出版社、平成四年刊）四四五頁所収。

洗うて出直してこい、ちゅうかね。で、まあ、あのいっぺん、あのばあさんの言うことも耳かたむけようかという気が、もし起こったような時があったら、いつなりと来い、ただしもうわしを方向転換させようというふうにはあまりもあんたら未熟だと、四十年と、五年七年がいったいどっちがどうなるんだと考えても分かるだろうと、だからとにかくもうこれ以上来るなちゅうてね、引導わたしとるんだけど、ばあちゃんでもねえ、私はいざとなった時のセリフはね、ちゃんとしとると私は思います。こういうふうなことは本で覚えて、ああだこうだと出来んわね。やっぱりそれだけその人間が四十年の年季ちゅうことがあるところまであっての辛抱を越えた時にパッとそう飛びだしていく一つのね、言葉ちゅうものはそれだけの力があると思いますし――。

ある大師講のおばさん

まあ、あるところで、これももう三重県の田舎の、ど田舎のね、小さな教会ですよ。本当に高野山に納める、年に納める灯明料というか、付加金がありますけれども、あいうふうなもんでも時にとったらしんどいぐらいの小さな教会がありますよ、田舎でね。だから、田舎には田舎の面白いところがあって、とんでもない話ですけども、自分が郵便を出すという時に、郵便局なんちゅうものは遠くてね、で、ポストでもあんまり近いことないからポストまで行くんだけれども、これを速達で出したいというような時になるというと、まあ、それはたいして速くはならんにしてもね、それを郵便局まで持って行くなんちゅうようなことは大変なことなんでね。ところがポストのところへは一日に一回かなんぼか、局の方から人が出向いてくる。これは確実にそうなんだ。ということになると、そこへ手紙を書いたものに速達料を別の袋に入れてね、それを輪ゴムでくくってね、ちょっと言葉をひっつけた別な袋の方に書いてね、これをちゃんと速達で出しておいてくれって、そしたら、郵便屋さんがそれを局まで持っていって、ちゃんと速達の作法をして出しておいてくれるっていいますかね、そういうようなことが、まあそれがべつに怪しいことでもなく通っていくような、もう本当田舎ですね。しかし、よかったなあ、私、そこへ二回、一回だけかな…、説教に行きましてね、三重県の田舎ですからね、なんて言うんですかな、何やら式っていう海岸だ。だあっと海岸線が非常にこの小さな出入りがある鋸状になっとんだな。そういうような、あちこちに小ちゃな部落があってね、今日は話があるそうなということになると、やっぱりその――あるそうな、は、ばあちゃんが、葉書を部落の数十人のあちこちの部落の信者さんのところへ出してくれとるちゅうかね、それから、あちこちから夕方になると、船が来るんだな、こっちの浦の教会にね、船で、二人三人、五人と、こう、集まってきてね、そうやってそこで、三十五人か四十人の大師講が出来て、ああ、いいですなあ、ああいうふうなのは。しょっちゅうそこにおる人は何もええもくそもない、大変だ、冗談いうな、っていうか知らんけれども、一生に一遍か二回しか行かん人間にとっては、ああいいところだなと思いました。

まあ、そういうところの、その――前置きが長い…、私はいつでも前置きが長い。その、大師教会のおばさんのところへもやっぱり創価学会が、創価学会ちゅうやつは、なんやかんや言っても、一頃の前向きの姿勢というもの、あるいはその勢いっていうものは、ある意味で評価すべきものがあったと思いますね、ある意味で、です。で、やっぱりここでも、三人ほどが、二人か三人が出向いて行って、なんかかんか、なんかかんか言う。ところが、このおばさんにしても、そういう時にはそうするああする、ああ言うたらこう言う、こう言うたらああ言う、ちゅうようなことが、頭の中に収まっているものは何にもありませんわね、こんなものはもう…。まさかそんなものが来てなんやかんや言うとも思わんし、これがなんとも、はたしてどれぐらい知っとったか分かりませんよ。

ところがまあ、とっさの智慧っていうんでしょうね、それがね、そんなようなことが、まあ非常にものを言うんだから、面白いと思うんですけれども、とにかくまあ、これはかなわんと。けれども、まあ、あんた、歳なんぼ?ちゅうて聞いたらしい。この時この人は、まあ、そうねえ、五十ぐらいになっとったかなあ、教会のおばさんがね。そしたら、まあ、二十代の人が多いかったと言うわい、その、三人がね、それがまあ、わしはある意味で、けなるい（方言。うらやましい）と思ったとこう言うんだ、これは正直な気持ちを言うただけでね、ふうん、あんたら、二十代でそうやって人のところへ行って信仰をすすめるということは、感心なこっちゃと。もうとにかく、わしの息子があって――その人の息子は写真屋かなんか、やっておられてね、そんな田舎やからね、そこらへおったって、写真屋もなにもあったもんじゃない。それからちょっと町場へ出ていって写真屋やっとる息子がおるのは知っとる。その他どんななっとるか記憶にないけれども――とにかく、ああ、感心だと。わしは、あんたのようなのを見たら、けなるいっていうかね、ああ感心な息子さんやなあ、ちゅうて、あんたなんぼじゃと言うたら、ああ感心なもんじゃ、あんたのような息子がわしは欲しいよ、というかね、子供が何人おったか三人おったか知らんけれども、あんたみたいな子が実はおらんのだと、あんたみたいな息子がおったらなあと、本当に、さっきから何しとったら、けなるいなあ、うらやましいわちゅうかね、いうようなことを言うとったらね、相手は、くそばばあと思うてしきりにまあ声を高うにして、まあ、なんかかんか、もう食い下がって、いわゆる暴言を何の慎みも無しに、どんどん無茶を言うて食い下がってきた、ちゅうようなことであるのが、だんだん態度がかわってきたと言うんだ…。

そういうことなんですよね。自由自在な方便がどんな相手に対しても、とっさに働いた時に、やっとそれは有効なことだというふうに、まあ、思いますね。で、真言行者というものは、いちおう相手相手に応じ、それを導いていく。相手に応じてっていうのは、まったく今のようなお話でございまして、それを右から左へ使うことは出来んけれども、まあ、とにかくその時その時その相手その相手にむかって、まあ、やっぱり一人一人に、かけがえのない働きが起こってくることがあると思いますしね、理想的に言えば、そういうふうなものが理想的な方便だというふうに思います。

衆生の願にしたがう

で、ここに書いてあるのは、「衆生の願に随ってこれを給付せよ」。場所見ていただいたら、ちょうど六行目ですわね、二〇七頁の六行目に、

大悲門の中に於いて尤も宜しく極救すべし。衆生の願によってこれを給付せよ。乃至、身命をも悋惜せず。

こういうね、命をも惜しむことなく、それぐらいの姿勢で相手の求めに応えよと。相手の求めをことごとく、それに耳を傾けよと。身を乗り出していって、相手の求めに応える姿勢をとれ、っていいますかね、こういうようなことを言って、で、七行目、

其れをして安存せしめ、悦楽せしめよ。既に親近し已《おは》んなば、師の言を信任せん。其の相ひ親しまんに因って、亦た、教導すべし。衆生愚曚ならば強いて度すべからず。真言行者、方便引進すべし

今、そこのところを、もうちょっと念を押してということですね――もうやったんかも知らん。もう忘れとるから、前のことをね。

で「衆生の願に随って…」その願がみな違うから困るんですよね。相手相手に応じて、だから、なかなか、ハタと当惑するっていうか、行き詰まるっていうか、もごも

ごするっていうか、まごまごするっていう、起こりますよ、こんなことはね。恥とすることではないと思いますけれども、何が出てくるか分からんのですから、教化というものは難しいもんだと本当、私はそう思いますけれども、まあ、とにかく、まあいちおう文章のおもてを読むことは難しいことはない。衆生の求めに対しては、とにかくなんでも応える姿勢を持たにゃいかん。何をくれ、と言えば、それを与えるんだ。時には命でも投げ出すんだ。

——言うのは簡単ですけどね、まあとにかく体を張って、指導教化というものはすべきものなんだ、ということで、捨身《しゃしん》…、わしらの学校の先生でね、山田契誠先生のことを言うたかも知れませんが、一切の時と、一切の所とにおいて、捨身するということだと知っとるということが、もう仏教家の最後の姿勢だということをね、私、学生の時に…、一切の時と、一切の所とにおいて、この身を捨てるっていうか、捨て身になれるっていいますかね、捨て身を通すというか、まあ、そういったようなことを仏教は教えとるちゅうんですよね、だから、大変なことなんだ。大きな声で演説の出来るような、そんなもんじゃない、そんな甘いもんじゃない、ちゅうか、まあそういうようなことです。

で、ともかく、自分が相手に対して――自分に固執して、自分の土俵に相手を何がなんでも引っ張り込もうというようなことばっかりに逸《はや》るんでなしに、相手の土俵に、自分が自分を曲げて入っていくっていうか、そうやるというと向こうも、なんとか調子が変わってきて相手も自分に親しみを感じてだんだん自分の方に心を開いてくる。どうやってか、とにかく方便によって相手の心を開かせる、それからまた導きを続けていったらいいんだというふうな言葉がまあここのところに書いてある。

与えてはいけないもの

しかし相手に、なんでも相手の願にしたがってこれを与えよと言うても、なんでもかんでもということにはおのずから限度があるということで、この前に、毒薬とか武器とかというようなものは、そういうわけにはいかんということを書いたという気がしますね。鉄砲やら刀剣、刀の類いですね、鉄砲ですね。そういうふうなものとか、毒薬というようなものを相手が欲しがったからと言うて、欲しいと言うから与えたと、たとえば病院なら病院が相手が欲しいからと言うんで、一種のこう、それに類するような薬を出したちゅうようなことになったら病院の責任を問われるようなことになりますしね。そういうわけにはいかんでしょうし、相手が貸してくれと言うたからというて、警察官が鉄砲貸すちゅうわけにもいかんでしょうし、おのずからそこで、こういうことは、そう言われたからというて与えちゃいかんというものがいくつかございまして、その中に――。

でまあ、話をとりあえずしていきますというと、女色というか、ジョショクというふうなのはね、これはあの、まあ、難しい問題ですよね、難しい問題です。大阪で、創価学会が盛んな時に、私の知人で、今頃はずっと交わりは切れておりますけれども、切れるんが当たり前っていえば当たり前なんでね、むこうはある意味での街頭での商人なんですね、テキ屋っていうか、昔のテキ屋というのに近いような人なんです。学校という、わしは学校というものにかかわっとるし、彼はテキ屋なんだから、お祭りとかなんとかかんとかと言うて、人が出盛るようなところに、まあとにかくこう、小さな店をとにかく出して、そこで何かかんか売るといいますかね、で、お祭りが終わったら、さっさとそれを片付けて、また次の場所へ移っていく、ちゅうような。そういうあたりが彼のまあ、元来の仕事はそういうことなんです。ところが頭いいんですね、なかなかこの男ね。で、若いのに、もう数十人の子分のようなもの―子分といっちゃあ言葉が悪いけれども、まあ、やっぱり子分に近いもんでしょうね、おって、そういう人間をとにかく自分が束ねておるといいますかね、そういう男で。ところが創価学会の人間がこれに目を付けたっていいますかね、だいぶん動員する力を持っているというか、この人間を創価学会に引っ張り込んだら、創価学会というものも、だいぶ自分の息のかかった人間を引っ張り込んでくるっていうか、あるいは人を引っ張り込んでくるのに特殊な能力を持ってるかも知れない。そういうふうに考えたのか、しきりに創価学会の方が手を伸ばして引っ張り込もうとした時があります。

ところがこの男というのが、妙なことに大師信仰というのを素朴ながら持っておりましてね、で、そういうことで私との接点があったんです。創価学会は、あの手この手ですね、まったく。それは、だから、同じ人間が二人から二人、いつでも一人で来るっていうことは少ないようですね。その頃のやり方は。今はもう止まっていますけどね。だいたい二人か三人か、ちょっと型の違った人間が組んでくるんです。それがこもごも言葉を出して相手を調べていくわけですわね。この相手には、この二つのタイプの人間のどっちの方がより説得力があるかっていいますかね、相性がいいといいますか、そういうことを見極めるというと、今度はその片方の、よりよかりそうな人間とそれに近い人間がもう一つ加わって、まあ、ちっと向きの違った人間の方は外れて、で、まあ別な形で今度はやってきて、って言いますかね。だんだんだんだん、こちらはああとかこうとか、こうとかああとかと言うて、説得しようとするということですけれども、今のテキ屋のところへも、そういういろいろまあ、やってくると。やって来るけれども、これも頭なら頭で、もういちおうその、その場なりの論法もっておりますから、そう簡単にそうかそうか、あんたの言うことはごもっともだと、じゃあ、わしも創価学会に入ろうか、というような簡単な男でもないわけで、だいぶん相手を振り回したり、まあまあ、さまざまな対応の仕方をして、相手の手のうちをいろいろ見たり、それなりに暇つぶしをやっとったんでしょうけれども。

ところがむこうがその、女を娘を差し向けてくるっていうことをやるっていうか、ですね。それはまあ、なんぼかの手の中の一つですな、としか思えないですね。で、明らかに他所の嫁さんちゅうんじゃなくて、娘だというか、しかもこれは、もうちゃんとした創価学会のれっきとした創価学会員であるちゅうかね、それがとにかくまあ来て創価学会に入れということですね。入れというのは、先刻もう、なんか入れ替わり立ち代わりいろんな人間が来て言うたって、おまえ別に変わった武器でも持ってるんかちゅうかね。別の手でもあるのか、という…。わしあんたに注文がある、というか、わしの言うこと聞いてくれるんなら、わしも考えてもいいでと、こう言うたというんですわね。そう言うたらね、ああ、よろしいおますと、こない言うた。このよろしいおます、がちょっとたじろいだっていいますかね、よろしいおますって言うたって、わしの言うのは、あんた、どこぞにわしを連れていって、三百円のコーヒーを飲まして、なんぼかんぼのライスカレーを一杯食わせというような、そんなこととは話が違いますでという、ああよろしいおます、なんでもよろしいおますと、こうきたという。で、もうちょっとこれはいかんと。こいつは、わし、そんなら、おまえさんをわしが抱こうと思うんじゃがというたら、よろしいおますという、どうもそんなことのように思うたちゅうかね、で、まあそこまでなんじゃけども、わしも嫁さんもおるし――おるんだ、ちゃんとね、子供もおる、だからそんなわけにもいかん。で、まああ適当にその時はさばいてしまったけれども、ああいうのを見た時に、創価学会ちゅうものは、やるとこまでやる気だなと思ったちゅうことをね。女を繰り出してきた。しかしそれがもう創価学会が今の公明党なら公明党ちゅうようなことになったり、なんやらかんやらいうようなことで、いろんな意味で一人の人間がこっちに入ることによって、もう背景にこの人間に百人なら百人がついてくるちゅうようなことになるというと、まあ、娘さんが一人自分の身を投げ出してちゅうことがね、創価学会のためになるんやったら、なんちゅうことはないちゅうぐらいの、そういうふうなことになるのかな…。もしそうだとするというと、それが、これなんですよね。女が女であるということを売り物にしてっていいますかね、で、それで、それを施しだというように思うちゅうか、これは錯覚を起こさせる材料は材料なんです。で、また非常に難しいですね。非常に難しいですね。ことがもう性の問題ちゅうようなことになると非常に難しいですね、これはね。

阿難《あなん》の困惑

で、たとえば阿難という、お釈迦さんのお弟子の中で男前のお弟子さんがおりますわね。能力もあるんですけれども、とにかく男ぶりがいいのが徒《あだ》になって、まあ巷に出て行かんわけにはいかんしね、出て行けば女が惚れるしね、そんなようなことで、ついて回って、あの人をとにかく、それこそ女の方から、わしの言うことを聞いてくれるなら信者になろうというようなもんでしょうし、言うこと聞いてくれんのじゃったら死んでしまうちゅうぐらいの女が出てくるに及んで、阿難も大変困ったんだろうというような話が出ておりますが、どうしたんか知りませんそこから先…。読んだような読まんような、何かものを読んだんですけども、私もね、それは難しいと思うわ、阿難も本当に往生しただろうと思う。まあ、お釈迦さんの教えちゅうものを受けとる人間として見れば、まあ、わし抱いてくれ、くれなんだら死ぬって言われたらね、ああ、待ってましたちゅうようなことを言っとったんじゃおしまいですし（笑）、ええまあ、そこらがあの、そこらが難しいわな…。言うべくして非常に難しいとわし思うわ。今頃はもうそんなことが割合、案外…、昔だからこその問題かも分かりませんが、まあ、少し、言うことが途中で入り交じってしまっとるかも分かりませんけれども、まあ、あの、施しというふうなことを言うても、まあ、ことが性ちゅうようなことにかかわってきた時に、それが非常にあの、布施という名前において、そういうようなものが、これはおかしいといいますかね、これはもうあかんと言いますか。

ラマ教でも――蒙古にラマ教というのが、蒙古だけじゃないけれども、ラマ教があるでしょう、ラマ教と高野山の真言宗とが、ちょっとこう交わっておった時期がありますね、終戦前にね。で、ラマ教の青年が高野山に三十人、二十人ぐらいかな、二十人以上かな、来とったことがあります。一年、二年間ぐらい来て、高野山で勉強しとった時があるんです。で、そういう頃に、高野山からもむこうのお寺に出入りするっていうような人も何人も何人もありましたしね、そうすると、なんかやっぱりラマ教に戒律が無いちゅうもんじゃないと思うけれども、何かやっぱりまあ、なんかちょっと変わったこと、女については、やや別枠でもあるんか、別な考え方でもあるんか、なんかあの、高野山の先生で、むこうのお寺に泊まった時に、あんまり遠くない所に女が一人、一晩中寝とったという、あれは、こっちの言うことを聞かそうと思ったら聞いたんだろう、というかね、そういうようなつもりで、むこうは、いつなりと用事があったら、ここに女を置いたるで、というような意味で一晩置いたんじゃないかと思うというような話でございましたけども、なんかそんなようなことでもあるんですかね、あるらしいような話だったけども、どうもやっぱりそのね、そういうことを念入りに、こういうものにこういうことが書いてあり、ああいうものにはこういうような、載せられておって、だからあっこれなんだと思うたというように、ひじょうに細かな話を聞いたわけでもないからよく分からんですけれども、でもまあ、お寺でも時にとってそういうふうな——お寺っていっても宗教が少し違うのは、違いますけどね、まあそういう布施というようなことが、誤って、いうようなことも歴史の間にはあるんだと思いますね。あるからこそ、こういうふうな禁止っていうかですね、これはいかんというふうな、止められるということも何かその例が多々あったということだろうと思いますけれども。

それからもう一つ、酒やな、酒というようなことも思い出したけども、こういうふうなのは、まあどんどん、人に、相手が、要求だったら、なんでも施せというても、これはおのずから問題は別になってくるから、節度っていうか、筋道を考えなければいかんということの中になりますね。

第6講　純粋であることの強さ

比叡山でも重んじられた『菩提心論』

（「十巻章」の）二〇七頁のおしまいから、二〇八頁の初めにかかる、というあたりと思います。で、まあ、これ三頁、約三頁ぐらい来とるわけです。たいがいこういう漢字ばっかり並んでおるテキストというものが非常にこう時代に合わないというか、こういうことを見ただけで逃げ腰になるという人が、かなりにあることも多少分かっておりますけれども、まあ、なんぼも行くんじゃないんですから、一年間かかって、なんぼも——まあ十三回やって、十三頁もなかなか行くんじゃなくって、十頁ぐらいしか行かないんですから。もうとにかく、まあやってるような、やってないようなことなんだから、逃げるほどのことではないというふうに、まあ思って下さい。

で、題目が二つあって（注・具《つぶさ》には「金剛頂瑜伽中発阿耨多羅三藐三菩提心論」別名「瑜伽總持教門説菩提心観行修持義」という）、龍猛《りゅうみょう》様という人がお書きになったということになっておって、まあ、そういう言い方が悪いか知らんが。それから不空三蔵さんが翻訳をされて、それで日本に入って、で、弘法大師以来、非常に重んじられて今日にいたっておる『菩提心論』。で、これは比叡山の方にも伝えられて、それなりに比叡山の方でも、ある程度まあ読まれておる。比叡山で学んだ栄西《ようさい》という、まあ、えいさいという読み方もあるでしょうが、禅宗のね、あの人なんかもこの『菩提心論』の注釈を書いておりますから（『菩提心論口訣』）。まあ、今でいえば禅宗の人ですけれども、そういう人が比叡山におった時に、比叡山で『菩提心論』にふれておったということでございまして、まあ、比叡山でもなにほどか『菩提心論』を重んじておるけれども、考え方の中には当然のように若干高野山と――真言宗と、と申しますか、考え方の部分的な違いもあると。

無限の大日如来

まあそういうことを始めといたしまして、さて何がということになるというと、これは「大阿闍梨の云《のたま》わく、若し上根上智の人有って…」と大阿闍梨の言葉という形から『菩提心論』というものが始まっておる。で、大阿闍梨の言葉があって、で、その言葉はいったいどこまでかかるのかと言うたら、おしまいまで全部大阿闍梨の言葉と考えたらいいでないかという考え方があって、それもたいへん面白いことじゃないかというようなことから申したと思います。

で、大阿闍梨とは一体誰なんだと言うたら、大日如来なんだ。大日如来って、一体何なんだ。まあ、こういうことですけれども、そこがまあ、真言宗の急所といえば急所でございまして、『即身成仏義』を読んだら、六大四曼三密というようなことを言うて、六大、六大、六大というようなことも、ずいぶん真言宗ではついてまわることですけれども、六大というのが、もう世界の本体であると、本質であるとか、というような形で『即身成仏義』が——授業があるんでしょうな、ここで…、言われておると思うが、その六大というのと大日如来というのが、また奇妙な、妙なことじゃないが、バラバラなもんじゃなくて六大は六大、大日如来は大日如来というもんではないんだと。まあ、この二つは一つであって、一つであって二つであって、まあむしろ二つであって一つであってって言いますかね、そういうこととして取り扱われておる、考えられておる、受け止められておる。そういう仏教だ。

ですからまあ、大日如来が根本である。大日如来がもう真言宗の根本の肝心要《かなめ》のもんだ。ところがまあ、大日如来というようなものが案外口にされもせずというか、それほどみんなの心の中にちゃんと位置をもってないというか、そんなにいかほども大日如来というようなものが、信仰の対象の中にっていうか、信仰の中に生きていないと言うか、そういうことじゃないかな、というような気がするのは、しますね。

これはまあ分かりにくいということが一つあるでしょうね。分かりにくいっていうのは、なんといっても、かんといっても、無限なんですから。大日如来っていうのは、時間的にも空間的にも無限であるということが、第一、非常に都合のいいような悪いようなことですよね。まあとにかく、上も下も、右も左も、前も後ろもっていうかね、もう無限の空間に大日如来が広がっているっていうかっこうになりますしね。で、一体どういうことなんだ。私はどうも初めは若い時から困りましたね。無限ということが、なんともかんとも始末の悪いことのように思われたということです。まあ、人によるんかもしれませんが、無限というのが、なんやら、いかにもなんやら、こう、いっこうに掴みどころがないっていう感じを持ったわけでございまして。また時間的にもこれ無限なんだ。時間的にも、もうとにかく始めもない、終わりもないというもんなんだ。始末の悪いような、いいような…。悪いように思うんですけれども、そういう仏様がまあ根本の仏様であるということなんですね。どうもなんだか…と言うことですけども、だんだん、そういうふうなものが、心安うなってくるとでも言いますか、そういうことが真言宗では非常に大事なことになってくるというふうに思います。いっこうに最後の最後まで、ああ、そうそうそういうことを言うんだよ、というかね、大日如来、ああ、そういうふうに言うんだちゅうぐらいのことであって、自分では、さあ、なんのことやら、実はその実さほどピンとせんのだが、ということで、まあ若い時はそれでも済むと思いますけれども、なんぼ経っても、五十歳なっても六十歳になっても七十歳になっても八十歳になっても、まあそういうことで押していこうというのは、それは私やっぱり無理だと思うんでございまして、だんだんだんだん差し迫ったこととして、こういうふうなものがちゃんと、そういうふうなものとって言いますかね、出会わなければいかん。そういうものと出会いが起らなければいかん、まあ、そういうことがこれは一大事だというふうに自分では思っておるということですよね。

無上の覚りを求めよ

その大日如来が――あんたらは、こういうふうな心を発せ、と言いますかね、と言うて呼びかけられたと。外道や二乗やら、言うようなものを望んどったら駄目だというか、そういうものになじんどったら駄目だ。で、宜《よろ》しく真言の教えに進めと。で、そういう真言の教えに進むべき人っていうのは、五根がちゃんとした人。それは、精神とか、信心とか、それから、智慧と、そういうふうなものが、まあひとつ大事な要件となるっていうか、そういうふうなものを何か、柱として自分の内に持っておるような人っていうことが、そういう人に対する呼びかけっていいますか。それを上根上智と言って、上根上智は宜しく真言の教えを学べ。上根上智という、そういう三つの柱なら三つの柱、あるいは五根の柱なら柱を持っておるちゅうのは、いったい誰のことか。もれなく一切の人間が、実はそうなんだと。

で、そういう人間に向かって、大阿闍梨は、ずっと、次のように…。それは、無上正等正覚をとにかく求めて退くことなかれ。他のものは何もいらんという気持ちで生きよ、進め。で、これは、この上もなく正しい完全な覚りっていいますかね、梅尾祥雲先生はそういうふうに訳されてる（梅尾祥雲『現代語の十巻章と解説』高野山出版社）。この上もなく正しい完全な覚りをあきらめちゃいかんというか、まあそういうことですが、それは一体何じゃと、たしかにそうだと思います。覚りというものは階段があるんですよね。覚りということは一つだけじゃない。たくさんのこう、段々がある。低いのもあるし、中ぐらいのもあるし、高いのもあるんですから、だからここで初めて、この上もなく正しい完全なという言葉があって、まあおかしくないんですよね。中ぐらいの覚りもあるし、もっとこうレベルの低い覚りちゅうものもあるんだ、ということです。だから世間にたくさん宗教があるのもおかしくはない。そんなものは一体どうしたんだ、それはやっぱり覚り、そこにあってもあってもいいんです、あるかも知れません、けれどもまあ、最高の、この上もなく正しい完全なというような、栂尾先生の訳され使われるような言葉のような意味でのものはそこには無い、いうふうに真言では考えておるっていうか、まあいい気なもんだというように言うかも知らんけど、いい気なもんだと言ったんでは、まあ真言宗の人間としては素直でないっていいますかね、自分にそういうことが、よく解らなくても、自分にはまだなんとなしに解らんですよね、本当のところはそうであるとも、そうでないとも解らんでも、とにかくまあ、始めからそれを茶化しておったんでは入れませんから。まあ、素直に頭を下げてそういうふうに、われわれとはだいぶ程度の違う人が昔からそういうふうに言うて、そういうふうに申し伝えて、伝え伝えて来たんだから、自分は四の五の言うまいと。とにかく何が何でも、そういうふうなことがどこまでも、自分の身に、どこまで行くか知らんけども、身につけてみたいというふうな、まあ、そういう素直な真摯な気持ちになるというふうなことが、まあ初めに、非常に必要なことであろうというふうなことでございますし――。

曖昧な動機

さて、まあ誰でも人生には目標というものがある、と。目標というものが曖昧であるというと、いつのまにやら、うやむやになってしまう。

高野山専修学院に来る前に車の運転免許を持っておった。高野山専修学院に来て一年間学んで加行《けぎょう》やって灌頂《かんじょう》受けて、まあ、大阪でまだ若いんだから、助法《じょほう》の生活（よその寺で働くこと）をやって、ありますよね、おかしいことではないと思います。そうやって何かこう、目を、いろいろな世界を見て、いろいろな経験を積んでいくちゅうようなことが長い目から見たら無駄なものって一つもないっていうのは本当だと思いますけれども、まあ、やっぱりいろんなことが目移りして目移りしてね、田舎の人間が、なまじっか都会の助法生活をやっとるというと、まあ、何もかにもが珍しくって、なんともかんとも、こたえられんくらいおもしろくって、若かったらそういうもんでしょうね。で、もうとにかく一年と助法の生活が続かなくって、まあ、ただそんなら飛び出しても田舎へ帰っていくちゅうんでもなく、どうしたかっていうたら、運転免許を生かして、一つこれで行ったろうちゅうことになって、車の運転をやっとった。やっとって何年か経ったら田舎に帰って、菩提心じゃないけれども――その時、『菩提心論』誰がやっとったか知りません、やってなかったかも知りませんけれども、何らかのそういう原点に帰って、いうことになったらよかったでしょうけれども、もうそれより先に連れ歩いとらにゃあならんような女が出来とったちゅうことになって、田舎へ帰ったら、なんちゅうこった…、というようなもんですよね。わしら檀家はそういうつもりであんたを応援したんじゃない――寺によりましたら、そういうお寺がありますからね、何かやっぱりこの人間が高野山に行って、何年か学んでこのお寺を継いでくれるんだ、わしら檀家が一つ力を合わせて、ちゃんと高野山の修学がまっとう出来るまで待とうじゃないかというような、ありますよ、全国にはたくさんは無いけど、多少あります。そうやっとったと思うたら、嫁さんおってもいいのかちゅうこと…、なんちゅうこったということになって、まあ、世話人始め怒ってしもうてって、いいますかね。もうとにかく、帰る寺に帰れんようになってしまった。親父までが立場が非常に弱くなってしまったっていいますかね、なんだかんだって、まだその上があるようなところもあります。全国ではちらほらそのようなことがありますけれども、まあこういうふうなことを言うのは、まあちっと田舎の人も気短かすぎたかも分かりませんけれども、まあ、今、菩提心とかなんとかちゅうことから言うたら、始めが、出発が曖昧なんだなあ…。

まあ、だから一年間で、専修学院の教育なんていうのは、付け焼き刃なもんですから、三日と持たん人もおるし、三か月持ったらまあ、というぐらいで、三年も持ったらまあよっぽどですけれども、たいがい駄目ですよね。ここにおる間、ああ、おれはお寺へ帰ったら、こうするんだ、ああするんだと思ってるけども、なんぼもそれ続かないです。菩提心の問題だと思いますけどね、これ…。菩提心の問題。志しがあるつもりだけれども、無いんだなあ。うーん…。だって、とにかく初めに目標というものを、とにかく持って、誰でも何らか持ってるんでしょう――持ってるつもりなんでしょう。つもりだけれども、きわめて曖昧だというか。で、とにかく坊さん好きじゃないけども、仕方がないと思ってる人もたんとおる。おかしいですよね。まあ、おかしいと言ってはおかしいのかも知れませんけども、現実はそういうような気がする。

で、お寺以外の人間が、お寺の任務はボロいもんだということが分かって、そんなら、わしも坊さんになろうかという人がちょいちょいある。これも動機が曖昧である。

そういう不純な動機じゃ駄目だ。『菩提心論』にはそんなこと書いてない。何言っとるかちゅうけど、やっぱりそうなんです。こういうことは大事に考えなければいけない。で、まあ私、だから——説得力が無いかも分かりません。分かりませんけれども、くどかろうが何であろうが、何遍もとにかく、まあこれを一年間、一年間って、あと何回も無いです。あと十回もあるのかな、わずかの間ですから、まあ辛抱してみて下さい、ちゅうことですけれども——。

ともかく商売やろうと思うんなら商売のように、それからまあ、田舎に帰って百姓やろうと思うのは百姓だ、まあ、魚取る分の漁師やね、おれは漁師になろうと思っとったという人がおったなあ。二十年三十年前の専修学院生で、あんたの態度はどうもわしは腑に落ちんと言ってね、前にも言うたか知れません、わし文句言うたらね、「いやあ、わしは坊さんになろうとは…、何にもなりたくないんだ。なりたくないけれども、行け行け行け行けと言うから仕方なしに来たんだ」「だってお前さん、入学試験の時はうまいこと書いておった」「そうせんにゃ仕方がない、一時の場をしのぐために書いただけのことであって、本心では無い」とこう言うことだね、「とにかくまあ、わし、正味のことを言えば、田舎へ帰って、海へ飛び出してって、漁師がしたいんだ、坊さんみたいなものは――」って言ってね。親もまあ、本人の見極めが付いてなかったということでしょうけども、それからどうなったか知れません。おそらく坊さんは九分九厘やってないと思いますけれども、そういう人がおった。まあ、いろいろおるでしょう。私は外部から来とるだけですから、一人一人の人について知らない。院の幹事をやっとったり、寮監をやっとったりすれば、まあ一人一人の内実がもうちょっと細かに分かってるでしょうけれども…。商売したいんだったら、初めっから、商売ちゅうものも、甘くないと思います。甘くないと思います。ちゃあんとやっぱり商売のイロハがあると思いますわね。アイウエオがあると思いますよね。

安直な道

で、まあ、役人になるんなら役人になるように、別けて、お医者さんになるんなら、医者になるというようなことは、そうボンクラな頭じゃなれんみたいですから、まあ、やっぱりいろいろ手順っていうものがありますわね。

大阪で今、歯医者をやってるんかなあ…、男がおりますけれども、志しだけは――だけはって失敬だなあ、長かったなあ、どっか受けたんでしょう、徳島医大かなんかを、徳島医大かなんかを二回ぐらい受けて、まあうまいことよう入らん。そらあ医大は難しいわい。よう入らん。三回ぐらい受けたかも分からん、よう入らんで。それから、鍼灸医の、鍼《はり》や灸だな、鍼灸の勉強をやって、で、もう鍼灸医としてしばらくこれでまあやっていくんかなあと思っておった。やっていくんかなあと思ったら、何を思うたんか、やっぱり医者としての道もやっとらんことには、鍼灸医としても一人前にはなれんし、まあ、何もかにも半人前のまんまで終わっていくっちゅうのは、嫌だと思うたんか、もういっぺん今度長野県に医大がありますね、医学部があるのはどこ、どこやらひとつ長野県にあったと思います。それがもうそういう医大というふうなものとしての名の付くものとして、どういうレベルになっとるんか、わしはそれは知らん。知らんけれども、とにかくそういうところを受たら今度はスッと通って、それからまあ医者とそれから鍼灸の両面を生かして現に大阪でやっとる人がおりますけれども、今なんぼぐらいになるんか知りません。もう若い時にちょっと、その人の若い時のことを、わしはちょっと知っとりますけれども、まあまあ比較的志しがあると言うべきかと思いますね。まあまあいい加減なまんまで妥協しておしまいということでなしに、やっぱり、なんかやっぱり何回目かに志しを果たして、五回ぐらいかかっとるか、五回ぐらい医大を受けたかも分かりませんし、まあ、何をしたかかにをしたか、この一つ一つの道筋を知りませんけれども、ただその人の結婚式の時に呼ばれまして、行ったら、高等学校の担任の先生が来て、この人間の中には非常に息の長いところがあって、そういう点については、自分は無条件で評価しとる。今の今、この人間が並外れて力があると言えるかどうか知らんけれども、長い将来に期待をしたい、一生懸命な期待をしたいと思うというようなこと言いました。ああ、そうかも知れんなあと思ったですわね。その息子のことよく知らん、お袋のことをよく知っとった。なんだかんだと、ちょっと拝み屋風なところがあってね、お母さんは。ところが、もう死んだですよ、だいぶ何もかにも昔の話ですけれども。

まあ、少々能力があってもあんまり、なんですね、たくさん気が多くてね、気が多くてね、なんやらやっとったと思ったら三年——三年経つんならまだいい。一年ごとに方向がこう変わっていくとかね、もっと短くどんどんどんどん、あれをやっとるかと思ったらこれこれ、と思ったらまた何ちゅうようなことで転々と変わりすぎるというようなことになりますと、やっぱり具合悪いでしょうから、人間っていうものはやっぱり若い時に商売で行くなら商売、それこそ漁師なら漁師、役人、公務員なら公務員、先生なら先生、いろいろあるでしょうから、そういう志しをなにして、まあそういう志しを立てたら、もうまあ一直線に進んでいくちゅうか、一直線に進んでいくちゅうことが望ましいことだ、そういうふうなことをまあ『菩提心論』の中では、役人やら公務員、じゃない教員の商売人の道を説いているんじゃないけれども、坊さんちゅうものはそうしなければ、なかなかのことだと思うんですけれども。

　ただ、具合悪いことは、今日の坊さんちゅうものは非常に安直に出来るということですね。それを見て、ああ、そんなものは何ほどのことでもない——何ほどのことでもない面があります、確かに…、専修学院一年間、何も出来んでもいいぐらいの一面があります。理趣経がなんとかかんとか読めて、なんぼかかりましょうねえ、ひと月かかったら、なんとか読めるんと違いますか。高野山のお寺へでも、言うか、もうとにかく朝夕、どこかお経を割合まじめに読んでいるお寺に一か月おったら、どうぞこうぞお経が読めるようになるか分かりませんもんね、理趣経をね。葬式に付いていって、なんかかんか言って、前讃、後讃*というようなものを二つか三つ言えるようになって、まあ鉢をとにかくバンバンいちおう叩いて、いうようなことが出来たら、まあ、葬式に付いていって、いうようなことになったり、葬式がちっと一人前に出来んでも、お寺の檀家参りっていうもの、月参りというようなこと、なんでもないんですから、あんなことやっとって、そうすりゃあ、なまじっかの月給取りぐらいの給料はくれますしね、そういうようなことになるというと、まじめに努力するというようなことは馬鹿臭うなるかも知れません。で、菩提心、菩提心、そんなことをして、月給がなんぞ上がるんかというようなことになると、なんもそんなことはないでしょうしね、だから菩提心というようなものも何ほどの説得力があるんか、これは分かりません。もう種が無かったらどうしようもないことです、これはね。自分の中にそういう種がなかったらどうしようもないこった。

純粋であることの強さ

――時々しかし、おるんです、そういう人がね、私、こんなようなことを言うても、ああ、それを待っとったんだっていう人が、五十人六十人に一人おるかおらんか知らんけど、時にあるんです。これだけは、まことに不思議です。時にあるんだ。稀にだ

＊〔前讃・後讃〕讃は仏徳を讃歎する偈頌。法会で読経の前後に独特の節回しで唱え、鐃鉢《にょうばち》が突き鳴らされる。

けれど、あるんだ。だから、そうして見ると、そこに書いてあることも、まあそれに則って、私はこう思うということ、そういうように思う、まあ私の思いというようなこと、若干の私の思いというようなことは、力弱いもんであるかも知らんけれども、嘘八百でもないらしいと思うことがある。

ある卒業生があります。まあ、その人なんかは、今なんぼぐらいの人かなあ…、五十にはならんと思うけれども、まあ、前にも言うたか知れませんけどね、わしはやっぱり、純粋だと思いますね。そういうことが本当は、やっぱり強いんだと思うよ――。まあ、そんなことを言ったって、そんなことで行けるか、ちゅうようなこと、やっぱり世の中、腕だ、というふうに考える人がおる。力だ、腕だ、経済力だ、いうふうなことを考えて、何がなんでもどんどん稼いでと。おるんですねえ、もう、もったいないなあと、あいつ能力があるのになあと…、これも言うたかも分からん。繰り言になるか分からんけど、とにかく葬式をどんどんどんどん…、葬式に首をつっこむんだねえ。そうするとボロいわ、たしかにな…。まあ、二つ三つ葬式に首をつっこんだら、まじめに小学校の先生やっとったり、役場に勤めたりするって、アホらしくなるか分からんもんな。葬式なんて、なあんてことないんだもの、二時間ほどそこへ付き合うてって、居眠りしとってお経半分言うとったたって、十万円なら十万円くれるんだもんなあ。それで三つほど行って、三十万円貰うか、まあちょっとそれより低うて三八…二十五万円ぐらい貰うたとしてもさ、小学校の先生に初めになってなんぼくれるんか知らんけれども、それはよっぽど楽だ…、まあ、こういうふうなことで、まあ、とにかく何の努力をせんでも金が入ってくるっちゅうような道を選び出したら、どうしようもないと思うなあ…、この人、どんどんどんどん、そうやって、もうとにかくだいぶん金持っとると思うけれども、金持つと、前にも言うたか知らんけれども、金持つと人間はやっぱりだんだん態度がでかくなってくる。どうも、そういうことですよ、本人は人の態度のでかいのを嫌っておったくせに、自分自身、やっぱりでかくなって来とる。…えらいもんですね。

そういう――これは仕方のないことでしょうけれども、だから、そうなるというと、一般在家の人間ちゅうものが、それをもう無条件に、それに付いてくるかというと――そら付いてくる者もたくさんあるでしょうね、あるでしょうけれども、そういうふうなものは、われわれの回りにはなんぼでもおるんだ、そういう者を宗教家の中にそんな者を求めちゃおらん、という人だって、またなんぼでもおるんですね。これは間違うちゃならんことですね。

　で、そういうことをちゃんと見分けることの出来る人が、私の、ある卒業生のところに信者としておるわけですね。たった二人の信者で、その卒業して、もう何年か、もう今言うように、二十数年経っておるかも分からんけれども、もう数年前ですから、その人間が四十ぐらいか、四十余りの時でしょうね。もう二人で、一億一千万円寄付しとるもんな。ちょっと一億寄付してもらおうと思うたら、何年間もかかりますよ、普通には。なかなかみんな百万円出すっていったって、大変なことです。私は田舎で、自分がよく分かっています、それは。百万円出す言うたら、どんだけ恩に着せられるかって言いますかね――私、もっとも、あまり恩に着ませんけれども、とにかくまああの五十万円ちゅうことは、だいぶんな金です、田舎ではね。それは、そういうもんでしょう。だから、そういう…、そういうところに、もうこれは大した町じゃないですからね。町ですから、市じゃないですからね。そういうところの寺ですから、まあ、私は自分の寺を持って、判断するのに、もう村人ちゅうものは、五十万円が大変な土地柄ではないかと思うのに、まあ、二人で一億一千万円を何して、あんたのような人に使うてほしいって言いますかね、わしが持っとっても、もうどうちゅうことないんだ。あんただったら、もっと生かしてくれると思うから。そういうことちゅうのは、信用が無かったら、こんなことって起こりうる筈がない…、思います。わしは、坊さんちゅうものは、そういうところが、本来だというふうに思うんでございまして、（よっしゃ、そんならわしも一つ）というのは、これちょっとおかしいです、あんまりそうなりすぎても不純ですけれども――。

宗門の本当の繁栄とは

まあ金の寄付があろうがあるまいが、とにかく問題は、もう、こういうようなところを地で行くっていいますかね、ここに書いてあるようなことを地で行こうとするちゅうことがね、あって…、あればあるほど、これがまあ宗門の繁栄である。そう私は思う。あのな、今の浄土真宗の蓮如《れんにょ》上人*が――浄土真宗だよ、真言宗じゃないよ――。

一宗の繁昌と申すは、人の多くあつまり、威の大なる事にてはなく候う。一人なり

＊〔蓮如〕一四一五年生まれ。浄土真宗中興の祖。本願寺第八世。『御文』など簡明な言葉で布教につとめる。八十五歳で没する。同時代の一休宗純と親交があった。

とも、人の、信を取るが、一宗の繁昌に候う。

（『蓮如上人御一代記聞書』一二二）

たくさん集まって勢いがいいのが繁昌じゃないんだ。一人にても、まことの信を取るが一宗の繁昌にて候。こういうようなことが言えるっていうことは、言える人もたいしたもんだと私は思うわ…。ここなんですよね。高野山には年間百万人の人がお参りします。それがどうしたんだ、ちゅうこと、一方から言えば。一人にても、まことの信を取る人が高野山におったら、それは高野山の繁昌にて候でしょう、本当は。本当はそうだと思う。ところがそういうことが無いんだ。そういうのだったらお寺がみんな潰れてしまうか分からんけど、こんなこと言うとったら。しかしまあ、やっぱりどこぞ間違うとるのは事実だ。今日の真言宗というものは、総体にほとんど間違うとるちゅうかな…。

――こういうふうなことが浄土真宗をとにかく一大教団にした本人がこの蓮如上人でしょう。だからさ、それは一体なんだということになったら、菩提心論流儀にいえば、この上なく正しい完全な覚りを目指すということでしょう?そういう人間が一人でもおったら、それが繁昌だ。そういうようなことで（よし、わしは！）というような、そういうことが案外無くなってしまって、程遠くなってるちゅうようなこと、そういうことかも分からんわな。だから、まあ、私、こんなようなことを言うたら、もう反発する人があるんだ。また鼻で笑うちゅうかね、ええ。まあ、むつかしいもんだな――。

で、まあ、そういうようなことがはじめの方にあってね、それから、そういうふうな、まことの、正しいなら正しい、このような正しい、完全な信仰ちゅうようなこと、覚りちゅうようなことの道はどうなるんだと言うたら、行願《ぎょうがん》と勝義《しょうぎ》と三摩地《さんまじ》だ、となるでしょう。

行願というのは何かと言うたら、人に限りなく親切にしていく。まあ、言葉を今日風に言えば、とにかく親切にするっていうと、これはもう相手を最高の信仰に導いていく、最高の信仰に入れるということですな。身の回りの人をそういうところまで連れて行くちゅうことが、これがもう最高の親切だといいますかね、そういうことが行願というところに書いてあるわけでしょう。「利益安樂無餘有情界、觀十方含識猶如己身」。十方の含識を観《み》ること、猶《なお》し己身《こしん》の如く。その如くに観ながら、無余の有情界を利益し安楽せよ。利益するというのはどういうことかと言うたら、もうとにかく無上の覚りに人を連れていくちゅうことだ。そういうことですよ。ところが、なかなかそんなようなことは…、って、これ今日そういうもんだという話を何遍もしとる通りや。ひとごとじゃないよな、みんなそれは、そんなまあまあ、そういう気になるのは歳とってから、と普通考えておる。まあ、あんた歳とってるからそんなことが言えるんだと。わしが、なんやこういうようなことを一生懸命、むしろ、むきになって言い出したとすれば、そう思うと思うわ。わしら、まだ若いんです。ちょっと御免下さい、といいますかね、もうこれから五十年経ったら、ひょっとしたら先生の、あんたの言うようなこと思い出すかも分からんちゅうかも知らん。まあ、そういうようなことかも知らんけれども――。まあ書いてあることは、そうですわね、無上の覚りに人を連れていくっちゅうことが、これがまあ、行願。ところが、いやあ、御免被るという人情がとにかく一般にある。そういう人情というものを（ああ、そら仕方がないわな）と、そこでまあ、あきらめてしまったんでは、元も子も何にも無しですから。そんなことでは宗教生活ちゅうものはどこにも無くなってしまう。

野球に夢中だった頃

だから、方便門というのが安楽ですわね。方便門。相手に向かって、自分が、相手が欲するところちゅうものが、どこにあるかということに見当をつけようと思ってその人とまあ、心安うなる努力をする。まあ、むこうはやっぱり、まあこれは前にも申した通りに、勝負事が非常に好きである、その勝負事も、山岡瑞円さんによれば、それは将棋とか碁とかいうようなものでも、自分を忘れて一心にやってると不思議な現象がおこるものだと、その『人格的生活をめざして』*っていう書物の中には書いてある。まあしかし今では、もっともっと大衆を、もうとにかく熱狂するようなものが多々出来とると思いますよね。これは昔ですからね。半世紀前の、完全に半世紀前の山岡瑞円さんの考えですから。時代が良くも悪くも大きに変わってしまっとるから、もうちょっと別な材料が話の中に出てくる方が分かりませんけれども。

まあ、サッカーとかなんとかちゅうように非常に動員力がある。プロ野球っていう

＊『人格的生活をめざして』香園寺子安遍照会発行。昭和八年初版。山岡師の講話を聴講者が筆記したもの。「…名誉やお金や知識の奴隷を人格の完成とは云わぬ、只質實な瑜伽の諸菩薩、佛様の魂の實現者こそは、人格の完成であり、密教の本義に契ふ人である…」（一七二頁）

んだって、それなりの動員力がある。で、まあ、とにかくあんなのを見とったら、歳をとったら、今わしな八十にだいぶ近うなってきたでしょう、テレビやなんかで時々見とるとね、正気かなと思うわ…。ばっかみたいだと正直いって思う（笑）。いやいや、わし、そんなら野球がまったくもう野球の野も無い人間かというと、そうでもないよ。私、広島、生まれたんだからな。その、五十年、六十年前の広島って、どんなところじゃったか言うたら、そらあ、広島は野球は強かったで。今頃こそ大した土地じゃないかも分からん。けども、中等学校、そのころは、後になって高校野球ちゅうことになるけれども、その中学校の野球ちゅうことでは、甲子園ではだいぶん広島商業っていうのは強かっただろう。広陵中学、高校、それなりに。呉には、呉高という、そういうのなんか、まあまあかなり強かった。それだって、一年の秋になって明治神宮で全国の選抜の――そのころだったら中学やな、中学校で、十何校か、夏には甲子園野球があり、春にも野球があるけども、秋は秋、明治神宮で全国で、最もその時点でまあ強いだろうと言われるものが十何校か選ばれて、明治神宮でやるんだ、一戦を交える。で、まあ、勝ち抜き勝ち抜いて優勝が毎年決まるちゅうようなことですけども、そういう中で広島がその中に二校入るちゅうようなことになったら、どういうことや。日本には、どんだけ…、中等学校って、かなりあるで。そういう中で、広島、広陵中学と広島商業とが、二つ例えば、あるいは呉の呉高と、広陵中学と二つが、明治神宮に入っとるっていいますかね。そういうふうなこともあった。しかしそれは一回戦でパパッっと負けてしまうんなら話は別じゃ。それ、ほとんど決勝まで二つとも残ったちゅうことがあるで。わしゃあ、それは作り話しとるんじゃない。本当にそういうこっちゃ。

だから、私はその頃…、私はねえ、今頃野球の話やなんか、こりゃあなんだと思うか知らんけども、私はそんなにずぶの素人と違うんや。知識は結構持っとったんや。野球のことはパッと聞いたらパッと、相当細かなことまで…。まあその頃、テレビは無いで。ラジオしか無いで。実際の実戦というようなものは、グラウンドまで、それでも目が今よりはよう見えたから、ちゃんと見に行って、ちゅうかね、だいぶんそれは…。自らやる能力は無くっても、見たり聞いたりして――。だから、広島からもかなり名選手が出とるし、名監督も出とるし、例の鶴岡ちゅうんか、山本いうんかな。あれなんか、わしと同年じゃからな。私の中学校と、それから彼のおった中等学校とは、まあ五百メートルぐらいの距離や。一キロはない、五百メートルぐらいの距離や。

で、私は中学校の、三時になって、学校が終わったらや、終わったらずっとこう歩って帰る。その頃はもう、乗り物に乗って往復するっていうような観念、まったく無かったからね。往復、六キロ、七キロ八キロぐらいのことは、もう普通の歩行距離になるわな。私はどのぐらい歩いとったんか…。よく覚えんけど、とにかく歩いて学校には行っとったんだから。ちょうど帰り道に当たるんだ。——馬鹿な話しとったらいかんけどなあ、こんな馬鹿なこと言いおったら、菩提心論がどこへ行くやら分からんけども（笑）。帰りに広島商業のグラウンドのところを通るんだ。もうとにかく通り道だからな。そこで二、三十分見る。鶴岡が、まあ監督に、何とかいう監督おったがねえ、あれにもう怒鳴られながら、練習しとった姿、まだ目に残っておる。あの頃からサードじゃったな。で、それから法政大学かなんかに入って、それからプロ野球の方へ進んで、…南海じゃったと思うが、選手として、それから後監督となって、今でもまだ野球界にそれなりに縁が続いとるようですけどね、まあ、あの人なんかが広島商業におった頃っていうのは、なにしろ広島商業はまたかなり強い時じゃった。あれの上になかなか上級生に、しかるべき人が何人もおってね、どっちかと言えば広陵よりも広島商業の方が強かった。

――まあ、そういうことで、まったく嫌いなんか言うたら、そうでもないんです。ないんですけれども、歳を取っての興味の移り変わりということもありますね。だんだんだん、そういうふうにもう、そういうことに熱中するというようなものがもう涸れてしまっとるんだなあ。これはもういいことじゃないよ。何かにもう、とにかくもう、燃え上がったら、なかなかどうしようもなく燃え上がったら燃え続けて、激しく燃えて、ちゅうなものはやっぱり若い時でなけんにゃどうしようもないわな。どうしようもないわな…。

それから、菩提心…、方向ちゅうものが、かなり若い時に決まるということをとにかくまあ言うておきたいだけのことであって、はじめから、（まあ、わしはあんたの言うようなわけにはいかんのじゃ、わしもあなたの歳になったら…）そらあ、駄目だ。わしの歳になってから、今から『菩提心論』勉強します、そら、あかん。やっぱりある時、相当程度に何しとかんことには、もうどうしようもないもんだというか、まあ、そういうふうに思うちゅうことです。で、まあ、わしは断っとくけども、どこが勝ってもどこが負けても大したことがないけれども、まあ、阪神は、阪神のファンちゅうやつは、どうも、わしから言うたら、どうかしとるんじゃないかと思うなあ（笑）。

まあまあ、ごめんよ。あんたらの中にもおるか分からんからな。まあ、私は用心深くて、そういう点では。個人と話をする時には、どこが強いとか、どこが弱いとか、どこがどうかしとるとかちゅうようなことは言いません。これは言わんのです。相手が仮に阪神のファンだったりしますと怪我してもつまりませんから（笑）、まあとにかくね、用心深く、お宅様はどこのファンですかと聞いておいて、適当に話を合わせるちゅうのが一番無難でしょう。そういうことで、だから、自分はどこが多少好きな、どこがそれほどでないちゅうのは、それはたしかにまだ、なんぼ歳取ってもありますけどね、けれどもまあとにかくそういうようなことで、一時間もテレビを見とるというような気はもうさらさら無いっていうか、ああどうなった、ああそうか、ちゅうぐらいなことで、もうそれでいいんですよ。

親しみ近づけ

ええと、とにかく、利益と安楽…、安楽は方便だということだな、で、そういうことで、これじゃあまあいかんかも分からんけれども、でも、まあ野球…、今一時間も二時間も野球の話をする気はほとんどまあ、なくなってるから、駄目だけどね、でも、ここに書いてあることから言えば、それぐらいのことは、いともなく出来る人ちゅうことだったらいいでしょうね、で、まあほんなら、見に行こうか、ちゅうようなことになったら、いいでしょうね、やろうかというようなことになったら、なおいいかも分かりませんけれども、とにかくまあ、いろいろ相手によって相手によって、さまざまな方便を…、で、そうやって「その相い親しまんに因って、またよろしく教導すべし」ということになるわな。うーん…。それは、二〇七頁の終わりから、四行目。とにかく、相手にはじめから仏法の話ばっかりしたって（それくらいで…）ということになるって言いますかね。それはほとんど世の中ちゅうものはそういうもんだろう。けれども、そうでない話になったらば——そういうことの非常に出来る人っていうのはありますよ。とにかくはじめっからもうそういうような、これはもうおそらく抹香臭い話をするだろうと思っとったら意表を突いて、まったく別なところを何してから度肝を抜くぐらい別な話を、別な世界の話をするちゅうぐらいのことが出来る人ちゅうのがね、ありますね。もう少ないけれどね、そういうような宗教家って、こらあ、大きな武器を持ってるもの、いうふうに言えると思います。方便って言うたら、そういうふうに、もしそういうふうなことがバッとやれるんだったらね、こらあ、強いもんだと僕は思います。

むこうが、もう意表を突かれてって言いますかね、おっと思うて、まあ、自分が何か心の、何か初めて胸を開いて、いろいろな、（実は…）っていうようなことになってね、初めはこうじゃないか、ああじゃないか思うとったが、正直のところだいぶん思いが違うとったということでね、で、だんだんだんだん自分が、まあ、着物を脱ぐ、というようなこと。けれども、目的とするところは、大悲とか行願ということは、人にちょっと物を上げるとか、どうしたとかちゅうようなこともいいことだけれども、そういうことを、相手に、言うたらば信仰と言いますかね、それですわね。相手に、まあとにかく身ぐるみ脱いで渡すというようなこと、それはまあいいことでしょう。

菊池寛という人

誰じゃったなあ、あれは…、昔の作家、小説家ちゅうようなものね、まあ、なかなか、一人前になるそれまでの道行きちゅうものは、労多くて貧しい生活を余儀なくされてちゅうような人もたあんとおって、そういうふうな中で続けていく人もたくさんおるし、けれども、そういう長い辛抱というようなものが実って、まあ、一流の作家になって、ちゅうような人もおるし、おそらく、昔も今も、そういうふうな道はさまざまであろうかと思いますけれども――ああ、私は物を言おうにも名前がよう出て来んようになってね、で、菊池寛という人がおったでしょう。私、中学のおしまい頃、菊池寛の全作品ちゅうものをいっぺん読んだことがありまして、まあ、とにかく、何はなんでも、いちおう偉い人ということになってる筈なんだから、いっぺん読んでみたら何か（ああ、菊池寛という人はこういう人なんだ、ああいう人なんだ…）ということが、それなりに作品を通して入るやろうとこう思ってね、読んだことがありました。でまあ、本当に偉いんだかどうだか、ちゅうような言い方をしちゃ申し訳ないけれども、よくは分からんけれども、ただ人柄の中に非常にいいところがあったということは事実のようですね、菊池寛という人はね。で、何か友人の中に、まあ、作品がどんどん金になるっていう段階でないからか、またその人の作品が必ずしもそういうふうな商業のルートにのっていかないというようなタイプのもんであったのか、それはもう何も忘れてしまいましたけれども…。ところが、人間、金貸せって言うて来たんかな。そしたら、よしゃよしゃっていうようなことで、そういうことの気っ風っていうのは非常に良かったらしい、菊池寛という人はね。まあ、それがむこうが今の流儀で言うて、三万円貸せっていうか、五万円貸せっていうことであったとしましょうかね、仮に。そしたら「よしゃ」と言って文字通り五万円渡してやって、ところが話をしよったその日が寒くてね、それで帰る時に、いかにもその友人の服装が寒そうだ、今頃はそんなことってないでしょうけど、その昔はね…こう手のところがね、羽のように広がった、インバって言うとったか何ちゅうたかね、まあ、それをね、これを着て帰りたまえ、これはもう君戻してくれてもどっちでも構わんよ、ちゅうことでね、これをとにもかくにもこれを着よ、いやもう結構だ、いやもういいから着て帰れ、いいから着て帰れって言うて、非常にまあとにかく何して、そういうふうにすすめて、とうとう、それならとそれ着て、まあ帰って、五万円なら五万円借りた上にオーバーならオーバーを借りて帰った。帰って、で、まあこれは返さにゃいかんと思うて、ところがポケットの中に手を突っ込んでみたら百万円入っとったというようなもんや、今の金で言えばね、で、これはもう君自由に使ってくれたまえ、ちゅうようなことでね、百万円とにかく入っておった…。五万円貸したっていうのが、これは貸したっていうけれども、五万円で済む筈のもんじゃないとちゃんと見てとってね、百万かなんかちゅうようなものをとにかく何した。まあ、そういうようなことを読んだことがあります。そしたら、それを受けたその作家が、本当にまあそこで声を上げて泣いたちゅうようなことをね、それはその友達がまたその場に居合わせてね、わしゃ、男がほんまに泣くちゅうのを初めて見たちゅうようなことを書いとる文章です。…いうような回りくどい話を今ひょこっと思い出した。

名利への執着

――どうもいけませんね、何を思い出すやら分からんところがあって、はなはだ支離滅裂になってまいりましたけれども、どこぞでいっぺん元に帰らなければならんと思いますけれども、ええと、ちょっとそこを忘れてしもうた、事の起こりを忘れてしもうたから、で…、うーん。

二〇七頁（高野山大学編『十巻章』）の終わりのところをもうこの前ちょっともう既にいっとるんかも分かりませんけれども、いっぺん見ていただきます。勝義《しょうぎ》というところですね。終わりから二行目。「一切の法は自性無しと観ずる」というのは、どのように自性が無いのかと言うたら、「謂く凡夫は名聞利養資生の具に執着して務《いとな》むに安身を以て恣《ほしいまま》に三毒五慾を行ず。真言行人誠に厭患すべし誠に棄捨すべし」。

これは、厭患《えんげん》と読むんですよと言うたような気がしますね。そやからこれ、この前のおしまいかもわかりませんね。

で、この…（板書しながら）行願と勝義、一つには行願。みんなを、みんな信仰に導け。しかし、みんな必ずしも、こっちを向いてくれるとは決まっていないぞ。だから、そこのところに非常に根気が要るんだ。大変な方便門が用意されなければ、とてものことに、なかなか人を信に導くちゅうことはできん。まあ、そういう理屈はこれ分かります、頭では。ところが勝義が出てくるのはなんでか言うたら、信仰に導くって言うたかて私自身が信仰があらんようでどうするんだということですね。なんにも仏教が分かっていないのに、人を仏教に導くってどうしようもないじゃないかということ。だから、ここんところは、だから、こう、こう、こう、こう、というようなことでね、凡夫ではあかん…、外道、それから二乗、大乗。いうふうなことが、ここに、勝義のところに述べてあって、凡夫というものはこんなもんだ。凡夫はこれはもう、よそのことじゃない、われわれのこっちゃから、分かりやすいわね。外道というものはこういうもんだ。二乗というのはこんなもんだ。大乗というのはこんなもんだ。しかし、それらはまだまだ上下があるけれども、いずれもいずれも、なんらかの意味において不完全であるというようなことが書いてあるのが、勝義の一段でございます。分量的にはたいしたことございません。凡夫というのがどういうように書いてあるかと言うたら、まあ前にも言うように、名誉欲とか、それから利欲いうかな、名利《みょうり》という言葉がありますけれども、そういうふうなことにみんながまあとにかく深くかかわって生きとるのが凡人であるから、で、そういうことでは、そんな状態で人を導くことは出来ん。それやっぱりある意味で本当でしょうね。

で、名利っていう――ちょっとこれね、学校の教員のことで話をします。名誉欲とか利欲というようなことは人間には付き物です。付き物だからと言うて、手放しじゃ、やっぱりいかんと思いますね。教員というものは、どのほどかこれと戦うていかにゃいかんというふうに思うですね。あんまりこの自分の名前を上げるというようなことに敏感過ぎてもいかんと思いますし、なんてったってモノが肝心だというふうな思いが強すぎてもいかんと思いますし、そういうことであったら、ともにともに教師としては不完全だというふうに自分で思います。あの、なかなかです、それはね。まあ、名誉欲って言うや名誉欲ちゅうことと思いますのは、まあ、学校で例えば小学校の先生、中学校の先生、高校の先生いうようなものは、やっぱり、今頃は何がなんでも、進学というようなことの、とにかくそういうものに乗せてって、自分の教え子ちゅうものが、どんどんどんどんしかるべき学校にというか、大変なことですけども、そういうようなところに行ってくれるというと自分の肩身が広いということになりますわね。あの先生はなかなかそういうことについて力があるみたいで、あの先生につくというと、非常にその年は成果が上がるというようなことになりますというと、わしも小学校の時代から若干それはありましたよ、非常にあるというんじゃない、なにしろ昔ですからね。でも中学校の入学試験というようなもんやら、高校学校、大学…、無かったんじゃないですかね。無試験でもないですからね、多少ありますから、多少もはやそういう頃からありますけど、しかし、今のようなものから言ったら、まったく呑気なもんで、てんでもう問題になりませんが、数十年昔はね。

けれども、そうしますというと、もう、親というても、母親というのが昔から、一生懸命になるんでして、一生懸命になって、なんとかその自分の子供に、いい名門校に入れたいというふうに思うということになって、いろいろいろいろいろ、あくせく、あくせく、あくせくするということですけど、まあ、やっぱりその、とりあえずは一番多く世話になっとる先生に、多少とも、いわゆる上手をやって、自分の子供をよく面倒みてもらおう、ちゅうことになれば、それだけ成績ちゅうようなものに影響するだろうと考える、まあこれは自然のことでしょうね。人間というものは多少そういうような影響を受けると思います。たぶんそうじゃないかと思います。で、まあ、内申書というようなことは、わしよく知りませんけど、そういうようなことが非常にある程度ものを言うかも知れませんし、まったくものを言わんというても嘘になるでしょうからね。で、そうやって、しますというと、やはり担任の先生に、何かなんらかの作法を継続してするちゅうようなことになって、担任の先生がその都度、その都度喜んで、それを受け取っていったということになりますというと、やっぱりその先生は何かの形で応えにゃしょうがないような羽目になっていって…いうようなことになるかも知れませんわね。まあならんとは言えんとは思いますけれども。

で、そういうようなことは、まあ、日常的に案外教育界にあるんかも知らん、無いんかも知らん、実はあんまりよく分からん。分からんちゅうのは、私はあんまりそういうようなことに関係のあるところに教員生活の覚えがないから分からんですけれども、そういうようなことは、もうありきたりのことだとして何か生徒の家から持ってくるのは、もう仕方がない、これはもうある程度受け取っていくしかないんだ、みんながやってるんだからそれでいいじゃないかちゅうことが、もし今の仕組みっていうか、今の習いだとするならば、まあ、それはそれで仕方がないとしても、しかし、そういうようなことが教員に何の影響も残さんかどうかということですよね。私は何か残るんじゃないかというふうな気がいたします。

私、嘘か本当か知らんけど、昔読んだものにね、小学校の先生って大したものだというか——まあ、みなさんの中に小学校の先生やった経歴のある人あるかも知れません。とにかくお盆が来れば、生徒の家からどんどんどんどんどん付け届けがある、もう年末が来れば、どんどんどんどん付け届けがある。で、それをまあ、先生は自分の家、ああ、だれか何やら来ましたよ、ああそうですか言うて、どんどん受け取ってきたものを部屋の中に積み重ねていくんだそうな。何持ってくるか知れませんよ、衣料品持ってくるか、食べる物持ってくるか、装身具風なもの持ってくるんか、何持ってくるか知りませんけども、そうやって持ってきたものを、こうやって積み重ねていきよると天井まで届く。それからまた一から出直して、下から始まってまあ、また途中までこういくちゅう、まあそれぐらいが普通であって、というたらどうかと言うたら、一本っていうかね、一本というのは畳のところから天井までいったのが、一本ということだ。それからまたもう一つ、下から始まって途中までできたら一本半、いうような隠語が教員の間で使われとる、ちゅうなことをわしは読んだことがありますから、たぶん根拠なしにこの作品が生まれるとは思いませんから、そういうことが現実にあったし、今でもあるんじゃないかとつい思ってしまいます。思ったからコン畜生と言うんでもないけれども、まあ、どうもそういうようなことになった時に、教員がやっぱり目が曇ってきやしないか、ということですよね。もし曇らなかったらいいです。なんの影響もない、物を遣うというんだから貰っただけのことであって、べつにそれだからどうした、まあ、何も持ってこないからどうしたということは全く無いんだったら、それはそれなりのことですけれども、なかなかそういうことで、もし、どんどん運んできた人間の息子が可愛くて、何もしようとせん誰坊誰坊、こういうようなものは、だんだんだんだん見切りをつけていくちゅうようなことになる先生だとしたならば、これはもう先生として私は失格だと思いますしね、だからさ、人間っていうものはやっぱり、（黒板の）左側の「利」ちゅうことに敏感な先生というものは、いつのまにか自分が汚れていくと思うわ、僕は…。それから教員ちゅうものは公平でなけんにゃいかん。当然純粋でなけんにゃいかん。で、そういうふうなものが、だんだんもし非常に利に敏感であるというと、だんだんそれが失われてくる。自分の方からだんだんだんだん、これを離していくことになって…。

もし「名」という方はどうなるか。まあ、あの先生の受け持ちであったといいますかね、あの時は名門のどこどこに何人入って、それからどこどこに何人入って、その前の年、その前の年、その前の年、ちゅうようなことの、この数年の範囲で考えてみても、あんなに成果の上がった年ちゅうのは珍しいっていいますかね、その時、そのクラスに、格別筋のいい者が集まったというんでも何でもないのに、ただあの先生につくというと、妙にいいんだということに、もしなってくるというと、まあそれはそれでもいいでしょうけども――いいでしょうけども、だんだんそういう評判ちゅうものに、人間は縛られてまいります。これは人間の真理を申しておるんです。で、そうなるというと、何かそれを汚したくないと思うちゅうようなことになるわね。なるべく、ああ、あの人はなかなか教育の技術やらその他において非常に長けておって、あの人が何すると生徒がみんな伸びるというふうなこと言われて、そういう評判っていうものは、やっぱり自分にとってうれしくないことはございませんもんね。

ところがそういうことが、ひょっと間違うてくるというとどうなるか。たまたま自分の身の回りにおる人間が、それぞれ自分の期待に応えて、どんどんどんどん自分が担任してからというものはもう日に月に伸びていって、自分でも目を見張るぐらいに、どの生徒もこの生徒も、目を輝かして勉強して、どんどん偉うなってくれるちゅうんだったら…、そうはいきませんわね。人間の世界っていうのは、そうは甘くは行きませんわね。そうなりますというと、もし、そうなりますというと、本人が自分の成果、成績というようなことに非常にそれを気にしすぎるということになる人だったらば、だんだん、あんまり勉強せん子、ちゅうのが疎ましくなるということになると思います、僕は。あいつがおるということは――わしにとってはむしろ、おってくれん方がいいんだ、と。あれがおるばっかりに、わしの評判ちゅうものからいったらマイナスになる、あの生徒はね。そういうふうなことになるわね。だからだんだんだんだんそれもうとにかく疎んずるというようなことになってくるというか。そういうふうな差別が起こってくる。まあ、名前にとらわれる先生、利益にとらわれる先生というものは、だんだん差別をもつようになるというかね。そうやって、みんなに公平、平等、純粋な姿勢というものを貫《つらぬ》きにくう思うてくるちゅうことに、そうなってくると思います。

誠に厭患すべし…

ですから「名聞利養資生の具に執着して務《いと》なむに安身を以て恣に三毒五慾を行ず」まあ、そうではなかった筈の先生がだんだんそうなってくる、私は分かるような気がする。そういうもんじゃないかと思います。で、まあ、三毒五慾っていうようなのは——まあ三毒というのは、貪欲と、瞋恚と、愚痴ですわね。それから、五慾っていうのは、その貪欲の欲というのを五つに開いたような、これは欲の内です。前に言うたんかどうか知らんけれども、だから、三毒の他に五慾があるというもんじゃないですね。むしろ三毒の方が範囲が広いっていいますかね、五慾よりはね。で、恣《ほしいまま》に三毒を行ずる。五慾を行ずる。「真言行人誠に厭患すべし誠に棄捨すべし」。まあ、人間というものは、みんなそういうふうなことになりがちなもんだ。中では、そのままちゃんとした教師であったものでも、そういうふうな道にだんだんだん、ずるずると堕ちていくことさえありうるといいますかね、そんなようなことを今申しましたんですけれども。

とにかくこの最後の言葉、「真言行人誠に厭患すべし誠に棄捨すべし」。こういうところあたりは、非常に私は、言葉が強い言葉だというか、強い表現だというふうに思うんですね。「誠に厭患し棄捨すべし」と言ったらそれでいいんですよ。「誠に厭患棄捨すべし」と言ったらそれでいいんですよ。ところが「誠に厭患すべし誠に棄捨すべし」こういうふうにね、誠に、誠にということを二回こう繰り返しとるでしょう。こういう表現というものは、もう、こんなようなことでなるもんか、こんなようなことでなんとするか、って言いますかね、これはもうとにかく阿闍梨の叱責の声だというかね、まあ、そういうふうな気がいたしますね。とにかく、みんなこれなんだから…。こういうふうになりがちなんだと思いますわね。

外道はその身命を惜しむ

それから次は、二〇八頁（高野山大学編『十巻章』）の二行目。

又諸の外道《げどう》等は其の身命を戀《おし》んで、或は助《たすく》るに薬物を以てし仙宮の住壽を得。或は復た、天に生ずるを究竟と為《おも》へり。真言行人、彼等を観ずべし。業力若し尽きぬれば未だ三界を離れず。

外道というのは、まあ仏教以外の思想宗教といいますか、そういうふうな、仏教以外の宗教。インドで仏教以外にたくさんの宗教がありましたわね。で、今でもインドに限らんけれども、たくさんある。そういうふうなものを外道と言っているわけですけれども、それは「その身命を繼んで、或は助くるに薬物を以てし…」私、忘れて、済んだことを繰り返しとるんかも分かりません。ほんなら、なんだか今テープを持ってきとるんだから帰って聞けばいいじゃないか、聞いとらんのです（笑）。聞いとりませんから、どこやりましたか、言わんにゃ分からんのです。これまあ、そのうちテープ録ってあるんなら送ってこいちゅうんだろうかと、そない言うたから録っとるだけでね、むこうが忘れたらそれはおしまいです、これね。まあ、分からん。そんなこと一回だけでない、何回かその人間が言うたから、まあそうなんだろうと思うて、ついしとるだけでね。自分が聞かんといかんのかも知れませんけども、まあ、なんか通り過ぎたあと振り返るちゅうのは、めんどくさいとこがありまして…、同じことであったとしたら、まあそれも勘弁してもらってですね――。

その「その身命を繼《おし》んで、或は助《たすく》るに薬物を以てし…」っていうのはね、やっぱりね、自分の長寿とか永らえるということ、自分の体を大事にする。長寿、長命というようなことを、非常にそれを問題とし、大事にするっていう、まあそんなようなことを外道の中には結構それがある。それはあると思います、僕は。

『三教指帰《さんごうしいき》』という弘法様のお書きになった文章の中に、道教というのがあるでしょうが。道教っていうのがね。道教っていうのは、さしあたりここの中で外道という中に入れていいようなもんです。『三教指帰』を読んだだけでも、道教のところに若干、片鱗が現われておりますけれども、やはりこの薬を飲んだりするというような、薬のことが出てきますね。道教の中には医の領域というようなものが、だいぶ含まれておるというような感じがいたしますね。あるいは、仏教の中だって、あります。仏教の文献…、経典、論っちゅうのだって、非常に膨大な、あるでしょう、一切経という、たくさんの何千巻ってあるでしょう。そういうふうなものの中には、当時としてのやっぱり医、薬とかというようなものにかかわるような領域のことが、その仏典の中にちょいちょいちょいちょい出てきますよね。

ここの、昭和二十年前後の門主さん、森田龍僊《りゅうせん》先生というのがね、門主さんでしたけれども、あの方はもう、学者として、ものを読むということの正確さと分量ちゅうようなことから言うたら、やっぱりたいした先生だったと思いますけれども、あの人が、自分の健康法ということの中でね、おれは痔をやったことがあるんだというような話をね、個人的にされたことがありますよ。痔ですね、尻の病気だ。その、痔の何した時にね、わしはそれ治ったんだと。なんで治ったか言うたら、お経に書いてある療法で治ったという。そう言われましたね。その話、五十年も前の話よ。五十年かな…。『仏説療痔病経』*というのがあるんだちゅうんだね。そういうのがある。それに書いてあることをやったら治ったぞと言うてね。ああ、そうかなと思っただけのことで、何が書いてあるか検するというだけの努力もせず、まあ五十年経ちましたけれども、まあ、あの、そんなようなことでもなんでもね、仏教の中にもあるし、それから、言うように、道教の中に仏教以上にそういうようなものを含んでおるというようなことでしょうね。だから、ここに書いてあるようなことも、道教というようなのと重ねていけば、特にそういう近いものがあると思います。これ、書いてあるのは、道教のことを書いてあるとは言えません。インドのことを書いてるというべきですけれども、インドにこういうふうな外道があるし、それから中国で、それに近い外道といえば、道教だっていうか、そういうことをただ今申したと思って下さい。

で、ちょっともういっぺん、そこを何しますというと、二〇八頁の二行目。「…外道等はその身命を繼《おし》んで、或は助るに薬物を以てし、仙宮の住壽を得」。というのは、つまり長生きをするって言いますかね、仙宮っていうのは、仙人の仙ですからね。仙人というものはとにかく長生きをするというふうに考えていいわけでございまして、そういうことが、今でも何となしにそういうようなことを、ぼんやり知ってるというべきでしょうね。

どうですかね、みなさん方、仙人というようなことを言うて、何のことやらてんで聞いたこともないちゅうことか、ああ、そういういえば、そんなことは言葉ぐらいは聞いたことがあるちゅうことか、そこらは分かりませんけれども、まあ、仙人というようなことです。仙人というようなものが非常に長寿を――こういうふうなことについて私はかなり、まことしやかに、その人が言うたんでもあるまいと思うとるし、けども、ちっと眉唾ものかなと思ったり、半信半疑や、つまり。九州の宮崎県の人でございまして、もうちょっと細かにも言えるけれども、もう亡くなりましたけれども。行者さんがありまして、まあ、そない言いよったら、だんだん分かるか知らんけれどもね、車、自分で運転する能力が無い。もう古い時代の人ですからね。私より歳、上なんですから。で、それが、車――自分が拝み屋としての能力を一角持っとるから、

＊**〔佛説療痔病経〕**大正蔵21巻（密教部四）所収。義浄訳。痔瘻で日夜苦しむ比丘たちを見かねた阿難に救いを請われた世尊が「怛姪他掲頼米室利室利魔掲室至三磨軑都莎訶」などの痔病平癒の呪を説く。四百字ほどの短い経典。

収入もそれなりにあるし、で、ところが宮崎県の自分の郷里っていうか、足場だけでじっとしとったんでは、これはまあ、もう一つなんでしょうし、で、車を持ち、しかし運転する能力が無いから運転手は自分が常雇いの運転手がおって、っていいますかね。で、それで車動かしてもう全国をこう歩いとるちゅうか、まあ、そういうふうな感じの人でございました。

私は二回ぐらい会うたかと思います。高野山にも、再々、もうちょっと再々来てお られたんでしょうけれども、たまたま私は…。そういうふうな人の話を聞くちゅうことを私は嫌いではないんです。そういう気が私の中に若干あるということや。けどもそれはもうベタ惚れで、十聞いたら、十全部丸ごと信じてしまう、そんなことではない。なら全部馬鹿にしてしまうかと、そんなんでもない。時々しかし面白いことがあるということをね、私は思う。なにしろそういう、なんであれ、かんであれね、彼はやっぱり何十年か、そういうことに賭けて生きてきとるんですからね、そういう人のやってることが、ちっとおかしいことが半分以上あったとしてもですね、でも時々はおやっと思い当たるようなことやらね、なるほどこれは聞いといてもいいことだと思うようなことやらね、それはやっぱり人間の一生がかかってるんですから、あるもんですよ、私はそう思います。だからそういうこととして、私は人の話は誰の話でも割合、とにかく耳を傾けることにしてまいりましたけれども、まあ、この人の話の中で、もう、これはいいこととか、悪いとか、ちょっとおかしな話ですけども、とにかく仙人に会うたということを、この人は言うんですな。そらあ、仙人がどこにおったんだと、どうも九州のようですね。九州には深い山もあるでしょうし、で、本当にそこで何百年も寿命を保ってるような人が何らかの…（と山内放送のチャイムが鳴り、話の腰を折られてしまう）よそのことか…。

最勝の真実を追求する

だんだん姿勢を立て直さんことにゃ仏教は尽きませんけれども、まったく行願と勝義というところにかかり、そして、勝義のかかったところで、まったく前の時間と今と、同じところに止まっとるかも分かりません、じゃないかという気がいたしますけれども、まあ、誠の信をとる人に、誠の信を知ってもらいたい、誠の信を得てほしい、というのが行願なんだ、一人一人に。ところが、そのためには私自身が誠の信に立たなければならぬ。私自身が誠の信に生きとらんにゃどうしようもないことだ。その誠の信に生きようとするちゅうことは、これがこの勝義ということね。これはもう凡夫ではだめだ。凡夫ちゅうようなものは、誠の信には甚だ遠い。外道となると、これも誠の信には遠い。二乗はどうか。誠の信ではない。大乗はどうか。これも誠の信についてはまた今一歩欠けとるところがある、というようなことが書いてあるのが、勝義の段です。これでもない、これでもない、これでもない。なら、どうなるんか。ぱっとこの上にまだ、真言密教というもんが——まあ、真言という字は使わない、密教というものがありますよね。で、その密教こそ、誠の信の生きとる宗教でなけにゃならないわけでしょう。で、そういうことの中で、私が誠の信を体するということになった時に、初めて何もかにもが生きてくるといいますかね、そういうことになる。勝義、行願、三摩地ということの、行願も、勝義も、三摩地も、ちゅうようなことになってくるわけ。で、三摩地ちゅうのは何じゃ、ちゅうのはありますけれどね、これはまあ、ちょっとむこうのことになるけど、少なくとも、勝義と行願の関係というようなものは、まだ、現段階では何のことやら、ちゅうようなもんですね。だって、私は凡夫ですから。私は外道ですから。二乗ですから。そのあたりまで、なんとなしに分かるちゅうことだと思いますね。そのあたりまでなんとなくね。「名聞利養資生の具に執着して務なむに安身を以てし恣に三毒五欲を行ず…」これは聞かんでも分かることです、これは聞かんでも分かること。

外道はやっぱり、身命を戀《おし》んで、或は助くるに薬物を以てし仙宮の住壽を得ようとする、といいますかね。そういうふうなことだったら、今でも健康法ちゅうようなものを非常に重んじて、なるべく長生きをしたいとみんな思ってるですよ、これは。で、そういうふうなことは、宗教の中にその要素が非常に入っとって、っていいますかね。そういう宗教っていうのは、まあ、今日、健康法とか何とかということについて、きわめて熱心であって、何かその健康法といわないで、何かちょっと宗教的な看板を掛けとるちゅうようなものが、これはあると思いますわね。そういうふうなものを、広く、みんな外道というって言えば、そういうことじゃないと思います。で、またこれはもう、みんなが半分は

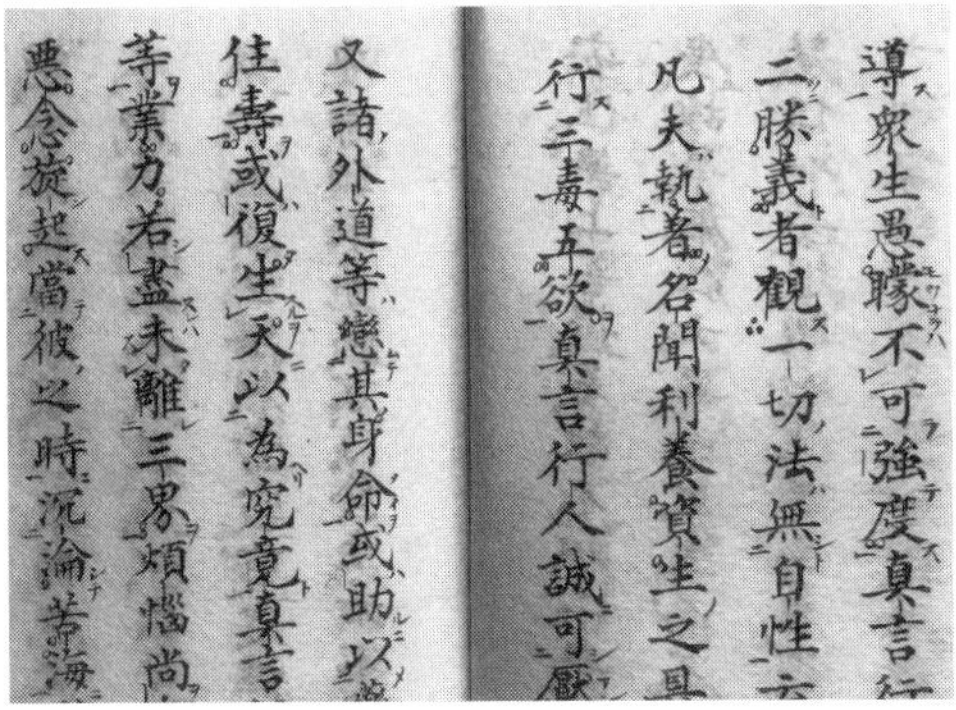
導衆生愚矇不可強度真言行
二勝義者観一切法無自性
凡夫執着名聞利養資生之具
行三毒五欲真言行人誠可厭
又諸外道等戀其身命或助以
住壽或復生天以為究竟真言
等業力若盡未離三界煩惱尚
悪念旋起當彼之時沈淪苦海

▲『菩提心論』（三密学園刊、昭和八年）

それに足を突っ込んでいるんですから。仙人の命を、千年の命ちゅうようなことを、なんにも問題じゃないと言う人はおりませんよ。やっぱり生きたいですよね。

二乗というのは何か。二乗というのは今まであんまり出とらんかも知れませんけども、自分の信仰を確かにする熱意が無いわけではないけれども、回りの人に対する気配りについては、もう全くどっちでもええと思うとるちゅうか、まあ、案外心が無いていいますかね、そういう思いやり、慮《おもんばか》りの心が欠けておるちゅうのが二乗ですわね。そんなものはだめだ。まあ、そういうようなことが、あの、だいたい、ここらまで書いてあるわけ。

まあ、半分そこまで、行ったような行かんようなことですけども、そのようにいたしまして、だんだん自分が、自分をどういうような目標まで引き上げていったらいいのか、いうようなことがね、一つありまして、それだけになりすぎていかん、やっぱり回りの人に対して気配りを…、回りの人に対して気配りをしようと思ったら、自分がやっぱり力が無いということ、本当の意味じゃ出来ん、いうことで、勝義と行願という、この二つのことは互いに切っても切れんもんですわね。相手に信仰を信仰を、っていえば、私自身が、信仰が、信仰が、信仰がちゃんとしとらんことには、人助けが出来ん。人助けが大事には違いないけれども、自分が確かでなけんにゃ人助けが出来んのだから、これとこれというのはバラバラのもんではない。で、そういうことで、第一の柱と第二の柱というものは、切っても切れん、相互関係があるということが分かりますわね、そこまではね。それで、第二番目の柱をどんどんどんどん、より真なるものにして行かんにゃならんちゅうことが、書いてあるのが、勝義であって、勝義という言葉は、まあ、たとえば、何が最勝真実であるかということの追求の道っていいますかね。

第7講　本当の信仰を問い続けよ

一生をかけて学んでいくもの

私自身が、今年が、申しますように三年目ちゅうか、専学（専修学院）二十年も休んでおって、やり直して三年目ぐらいになって、見当がついたというようなことで、どこぞでこうちょっと、どこぞ間違うて来だしたんかも分かりませんが、ちょっとこう調子が落ちとるかなあと思うて、ちょいちょい自ら省みて思いますが、まあ、今まで七回やったんか、何回かよく分からんが、まだなんぼも内容的には僅かな頁数ですから――。

この『菩提心論』というのは、どうかと言うたら、題目があって作者があって翻訳者があって、それからまあちょっと、なにしろ志しを発《おこ》すことが肝心だ、志《こころざし》を発すという今の言葉は、今頃はねえ、仏教というものがとにかく、みなさん多くが勉強して来られたということについては、もうこれはよくも悪くもそういうことで、ここに来ておられる。で、そういう学問の方向というものに対して、かれこれもうどうしようもなく、もう歳月が流れてしまって、もう日本中がそういうふうになっておる、というか、私らの半世紀前の、あんたらの時分には、高野山の学風っていうか、そういう気風のようなもの、形が無いようなもんだけれども、そういうふうなものが、ちょっと違うとったと思うんだ。思うけれども、そういうことを今ごろ言うても、まあ若い人はむろん何のことやら分からんし、もし先生がこれを聞いても、いい顔しないということですよね。まあ自分らの批判をしてるというふうに思うくらいがせいぜいであって――。まあ先生らは仏教を勉強しとる、勉強しとるから大学でも講義をし、ここへ来て講義をし、尼僧修道院へ行って講義をし、ということだ。確かにたくさん知っとる。私らのような古い人間は、初めからあんまり知っとらんのを、ついでに忘れとったりしたら、あやしげなもんだけれども、そういう点、非常にもう多くのことを知っておられると思います。

思いますんですけれども、何ていうんかなあ、やっぱり、私らのような古い人間のひとつのこう感じます抵抗のようなものはね、私らの時は、こういうものを読んだら、もう、とにかくこれをもろに引き受けて立たにゃいかんのじゃというふうな気持ちを持つように教えられたと言いますかね、まあ人間の教育というものは非常に人を左右するものでございましてね。

戦争中というものは、私が三十そこその時に、日本が負けたんです。しかし、それまで長いことそういうふうな一つのこう空気の中で三十年近く過ぎてきとったんですから、まあ、負けるとは思っとったけれども——そう言っては悪いけれども、勝てそうにはないと思っとったけれども、しかしまあ上に立って号令しとる人たちの方針というようなものに対しては、あんなことを言うとったってあかんのじゃというふうなことを、こっちの方から、そういうふうな気持ちを持って、いち早く持って、もう自分の勝手に生きておった方が賢いんだというふうな気持ちにはどうしてもなれんと言いますか。やっぱり上の方で、旗振っている人たちの気持ちというふうなものを察して、こっちも襟を正して、乏しい中にでも一生懸命まじめに、っていうか、前向きに生きていかにゃいかん、そういううちに、まあなんらかの、よりよい解決というものが出て来るじゃろうと、心のどこぞでは期待しとったけれども——まあ、そういうことで。

で、まあしかし、戦争の前後というものは非常に乏しい中で教育を受けましたし、そういう否も応もない、そういうところをくぐって来とる間に持っとった一つのこう物事に対する、いろいろな受け止め方ちゅうようなものは、だんだんここ二十年、三十年ないし十年というぐらいの間に、急速にひっくりかえってしまって、まあ何もかにもが変わりましたわね。大いに変わったと思います。

物を、非常に大事にするっていうのは、貧しき時代には、もうそんなこと言わんでも、みんなもうそういうふうにして、精一杯に一つの物を、何回にもいろいろにして利用して利用して、再利用も、再三再四利用して、いうようなことをせざるをえん。世界中がむしろそうであったかと思いますけれども、今ごろはもう、なんでもとにかく日本も豊かになって、今ごろちょっとおかしくなったと言うても、豊かであって、そういう中で育った人間は、昔の勤倹節約だのどうじゃのちゅうようなこと言うたって分からんわね、こりゃあ、なに言ってるんだ、寝言か、ちゅうようなもんで、分かりようないと思う。

最近の一つの何は、オーストラリアへ旅行しますとね、オーストラリアに旅行したら、むこうは、日本人に限らんかも知れませんけれども、帰る時に、なんぼやらずつ米をお土産にくれるんだってね、おそらくむこうの空港で渡すんだろうと思いますけども、それが何百グラム…、三百なんぼグラムと書いてあったように思うけれども、それがどれぐらいの分量なんか、えらい申し訳ないけど、私あまり性根《しょうね》に入っとらんけれどもですね、そういうふうなものを、みんなにくれると。

これがまあ、戦争の最中だったら、たいへんなことですよ、これはもう。そんだけの、なんらかの米を――米なんちゅうものは、見ようにも見られん時がありましたもんね。そういうことがだいぶ続いとった時があるんだ。ところがそういうふうなものを貰うて、いうことになったのはたいへんなことなんですけれども、ところがこれはもう、貰うて、成田の空港について、ところが、すっすっと関門をくぐって自分の家まで直行できるかというと、そうでなくって、やっぱり荷物を調べられるということがありますわな。そういう時に、米を持っとったら――米ちゅうのはまた特別に検査を受けにゃならんのかね、何か…、そういうふうなことが煩わしくて、成田の空港でそれを捨てて帰っていく人がだいぶあるっていうようなことが、まあ言われております。ああいうふうなことを聞くと（ふうん…）と思うんですね。とにかく時代もここまで来たかといいますか、変わったかなあというふうに思いますけれども、まあ教育のせいばっかりではないかも知れませんが、少なくとも、しかし、非常に教育というふうなものがものを言うて、私たち古い人間を支配しとったということは確かです。

で、仏教というふうなものも、私らは、これを、知識として受け止めていくというだけでなしに、なんとなしに、もうちょっと身に受けていかんにゃいかんのじゃ。たとえば、愛なら愛という問題がある。愛というふうなことを言ったって、これは分かると言やあ、誰でも、みなさん分かってると言えば分かっとるけれども、これを本当に、ということになると、非常にこれは階段がありますわね。愛情の愛ですよ。キリスト教の愛ちゅうようなものがある。まあ、たとえばマザーテレサちゅうような人格までいった時には、大したもんだと思いますよね、大したもんだと思います。とにかく、神《かみ》、仏《ほとけ》ちゅうようなのは、この人のことをいうんだろうというふうに思うような、そういう人があると。けれども、私たちは口にしとるだけの話だ。これはまあ、知識として、まあなんとなしに少し分かっているというものがあるけれども、これが本物になっていく、ちゅうことには非常にこう階段が、現に実際問題としてありますわね。そういうような時に、何か、ただ知識として（ああ知っとる…）ということで、なんぼでも知っとるということだけでなしに、何かそれがこう、身にどこまでついとるかということを非常に問われておった、というか、わしらの頃は――。

で、そういうことをやっぱり自分にも問う気持がある、っていうか、人にも問いたくなるけども、これはよくないかもわかりませんが。少なくともやっぱり自分自身にそういうようなことが非常にあるということですね。

だから『菩提心論』というふうなことを知識として、『菩提心論』はわしは九十五点で、二回ほど受けたけれども両方とも九十点だとか九十五点だったんだって言ったら『菩提心論』は終わっとるんかと言ったら、そんなもんじゃないですよね。そんなことでもなんでもないんだといいますか…。

私らは、もうちょっと大変なことがここにこう書いてある――その大変さということは、一代をかけて学んでいくようなもんだというふうな、一生かけて学んでいくようなもんだというふうな、まあ、そういう気持を私は持っているということです。だからこれで、なんや手前それ良い歳して、そんな曖昧なことを言うとるんかといったら、さあ、曖昧なこともしばしば言うでしょうし、で、まあことほどさように、極まるちゅうところは、まあなんだか非常にこうなんぼでも、なんぼでも、むこうが奥行きがあるちゅうようなもんだ。仏教というのはそういうもんだというふうに思っています。

正しい信仰をもつこと

『菩提心論』については行願《ぎょうがん》というものが一つまず初めにあって、それから勝義というのが出てきて、で、勝義ということをちょっとやりかかっておるという段階ですわね。行願というたら、なんかいうたら、人に対して徹底的に親切であれというふうなこと。

で、そこに利益と安楽というふうに中身を分けて書いてあるけれども、利益というのは、人に真言の教えを、真言の真理を教えこむというふうなこと。真言の教えというものを人々に教えこむということが利益だ、ということだ。こういうことになってますわね。これにちゃんと書いてありますわね、そういうふうにね。

それから安楽というのは、相手の暮らしを助ける。暮らしを助ける、生活を助けるというのが、まあ、真言の教えが最高の教えだというても、そんなようなことはかなわん…といいいますかね、そういうふうなことは自分にとってはどうでもいいんだというか、現に私はもうちょっとその窮迫…、今の日本ではこれは教えになりませんけれども、非常に生活に困っておる時には、生活を助けてもらうということの方がよっぽどありがたいですわね。で、仏教がどっち向いとるこっち向いとる、ちゅうようなことを延々とやられたんじゃかなわん、というようなことになるし、だいいち何のことやら分からん、その何のことやら分からん者に向かって、いろいろに方便をして、時に相手が何はともあれ就職の世話をしてくれ、自分は今、体がこういうようなわけで非常に弱いし困っているんだ、そしたらその体をよりよくするということのために、もう積極的に協力するということがこれ安楽ですわね。利益安楽の安楽ですわね。

しかしそれを要するに――これを要するにです、相手を助けていくちゅうことです。相手を助けるということが行願あるいは大悲。助けるということの、まあまっさきにここで、『菩提心論』であげていることが、相手に信仰を教えるっていうか、真言密教を教える、密教を教えるっていうかね、密教の教えを教える、密教の信仰をたたきこむ、ということが、これが行願です。何かといいますというと、そういうことが一番幸せだという考え方ですね。人間が正しい信仰を持つということが、一番幸せなことなんだ。そういうことが分かるということが大変なんですわ、実をいうとね。分かりませんから、みんな――。分かろうともせんから。

だいいち、私らの歳になっても、そういうことをやっぱり繰り返し繰り返し考えてみにゃいかん…。もう私は、そういうことはもう卒業してるんですという問題じゃないんです、はっきり申しましてね。

けれども、真言の教えというものを本当に学んで、で、だんだんその教えに自分が入っていけて、あるいは信仰がだんだん本物の信仰らしくなってきて、ちゅうことが、こたえられんくらい嬉しいことであり、喜ばしいことであり、だからしたがって、みんなも同じようように信仰を共にしようじゃないかという気持にならざるをえずして、まわりに働きかけていくちゅうのが、まあ本来行願ですよね。行願ということはそういうふうな意味あいのことが書いてあるんだ、ここで。

ところがそうなるというと、ここまでは何遍も言うてることとです。勝義ということは、最勝真実義ということの略だというふうなことも、この前に言うとると思います。何が最勝真実義かということを、知っとらなければ、人を本当に助けるちゅうことはでけん。誤った親切になってしまう。そういうことになりますね。そらあ、たしかにそうじゃないかと思いますね。本当に自分が、これこそ最勝の、価値のある真理だということを自分が本当に知っとって、本当に知っとって…、知っとってこそ人を導くことができる。そうでないことになるというと、自他を誤ることになる。これは本当でしょうね。教師が非常にあいまいなことしか知らんっていうか、あいまいなことしか分かっていないちゅうような、位の低いことで人を導くということになったら、みんなが地獄へ行くということになるでしょうから。大変恐ろしいことだと思いますし、まあ、地獄へ行く、ひとごとじゃなくて、私がまっさきに地獄へ行きそうな人間だと思います。これはまあ、あんまりこう…、たしかにそうだというように思うんです。地獄は坊さんの行くところだというふうに思っています。というものは、みんないい加減だから。いい加減にしか分かっていないのに、まことしやかに…っていうね、坊主の大嘘っていうやつでね、とにかく人をだまして一生涯をやっていくんですから。地獄へ行ったたって当たり前だというふうなことを、しばしば思いますけれども——。

最高の真実義

まあ、ここに書いてある『菩提心論』の仕組みは、とにかく人を導く、で、とくにこうやって信仰に導く、しかし場合によって、暮らしを助けにゃならんことも多々あるといいますかね、これが安楽っていいますかね、方便門。相手がとにかく、信仰ちゅうようなことを言うと、それはかなわん、そんなことは自分は気持の中にはない、そんなことは欲しくもなにもない、わしが欲しいものは別のところにある、ということになった時に、その別なものでその人を相手にするっていいますかね、別なものでその人と付き合うということですけれども、しかしそれは究極のもんじゃなくて、究極はあくまで相手を信仰に導くということにあるっていいますかね、こちらが根本なんです。人を導く、人に親切にする、本当の親切、本当の愛情ということは、人を信心に導くっていいますかね、真言密教の信心に導くっていうことこそ、最高の親切であるっていうこと、こういうことですよね。

こちら側の方は、一つの方便のようなものだ、方便門だ。こういうことが、非常にまた実際の問題としては付いて回るけれども、これはまあ、ちょっとこう過渡的な働きであって、最後はやっぱりこちらのもんだ、こちらが大事なんだっていうかね、こちらに始まって、こちらに終わるっていうもんでなくて、終わりはやっぱりここに来にゃいかん。そういうもんだ。

で、しかし、そうとするというと、自分自身が最高最勝の真実義というものに通じていなければ、導くとかどうとかちゅうことはできませんから、だから、何かかにかとやっていくんだと。

だって、私はもう、別にそんなことを教えてもらわんでも信仰があるっていいますかね、何の信仰だといったら、私はもう今までの間に遍歴をして——まあ、何かにしましょうかね、まあ、密教という言葉の中にも、太元密教っていうのが、東京あたりにありましたね。今頃、どんなになってるかよく知りませんけども、太元密教っていうのがありましたよ、それで印刷物をちょいちょい出しとって、私も何年間か読んだことがあります。妙な因縁がありましてね、高野山大学卒業生が向こうへ飛び込んでおるのがおったんですか、どうしたかさっぱり今のところ分からなくなってしまいましたけれども、まあそういうようなもんがあったり、いろいろありますわね、まあ阿含宗でも何でもいいですよ、何かかにか自分はやっとるんだから、まあ、それによって生きていくちゅうような、まあそういうようなこともあるでしょう。しかし、それでは、最勝の真実義っていうことは言えんのだ。

　だから、本当に人に親切、人を導くということは、それだけでは究極のものではない。究極の親切にならないというふうに、判断することになります。で、なんでそれは得手勝手じゃないか、自分勝手…、そうかも知れません。そうかも知れませんけれども、真言宗に入ってきたらば、ということになりますね。真言宗ではこういうふうに言うてるんだ。『菩提心論』がこういうふうに言い、その『菩提心論』の精神を継承された、受け継げられた弘法大師は、まあ、たとえば『秘蔵宝鑰《ひぞうほうやく》』とか『十住心《じゅうじゅうしん》論《ろん》』とかいうふうなものを書かれて、真言宗の究極の信仰とか、究極の悟りというものはこういうもんだということを、まあお書きになっておる、いろいろと発表しておられる。そういうふうなものを身をもって学んでいってこそ、まあ、最高最勝の真実義に通じた人ということがいえるんであって、わしゃあ、それは今やる気はないけれども、まあ、阿含宗ならちょっと勉強したとか、まあ太元密教ならちょっと勉強した…、それは困るということですね。そういうようなのをもって――。

本当の信仰を問い続けよ

まあ、筋道が――ちゃんとした筋道を継承する。ちゃんと筋道を本筋を継承するということは、どういうことかということ。だから、これこそまあ、真言宗の本筋の信仰を持っている人らしいっていうようなこと。誰がそうであろうかちゅうことで、何人も何十人もそういう人を訪ねてみるちゅうことも、ずいぶん大事なことになってくるかと、こう思いますね。で、こういう学校なら学校ちゅうところは便利なところであって、そこに十人なら十人、十五人なら十五人に、縁を比較的持ちやすいような一つの場である。だから、まあ見比べて、この人の言うことには非常に信憑性があるならあると、危ないなら危ない、まあいろいろあると思いますけれども、そう判断できる場所がある。

高野山というところは、やっぱり、ややそういう場であろうかというふうに思います。少なくとも数十年前に高野山に上がって来とりました私は、高野山というところに大いに感謝するというのは、高野山は非常に良かったといいますかね、高野山におられる人にだんだんそういう人があったとともに、地方から分け登って高野山に入って来て、ちょいちょい訪ねて来る人の中にも、これちゅうような人があって、いろいろそういうふうな人に接触をもつことが出来たということは、ずいぶん私にとっては、ありがたいことであったというふうに思うております。

そうやって、一朝一夕にはまいりませんけれども、だんだん、これぞというふうなもの、これこそ真言密教というふうなものを会得するということですね、そういうことがあって初めて本当に人を導くという、行願とか大悲ということが出来るんですから。まあ、それはわしはやらんのじゃと。わしはそういうのは好きじゃない、そうしなくても飯は食べられる…。食べられます。たしかに、こんなことを一所懸命やっさもっさ言わなくっても食べられる。その通りです。学校の先生もできます。頭さえよければ学校の先生は出来るんです。高野山大学の先生に、今、私のような言い分を言うたら、ああ、あれはあの人のいつでもいう繰り言だ、いうかね、というようなことですけれども、まあ、聞きたくないでしょう、私の言う言い分のようなものはね。なんとなしに耳が痛いということがあると思います。昔からそういうようなところは学校にはありがちなことですけれども、だんだんだんだん、そういう傾向が強くなったとこう思いますね。

で、私は、悪うは言うわけじゃない。私は、それも仕方のないこっちゃと思うけれども、先生方はやっぱりあれの方がしやすいからそうしとられるんだと思うな、僕は。ものをどんどんどんどん、ばりばり読んで、読んで、頭の中へきちんと整然としてこれを整理してね、頭の中にもう、八万四千の法門がきちっとまあ入っとるというようになればね、頭のうんといい人だったら、それは昔からそういうことは出来るわけでしょう。で、それだったら、もうそれでいいんだというようなことにどうしてもなるでしょうね。

ところがまあ「思想は飛べども生活は歩む」ちゅうような話をいつぞしたことがありますけれども、実際そういうことを知識するっていうか、覚えるちゅうようなことは、ある種の機械を持っとる人には、頭の道具を持っとる人には、出来るんですわね。なんでもなく出来るんですわね。ところがそれをその、生活の上に現わしていこうという問題になるというと、頭が良かろうが悪かろうが同じことでしてね。一朝一夕に行かんことにおいては変わりがないから、そのまあ造作が嫌いだと思いますね、頭の良い人は。だから、そんなのなるべく省いて、どんどんどんどん「思想は飛べども……」の世界に遊んでおりたいですわね。そうするというと、優越感をずうっと持ち続けていくことが出来る。

ところが生活の問題になって、もう、南無大師遍照金剛、南無大師遍照金剛と、じいさん、ばあさんと一緒になってそういうふうなことをやって、いうようなことをやって、一歩一歩踏みしめていこうなんちゅうなのは、道、ちゅうようなものは、あんな煩わしいされるのは耐えられんと思いますしね。こうやって人を教えに導こうなんちゅうような煩わしさにも耐えられんと思いますしね。頭の良い人は、頭の良いもんだけを相手にして、こんなことさえ分からんのかと言うて、相手をあざ笑って授業やっとったら済むんです。よっぽどその方が愉快だろうと思いますし、だからまあ、学校というものはだんだんそういうふうになってくると思います。

けれども、私は幸か不幸か、あんまりそうでないような時代におったもんですからね、頭が下がるっていうのは、そういうようなのにはあんまり頭が下がらんもんですから、私はやっぱり本当の信仰っていうのはどういうことなんかということを問いたいですね。そういうことを、身をもって問い続けることしか、私たちの生き方ちゅうのは無いんだと思い込んでおるから、私は。で、そういうことで、人もつい、そういうふうにあって当たり前ではないかと思うところが私にはありすぎるかも分かりません。だから、ちょっとおかしい――なんでそんなんだと相手を責めるようなところが出てきたりすると思います。今までたぶんにそうであったかと思いますけれども、まあ無理なんでしょうね、いろいろ人間は違うんですから、しかし、『菩提心論』というものをどうしますか。バイブルというようなものをどうしますか。あれはまあ、バイブルの第一章にはこう書いてあってと、だあっと覚えておったらクリスチャンかというと、そうじゃないでしょう。やっぱり素朴なささやかな実践が信仰のすべてってということになると思いますわね。

真言宗とか何とかかんとかいうて、坊さんちゅうものは、そういう点について非常に怠慢であるというふうに私は思うから、そういうことが非常におかしいんだと。それが平気でお寺を持っていくからおかしいんだと。で、本人はそれで済んどると思う…。だって、みんなが納得してお布施くれとるんだから、それで何文句があるかということになるかも知れませんけれども、心底それに納得しとる人ちゅうのは、そうもおらんと思います。私はまあ――まあ繰り言でしょうかね…。

信仰は「名詞」ではなく「動詞」

ともかく、今、最勝の真実義というのは、一つのこれは――申しますけど、智という感じがいたしますがね。ところが、これ「智」と、たとえばこういう「知」ようなこと、仏教では使い分けていかなければならんちゅうことでしょう。で、知で、勝義ということも知識で終わってしまうということ、それから行願ということも知識に終わってしまうというようなこと、つまりまあ、頭のいい人たちが学んでいったら、みんなそうしてしまうということですわね。

そうじゃなくって、もうちょっと、名詞で終わらしめないで、動詞にしなくちゃ駄目なんだと。私は仏教というものは、そういうことを怠っておる宗教だというふうに思うと、いつぞ申したと思います。で、信仰者にとってみれば、われわれが普通、一般が名詞だと思っているものが全部動詞に変わってくるちゅうようなことが宗教生活なんだ、まあこういうようなことを言うたと思うんです、わしはそれはそう思い込んどるけど、なかなか道が遠いということですね。まさに「思想は飛べども生活は歩む」ということを身に一番痛感しとる人間の、まあ手近なところでは、私がそういう人間の一人であろうかと自分では勝手にそう思います。非常に進歩がのろいと思っています。けれどもまあ、あきらめんのだ――。

で、今、知と智ということを何しましたのはね、たとえばその、この中に書いてあることは、無自性というようなことが書いてありますよね。で、それは空ということだ、というか、で、ここは仏教の学校ですから、仏教概論もあるし、なんやかんやいろいろな授業があると思いますから、一年間ここの専修学院におって、空というようなことを聞いたこともないちゅうようなことは、これはあり得ないと思いますね。仏教というのはこれは要するに空だという言い方をしてもいいんでしょうし、で、空ということがひじょうに幅を利かしておるということも事実でしょうけれども、ただ真言密教となるというと、ちょっとそこらが違うように私は思います。空というようなことさえ言うとれば済む仏教というのとちょっと違うとわしは思う。

――まあしかし、空なら空でもいいです。空ということを、ものの一つの例としてひっぱってくれれば、空というようなことはどんなことだ、前に、たとえば、手紙を、田中木叉という人に、日下さんという奥さんが――奈良県のね、奥さんが出した。…したところが、返事が来たと思って喜んでみたところが、字、書いてないと。白い紙が入っておるだけだったと。これはおかしいじゃないかという――まあ、要は白紙になれちゅうような教えであったちゅうようなことを、その時に申したと思いますけれども、その白紙になるちゅうようなことが空ということだというかな、手近に言えばね。というようなことをいつぞ言うたと思いますけれども、そういうようなことにしても、やっぱりこれは知識ですわね。白紙になれって言ったって、必要不可欠な時に、ぱっとそういうように切り替えることができるかというと、なかなかそうはならんと思います。やっぱり知識ということになってしまう。いろいろな知識を新たに加えていくちゅうだけであって、専修学院に来て、やっぱりそういうようなものをだんだんだんだん蓄積して（ああこれは帰っていったらいつぞや役に立つ）と思うて、たとえば年寄りの話を聞いとこう、ちゅうような人が毎年専修学院にはおる。それもまあ悪いことだとは言いきれんけれども、それで（しめた）というふうなもんでもないと思いますね。

――だからさ、わしはもう歳とって耳も不充分だと、だからあなたの言うことを一時間、説教いただいても充分何じゃろかんじゃろということを隅々まで聞き取る能力が無い。悪いけれども、肝心なところをちょっとでいいから耳元に口を寄せて言うてくれと、これはちょっとわしは参ったということを前に言うたと思います。ああいうふうなことに出会ったら、「ああその時にはこうしたらばいいんだ」という一種のこう方程式のようなものがあるかも知れませんよ。あるかも知れませけれども、まあ、私は、そういうことじゃないんだと思いますね。仏教というものはそういうことじゃなくって、もうちょっと…。うーん、それは空というような、何かの教えをね、教えというふうなものが自分の中で機能しとるちゅうようなことは、何かそういうことじゃないと思いますね、わしだったらこう答える…ってある院生が言うたと、それはそう…、しかし、いついかなる時にもそう答えるちゅうもんでもないと思いますわね、答えが時にとって反対になっても、いっこうに構わんような時も、時と場合によってはあると思いますしね。

とにかくまあ、なんらかの知識が自分の中にあって、いつでもいつでも機能しておる、たんに固まってここの中にあるとか、どこかに止まっとるというんじゃなくて、機能し続けておるちゅうような、そういうふうなことが要ると思うんでございまして、それがなかなか難しいと私、言っとるだけのことです。

学校へ行って、ちゃあんと覚えて、いつでもいい成績をとって、ということ…、けれどもそれはなんらかの真理というものを口移しに、むこうが言っていることをよおく覚えて…、けれども自分の中にあって、それがいつでもいつでも、いかなる時も機能を発揮するちゅうようなこと、それはいっこうにそうはなっておらんと思います。多くの場合そうだろうと思います。ひとにぎりの、まあ宗教的な天分豊かな人ちゅうのはありうると思うけれども、一般にはなかなかそういうことにいかんと思うんです。

だから、まあ、知なら知…、これ、空というこの知が、知識が——機能を発揮するということ、解りますですね、内に働くんだと、固まりじゃないんだと、固まりじゃなくって、いろいろに、いつでもいかなる時にも働いておるちゅうようなことが、こういうようなことがひじょうに要ると思いますわね。仏教の受容ということは、そういうことになるから大変だというふうに、まあ自分じゃあ思っとるわけ。

利欲に明け暮れる人間

で、今、勝義というふうなことに——

凡夫は名聞・利養・資生の具に執着して務《いとな》むに安身を以てし、恣《ほしいまま》に三毒五慾を行ず。眞言行人、誠に厭患すべし誠に棄捨すべし。

そういうことが出発ですね。凡夫というのは何かと言うたら、とにかく自分の名誉欲とか利欲というふうなものに明け暮れしとるだけのことだと。で、自分の身、安かれということだけだと。自分の名誉ちゅうことが、まあどんどんどん名前が喧伝されていく、広がっていき広まっていく、ということに大きに満足するし、自分の財がだんだん殖えていくというようなことに満足するけれども、ことごとくそういう方向をめざしてのみ生きておる、ちゅうのが凡夫だと、こう書いてある。

で、まあたしかに人間というものは、そういうことは根の強いことだということを申しました。ひじょうに根の強いことであって、ああ、あんなものは愚かなことですよと言うてね、いと簡単にこれを退けることができるというのはよっぽどの人だと思います。そうはいきません。命の次です、こんなものは。名利ということの他にあんまり人間って無いんですから。だから、命と密着しとるか、あるいは命の次です、これは。

ところがここでは、「誠に厭患すべし誠に棄捨すべし」とこうきとります。そんなものは問題にならんのじゃ、そんなものは捨てろ、というんですわね。というんです。これはやっぱり——空なら空ということが、ちゃんと機能しとるというかな、ちゃんと機能しとったら、待てよ…ということで、いやあ、やっぱりそれじゃあ、自分もそんならそうしましょう、ということには非常に時間がかかって、迷いながら迷いながら「誠に厭患すべし誠に棄捨すべし」というところにたどりついていくちゅうぐらいのことが、まあまあ私らの姿だと思うわ——そう簡単にはいかん。けれども、ここにはもうパッと切り捨ててあるような感じですよね。そりゃあ、まあ達人のところですからね、世界が違いますけれども。

外道の教えの儚《はかな》さ

次はどうかっていったら、外道は…「身命を戀《おし》んで助くるに薬物を以てし仙宮の住壽を得」あるいはまた「天に生ずるを究竟と為《おも》へり。眞言行人、彼等を観ずべし…」二〇八頁です。

業力もし盡《つ》きぬれば未だ三界を離れず、煩悩尚《なお》存し、宿殃《しゅくおう》未だ殄《ほ》ろびず、悪念旋《せん》起《き》す。彼の時に當て苦海に沈倫《ちんりん》して、出離すべきこと難し。當に知るべし、外道の法は幻夢陽焔《げんむようえん》に同じ。

外道というのは仏教以外のいろんな道っていうか、思想とか信仰とかというものが仏教以外にいろいろインドにもあったし中国にもあったし、日本の現実にも現在にもそういうものはありますけれども、仏教以外ですからたくさんありますけれども、それはどうかというと、特にこれは、もう昔の話ではありますけれども、身命を惜しんで、命を大事にするといいますかな、そして薬を飲んだり、あるいは何らかの信仰によって寿命を延ばせるっていうか…、というふうなことをこう考える。で、これは、儒教、道教、仏教ということで、弘法さまは『三教指帰《さんごうしいき》』の中に儒教と道教と仏教をあげておられます、その道教というふうなものは、たぶんにここに書いてあることの内容と重なってくると思います。道教には道教の一つのこう、医療に関する知識とか、薬についての知識とかというようなものが、けっこう盛り込んであるもののようでございまして、道教というのは仙人の道を説いているようにあっても、そこに道教のまあ当時のやっぱり医療の知識がかなりに盛り込まれておるといわれておりますわね。

で、やっぱり自分の体を大事にして、長生きをはかって、っていうふうなことなんかは、それも一つのこう仕事の中の内容に入ってくるんだと思われますわね。で、

「仙宮の住寿を得る」あるいはまた「天に生ずるを究竟と為《おも》へり」というようなことは、地上にあっても長生きをする、あるいは修行やら薬を飲むというようなことを通して、天に生まれる。生天する。天に生まれるということも、要するに人間の考えている寿命を、一桁二桁なんぼ桁か、これを引き延ばして、いうようなことを願い求めて、まあそれなりの学びや修行するのが道教だっていうか、外道だというふうに、ここには考えておると思いますね、書いてあることを見ますとね。

ところが、「業力もし尽きぬれば未だ三界を離れず」そういうことなんだけれども、そうやって薬を飲んだり、なんらかの行をやったりして、そういうことの力がだんだんだんだん、そういうことの結果、自分が寿命をより、なんぞ倍加、なんぼ桁が延ばすことができたとしても、あるいは天に生まれることができたとしても…、ところが、「業力もし尽きぬれば…」三行目ですね、一一〇八頁の三行目、「業力もし尽きぬれば、未だ三界を離れず、煩悩なお存し、宿殃未だ殄《ほ》ろびず…」

なんていうようなことを書いてありますのは、三界というのは、どうか言うたら迷いの世界なんです。欲界とか色界とか無色界とか、伝統的な言葉がちゃんとあって、欲界と色界と無色界と三つを三界ということになっていますけれども、今頃三界と言うてもぴんとせんかもわかりませんが、ちょっともう百年も前だったら、三界というようなことは、ちゃんとした日本語であったと思います。みんな、三界と言われれば、ぱっとわかるといいますかね、三界というのはとにかくまあ輪廻の世界でございまして、迷いの世界でございまして、だから、地獄、餓鬼、畜生っていうことがあったりします。そういう地獄界とかなんとかということとも深く結びついておりますし、そういう六道とか三界とかというのは、ともに迷いの世界、その中の三界六道の中の最低のところが地獄なら地獄ということでございますけれども、地獄その他をふくめて迷いの世界といいますかね、それが三界というふうに考えてもらったらいいわけですよね。

　で、ところでもし——ここに書いてあるのは、「業力もし尽きぬれば、未だ三界を離れず」ですからね、そうやっていろいろ一種の、天に生まれるとか、別のそれなりのお陰を得たといたしますわね、外道の一種の教えにしたがって、何らかの利益を、御利益を得たといたしましても、それは永続性が無いといいますかね、「業力もし尽きぬれば、未だ三界を離れず」迷いの世界を離れず「…煩悩なお存し、宿殃未だ殄《ほ》ろびず、悪念旋起す。彼の時に当て苦海に沈倫して、出離すべきこと難し」こういうふうなことは本当に迷いの世界やら、煩悩の世界というものを抜け出してこそ、本当の信仰というもんだと。ところが、外道――弘法大師の儒教、道教、仏教から言えば道教というようなものの信仰に入ったところが、本当には迷いの世界を捨て去って実相の世界に入るというようなことを、むこうはむこうなりに何らかそういうことを言うとっても、それは仏教の目からみたら本物ではないといいますかね、まあそういうことをここに書いてあるわけですわね。

「…業力もし尽きぬれば、未だ三界を離れず、煩悩なお存し、宿殃未だ殄《ほ》ろびず、悪念旋起す。彼の時に当て苦海に沈倫して、出離すべきこと難し、當に知るべし、外道の法は幻夢陽焔に同じ」

だから、外道の真理というもの、外道の教えっていうふうなものは、きわめて儚《はかな》いものだと。幻夢陽焔というのはそういうことで、幻夢、夢というのがいちばん解りやすいでしょうけど、夢見て、喜んで、夢の中で喜ぶということもありますわね、悲しむということもある、腹立てるということもある、いろいろあるでしょうけれども、夢の中でひじょうに喜んで、ちゅうことだってけっこうありますわね、金儲け、金持になったっていうような夢を見たとしてもね、ところが、わずかな何分間かの夢で、目が醒めてみたら元の木阿弥だっていうことを知って…、ということになると、夢っていうのは儚いもんだ、いうようなことで、この外道の信仰によって何らかの境地を自分で得たというふうに思っても、それは儚いもんだ、きわめて有限な儚いもんだということをここに書いてあるわけですわね。

自分の身心を検知せよ

で、その次に——次というのは、ここでは二乗…、六行目ですね、第一番目が凡夫、それから次に外道、ところが『十住心論』という、あるいは『秘蔵宝鑰《ひぞうほうやく》』という弘法大師のお書きになったものでは、この間に道徳が入ってきますね（板書）…これを二として、弘法様は…ところがここでは、これは二番目は外道であって、三番目のところに二乗、それから次が大乗、菩提心論ではこういうふうに書いてあるんですけれども、弘法様の秘蔵宝鑰は十の階段にしておりますから、ここのところに、二番目にこれを道徳を入れて、二乗をこれ二つに分けて、それから大乗のところを四つにこう分けて…、そうしますというと、ここまでで九つになります、それからその上に、真言密教を入れて十とするということが弘法大師の十という階段でございますけれども、菩提心論では、その十というようなことじゃなくて、この、凡夫と外道と二乗と外道と大乗、こういうふうに勝義のところであげてありますがね、それを『秘蔵宝鑰』で弘法様はこれをまた細かに分けて、九つにして——四つになっとるものを九つに分けて、というようなことだと。それに真言密教を入れると十になるというか、十階段になる。信仰ちゅうようなものを十の階段に…いうことでしょう。

そうやって、なんやそれがどうしたんか、ちゅうことですけれども、自分がまあ、一番どこに共感、共鳴するかということですね。この凡夫ということを、まあ菩提心論流儀にいったら、わずかですからね。凡夫ということがあったり、その次は外道ですわね、それから二乗、それから大乗ですね、そういうふうなものを見た時に、どれも分からんちゅうことじゃなくって、どこかに、何かそれは分かると、それはある程度分かる…、またそれじゃあ、たしかにいかんだろうとか、どうしたとか、なんらか分かると思いますけれども、弘法大師のような十住心ということになったら、もっとこう細かになりますから、それに自分の気持をあてていくといいますかね、点検するということができる材料だというふうに思いますね。だから、こういうものを鑑《かがみ》としてこの乗に住するものは、この戒をもって自の身心を検知し、他の衆生を教化する、自分の身心を検知せよという、弘法様から言えば。調べよというか。お大師さまは、そういうふうにして学ばれたと思いますわ。当然至極なことだとも思うけれども、今頃は、そういうふうなことの勉強の仕方とは、だいぶ異なってるように思います。

（『三昧耶戒序』）

そんな受け止め方が出来んもんかというふうにね、だからみなさんが諸々の仏教の大学なら大学へ、あるいはそういう系統の高等学校でなんらか仏教についての知識はある程度持ってるといたしましてもですね、で、それをもって了《おわ》れりとするちゅうことでなしに――それもいいとして、まあしかしこういう、本来、仏教はそういう主張を持っておったという、その主張にも耳を傾けて、そういうことによって自分の信仰というふうなものをだんだん育てていこうと、そういうふうなことの両面があるのが、一番私はいいんだと思いますよ。

今日の若い人としてはね、今日ただ今からだんだんこうやっていく人にとりましてはね、いやもう私はあんたのような、まどろっこしいことは、ようやらんっていいますかね、それではまあ…――いいです、学校だけでずっと終わっていく人はそれも仕方がないと思いますけれども、本当に人のなんらかの教育とか指導とかということに拘わるような坊さんの暮らしをやっていこうとするんだったら、やはりあのぎょうさん事を知っとるちゅうだけでは、やっぱり完全と言えないんだろうと思いますね。だろうじゃない、言えんと思いますね。ですからやっぱり両面が、難しいこっちゃけれども、ぎょうさん知っとるけども、また同時にちゃんとした筋道もわきまえて、自分自身には厳しく生きておるというような、そういう面を終生持っておるというようなことが、やっぱり今日からの阿闍梨《あじゃり》というふうなものに求められる条件じゃないかと、私はまあ思います。

で、今、勝義ということで書いてあることは、とりあえず、凡夫、凡夫はこれ駄目だと、これはいくらか分かりますよね。名聞・利養・資生の具に執着して務《いとな》むに安身を以てし、恣《ほしいまま》に三毒五欲を行じとったら、それでいいんだと。あんたらもそうせいよと言うて、それで万事終わるかと言うたら、そういうわけにはいかん。これじゃあ誰も助からんと、言い過ぎになるかも分からんけれどもそうかも知れませんよね。親子でも兄弟でも、こういうことのためにどんだけか、あのやっぱりいがみ合っておるんですから、やっぱり自分だけが肝心であって、まあ他の弟やら妹やら姉やら…、時にとってはもう子供が親を殺し、親が子供を殺しちゅうようなものも、みんな名聞・利養・資生の具に執着して務むに安身を以てし、恣に三毒五欲を行ず…というようなところの範囲ですわね、そういう範囲ですわね。だから、そういうようなことでいいというようなもんでない、やっぱり何らかの道というものを求めて生きにゃならん。

さあ、そこで『菩提心論』は外道ちゅうなのはどうか言うたら、自分が、自分にある種の厳しさをあてはめていって、何らかの修行をしてあるいは薬を飲んで、でそれは心境的なことがまったく問題になっていないとは思いませんけれども、菩提心論に書いてあることによれば、薬物をもって寿命をのばすとでもいいますかね、長寿を目指すような生活、その身命を繼《おし》んでというような書き出しでございますけれども、我が身に対しては非常な愛着を持っておって、それができるだけ永らえるように、そういうふうなことを道教はかなりに問題にしとるということに、まあ考えていいと思いますし、そういうふうなことは、インドでも中国でも、というか、まあもっと広くあちこちにあったと考えていいでしょうけれども、素朴な一つのこう、習練によって自分の長生きを長寿長命を計ろうとする、そういうことが基本にある。基本にそういうところのあるものを外道とよんでるように思いますし――ところがそれでは煩悩という問題がどうなっとるんかといったら、いっこうにあんまり省みられていないといいますかね、それはそのまんまじゃないか。それがそのまんまにあったんでは、本当の意味で助かったということは出てこんといいますかね、また人助けにもならんといいますかね、これはまあ、本当にやっぱりそういうことだと思います――。

道徳的行為の限界

で、三番目。ああ、その前にこの弘法大師の、道徳というのが、この二番目に入るっていうか、弘法様の場合には、はっきりと。で、これは人のために親切にするというふうなことが道徳ですわね、だから特に弘法様の文章の中に書かれておることは、人に物を施すということについて書いてあるわけです。人に物を施すというようなことが良いことだ、仏教はそういうことを非常に重んじておる。まあ言われて、（何言ってるんだ…）というように思う人は誰もいないと思います。まあ、だんだんだんだん、今日は、より人間が利己的になってきただけに、また逆に道徳を――道徳という言葉を使わなくても何であっても、そういうことの復興を考えるような、復活を考えるような人の運動ちゅうようなものも、だんだん世界中に起こってくるかと思います。で、大事なことだと思いますけれども、ところが、あの、道徳ちゅうものの限界のようなことを私は、やっぱり思います。

どういうことが一つの限界かといいますというと、人間というものは――素朴なことをいいましてね、ごく素朴な分かりやすいことを申しまして、人に…、お大師さまのところに書いてあるように、人に物を分けるということですね。恵むとか、与えるということが布施ですわね。

で、「衆生の願にしたがって、これを給付せよ。乃至、身命をも悋惜せず」という、この菩提心論流儀のそれが、まあたしかに道徳の中身ですわね、人に物を何するというふうなことについて、そうすると人は私に対して感謝する、いうことは当然、まあごく当たり前のことだというふうな顔をしとる人よりも、素直に感謝するというようなことの経験を、感謝されるという経験を持つことが多いんじゃないかと思います。そういうあたりでは、自分も気持がいいだろうと思います。で、だんだん人がこう、褒めてくれるちゅうようなことになると、ますます気持がいいだろうと思います。人間って、やっぱりそういうところが、根がありますからね。もうこっちのことをこき下ろすよりもね、やっぱりあの人は感心なもんだ、感心なもんだといって褒め称えてくれるような人が、そういう声がはねかえってくるというと、やっぱり押さえきれんような喜びを感じるというような、まずは人間っていうものの一般的傾向であろうかと、こう思いますわね。

末通《すえとお》らない親切

だから、物を人に分けてあげるということが、やはり、むこうに感謝されたり、褒められたり、称賛されるちゅうようなことにすれば、それが励みになって、ますます自分は施しを継続することができるというようなことになるかと思いますけれども、それがそういかん。

というのが、たとえば、あれ、どこでしたっけ…。近ごろね――ちょっとパッと出ないいんですけれども、かなりの財産家がおって、どこかの町に年々、五千万円ずつ寄付するちゅうんですよね。たぶんそうだったと思いますね。それからまあ、最終的には、自分の一生を終わる時には遺言しといて、この町に十億円ほど寄付するっていうんか、なんとかというようなことを言うとる金持ちがおって、それがちゃあんともう、二年か三年間か継続して五千万、五千万と入れてくれとる。ところが、ちょっと、こういうことを言おうと思ってきとらんから、何じゃったか出てこないんですけども、何かそれに対して批判的なことを言う声がその金持ちの耳に入ったんですよね。それはただの人気取りをやりよるというぐらいの――まあ、それは、誰なんなりと言いますわ、人間って口がありますからね。

で、その何らかの批判ちゅうことを聞いた時に、その金持ちはちょっとカチンと来たわけですね。頼んでまで五千万円貰うてほしいことないっていうかね、頼むから貰うてくれというほどの気もないちゅうかね、嫌になってきたというかね、だから、もう年々五千万出すと言うたけど、あれはもう撤回するっていうか、のみならず、死ぬ時にも確と遺言して十億円、土地に贈るちゅうことも撤回するというふうなことを宣言したというようなこと――少し内容が違うかも分かりませんけれども、その種のことが新聞に出たのは、あんまり遠くないんです。十日ぐらいか一週間前ぐらいの新聞じゃないかと思っておりますけれども、こういうあたりは人情ですね、これはね…、人情ですね。まあ大変なことですよ、みんな金が惜しいのにね、年五千万出せる身分はけっこうです、出せる身分でも出しませんもんね。ところがそれがどうも、それを町で生かして、何かその町の——町といっても、ほんまに過疎な町かもわかりませんけれども、そこの高校生には、なんかその、旅行の見聞を広めにゃいかんと、たとえば修学旅行というふうなのに、韓国行くか、台湾行くか、中国行くか、忘れましたけれども、そんなところへ行く高校もありますわね。そしたら、それに対して旅費の補助というふうなものも、この五千万円の中から、毎年、するというふうなことや、なんかかんか、もろもろの計画がここで頓挫してしまうということでね、まあ町の方の音頭を取っとる人たちからいったら、困ったこっちゃちゅうような事態になったという、まあそんな記事であったかと思うんですけれども、しかしまあ、ここらは人情としてはよくわかることですね。

なんか批評的なことをいう人間だって、なんぼいいことをしたって、どんないいことをしたって、批評というものは自由自在に、どっからか出てくるもんですし、そういうことを耳にした時に、まあせっかくやりかかっとった、その善根功徳ちゅうようなものが、パパッとちょっと行き詰まりをおこすといいますかね、まあそんなこっちゃいかんじゃないかというのは、まあこれもいえんことでございまして、まさに人情一般だと思いますけれども。

つまりそうやって、だから、親切にするというか、人に対して、いろいろものを施すというようなことも、やっぱりむこうが、みんながこぞって感謝したり、あるいは称賛したりするちゅう、そういう一つの環境が継続しとればできやすいわけですけれども、そうでもないのに、自分がこれはすべきことなんだからするということであって、少々の批評があろうがなんであろうが、委細かまわずいつでもかなりの犠牲を払ってし続けるとかなんとかちゅうようなことは、なかなかできませんわね。ということが、今のような話になってきとるわけですけれども。

何人かに対して自分が均等に年々五十万なら五十万ずつ、若い人に、十人なら十人に、まあ、分けたとしますわ、これはかなり懐のいい人であってね、で、そうだけれども、ある人間は素直にこれを喜んで、素直に感謝して、素直によそへむかって、あ、あの人にこういうようなことで私はずいぶんお陰を受けている…、というようなことであったらいいんだけれども、何か別の人間はそれがいっこうにそうでないちゅうようなことになって、あるいは、はじめはそうであったんだけれども、だんだんだんだん、その相手の態度が変わってきたと。はじめはあそこまで喜んで喜んで、感謝感激の姿勢を示しとったのに、今頃になるとさっぱり変わってしもうて、ずいぶん横柄になってきた、顔が、でかい顔をしだしたちゅうかなんというか、一体なんちゅうことかというかね、そういうようなことで人間っていうものは、相手の出方によって、たえず気持が変わってくるちゅうことは、まあいろいろありうることだというふうなことです——今それを言おうと思っておって、ちょっとこう混乱しかかりましたけれども、まあ、大なり小なり、そういうことがあって、すんなりとそれが進まなくなってくる。感謝してくれとりゃこそ出来ることが、そういうことがむこうに見えなくなってきたり、むしろ逆になんだかんだと裏で言うとるちゅうようなことになると、（くそ…）と思うて、もう今まであれほどやったのになんちゅうこった、というふうなこと。で、感謝やら称賛やらちゅうことこそ、当然なことであって、そういうことが出来なくなったんだったら、それを自分も継続しなければならん言われはない、ちゅうようなことになって、やめてしまうというようなことは、これは今の金持に限らず、一般に私はそういう人情が働くとこう思うんですけれども、そういう時に道徳と言えるのかどうかということですね。今までやっておったことはあれは一体なんであるのかと。

やっぱり、いかにも凡夫次元の仕事でございまして…、凡夫次元の仕事でございまして、あの、本当に人に対しての親切、本当に人に対しての親切ということじゃなくって、相手の出方によったら、もう、まったく何もないのより、もっと悪いような関係にだってなるおそれがなくもないといいますかね。

そういうふうなことになりますというと、道徳というようなことは一体どこにいってしまったのか、というか。だから、道徳の徳目の、人に親切にしましょうというふうなことの実践とか実行とかというようなことは、案外末通《すえとお》らんもんだ、といいますかね――末通る*ということは、いつまでもいつまでもそれがね、どんなことがあっても、どんな障害をも越えて継続するちゅうようなことは、案外困難なことであって、何らかのはずみでそういうようなことは馬鹿らしゅうなってやめてしまう、ちゅうことは、いくらでも起こってくることだと思うから、だから、道徳的行為が、非常にもう極めて高度なもの、極めて高度なものに支えられた実践だというふうなことになる場合とならん場合があるということを思いますわね。

＊〔**末通る**〕この言葉は『歎異抄』四段にも出てくる。この世では、いかにかわいそうだと思っても、思いどおりに助けることはむずかしい。凡夫の慈悲は終始一貫しない。念仏を申すことだけが「すゑとほりたる大慈悲心」だと親鸞聖人はいう。

で、だから、道徳はやっぱり何か一種のこう、不完全さを伴うたものであって、その教えにしたがって、たとえば小学校から中学校が終わるまで、十一年間、私らは「修身」というのを習っております。修身というのを習うたら、何かそれが非常に身について、違うというか、そういうもののない今日の人たちとは違うって、それは言えんと思いますよね。案外あれは、約束を守りましょう、人に親切にしましょうというような式のことでしてね、子は親を、親は子を大事にしましょうということ。それは何もないよりはいいことかもしれませんけれども、なかなか拘束力は無い、といいますかね。

今、親切の…、生活の援助の問題ではございませんけれども、出方によってはいつでもスパッと切ってしまうような気持になってしまうような…。そういう前に、どんどん継続して寄附しとったっていう行為は道徳的だと言えるんでしょうけれども、内実を考えてみると、ひじょうになんかこう強固なものにささえられとるちゅうもんではないようですわね。道徳ちゅうようなものは、そういうことといたしまして、それ自体、それほど強力な力を持ったものとは言えんような感じがします。

信仰を持つ強さ

そこらが、信仰というようなものになりますというと、それが程度の問題はいろいろありまして、ややこしい信仰もあるけれども、たとえ程度のやや低い信仰であったとしても、そういう信仰に入ることによって人間が変わるということがあります。

道徳は、人に親切にしなさいよ、あんたも生活にゆとりがあるんだから、ちょっとこういうことをして人助けをしたらどうですかと言われて、ああそれもそうだなと思うてやっても、なんぼも続かんというようなこと。

ところが、それが信仰の裏打ちをもってるちゅうような場合ですね、なんだか素朴な信仰を持っておる――素朴な信仰という言い方は語弊がございますけれども、たとえば神様が…、まあこの〝たとえば〟がひじょうに悪いですがね、天理王のみことであっても、天地金之神であっても、なんでもいいです、これを軽く見とるんじゃないんですけれども、たとえば、ですから勘弁してもらうといたしましてね。そういう信仰が日本にはたしかにあって、それは一面、注目すべき仕事もしておりますから、あんまり軽う考えてはいけませんけれども、とにかくなんらかのそういう具体的な神様があって、そういう神様の信仰を持ったとします。

そうしますというと、人間が変わってくるというか…、変わってきますね。で、今までなかなか出来もしなかったことが平気で出来るようになってくるちゅうことはよくあることです。今まであれほど、がめつかったばあちゃんが、とにかく何々様がありがたいちゅうようなことを言い出してから、だんだんそっちに足を運んでいる間に変わってきて、といいますかね。変わってきて、今じゃもう、人に親切にするとか人に施しをするということについては抵抗があまり無いらしい、っていいますかね、それで、人が少々それに対して、中傷的なことを言っとるで、ばあちゃんやめたらどうか…、いやあ、ほんなことはほっとけ、といいますかね。まあ、あの人がどう言おうが、この人がこう言おうが、ああだろうが、こうだろうが、わしは、かまわんのだと。なんとなれば、私には神様がある、っていいますかね。神様がちゃんと私を見てくれとるんだから、他の人間に理解されようがされまいがどうでもいいんだ。――こういうことが起こってくるところに、宗教の一つの強みがあります。

で、道徳ちゅうようなものが、そういうふうな背景がありませんから――ありませんから言うちゃあ、なんですけども、まあそんなもんですよね。ですから、一部のひじょうに高度な教養を持っとる者は別ですけども、そうでない人間の親切というようなものは、いつ何かの拍子にひっくりかえってしまうか、わかりません。そういうふうに思われるから、道徳というものは、やっぱり有限だと思いますね。

で、それに比べれば信仰というものがあって、はじめて…、信仰ちゅうものは人間をやっぱりこう、強くするというか、変えるという力においては、道徳よりもはるかに強いもんだと、まあ、思うんです。

で、しかし、今ここに書いてある外道、外道というものは、まだまだやっぱり自分が助かるというか、自分が永らえるというか、自分の長寿、延命というようなことにひじょうにとらわれておって、自分の煩悩をととのえるとか、浄めるとかちゅうようなことについて心が足らん、ということは、これはよくないといいますかね、それでは本当の意味で、自分が助かり人が助かるということにはなってこない。こういう認識も私は当たっていると、こう思います。

そういうことといたしまして、第二の道徳、今ここには入っていないけれども、道徳も一つの限界がある。ところが、外道というものにも限界がある。それでは本当の意味で自分が助からん。やっぱり、ものをめぐって、兄弟や親子すら、時にとってみればいがみ合うというようなことはみんな煩悩の問題ですから、もとにもどしていけば。そういうことについて本当に検討しようとする気が無いということであったら、やっぱり本当には私も助からん、人も助からん。

五本の指の役割

ということで、第三番目の二乗ということになって、初めて内観《ないかん》の宗教ということで、自分をととのえていき、自分の煩悩に目を向けて、それをととのえていこうとする、そういうことになってくる。これですね。二乗と大乗というのは、共にそういうもんだけれども、ただ二乗というものは、自分が助かるということに、ひじょうに比重がかかっておって、まわりに対して心をはこぶということが欠けとるといいますかね。そういうようなことでは不充分だということをここでは特に言おうとしていると思います。それは本当にそうじゃないかと私も思います。

ところがなかなかこれは抜き難いことですからね。やっぱり自分が肝心だというふうなことは、もう人間にはとってても根の強い問題ですから。ところがしかし、それがあったんでは、それがつきまとっておったんでは、本当には、理想の世界というものにはならん、といいますか。本当にみんなが教えを喜んで生きる、ちゅうことは、まあ、二乗の場合は、言うたら、自と他との間に大きな線が引かれとるわけですね、自分と他人との間に。

それから、だんだんだんだん、そういうようなこっちゃいかん、そういうようなこっちゃいかんというふうなのは、どういうことかと言うたら、みんなが、みんなそれぞれ自分と切っても切れん存在であって、一つ一つが全部価値のあるものであって、尊厳なものであって、捨てるべきものは一つもない、そういうふうな智というか、どっちの智でもいいですけれども、そういうふうなものにならなければいかんということを、まあ仏教では言うことですよね。

――ところが、なかなかですよ、これはっきり言うときます、小乗大乗、二乗大乗というようなことを言おうが何であろうがかんであろうが、とにかく人間の差別っていうものは、ひじょうに強いですから。ええ、ひじょうに強いですから。人間は平等に価値がある、これは頭の中には入りますよ、一切法は平等、自他平等とか、三心平等とか、不二とか平等とかちゅうことは、もう仏教をちょっとやったら、もう何遍でもそういうことはついてくるんですから。平等とか不二とか一如とか即とか、なんぼでもそれは、そんなこと知っとる、そんなこと知っとる。知っとるけども、ちっともどうにもなりませんもんね。だってまあ、みんな…。

　五本の指がある、どうなるんだ。五本の指が、長い指もあるし、太い指もあるし、細い指もあるし、短い指もある。それだから困るじゃないかと言うんか。人間世界というのは、人間同士、みんなそれでいっとるんですよ。あいつは太すぎるやつや、あいつは細すぎる、小さすぎる。おまえ、もっと大きうなれ、そんなこっちゃつまらんじゃないか、もっと高うなれ、低うなれ。いろいろ相手に対して注文つけて、私だけが一番偉いんだ、私だけは一番えらいんだ、私だけは一番えらいんだ。みんな思うてね。まわりの人間が、長い、短い、太い、細いと言うてね。向きが悪いと、右向け左向けと言うて、お互いに批評、批判するわけよ。そればっかりに明け暮れているわけよ、人間の世界というものは。

　ところが、さあ、人間は、長うても短うても、役割をしとるんや。みんな同じ長さを持っとったり、同じ形しとったり、同じ方を向いとったらいかんのや。思い思いに長さやら形を持っとるんだけれども、これがごく自然に力を合わせて、意外な力を発揮して、まあとにかく私たちは、手のお陰をうけておる。人間世界ちゅうものも、この指がけしからん、この指の形が具合悪いとかなんだかんだ、ということじゃないのよ。これはこういうふうになっとるんよ。生まれた時から、みんなこういうようになっとるんや。ある人間はこういう人間や、ある人間はこういう人間や、ある人間はこういう人間や…。これは決まっとるんや。決まっとる人間に対して、注文つけてもしょうがないいんや。しようのない面があるんや。

ところがまあおかしいわな。親も誤り、教育家も誤り、みんな誤って、ああでもないこうでもない、こうでもないああでもない、いうようなことを言うて、ケチつけ合うて――それじゃあないんだ、というかね。もうちょっと…。

さあ、どうですか。密厳国土《みつごんこくど》とか、曼荼羅世界《まんだらせかい》とか、そんなこと言ってないでしょう。もうちょっと個々の存在というようなものを、それをまっとうさせるような世界です。そうでしょう。そういうことを言うのが曼荼羅…、ああ、わかったわかった、言うたって、現実には喧嘩ばっかりやっとる。おかしいでしょう。おまえ、これは、ちょろこいなあと言うて鼻で笑うて、そんなもんですよ、頭良かったり。おまえ、そんなことさえ分からんのかと言うて、人を馬鹿にするのはひじょうにおもしろいですからね、正直申しまして。学校の教員はこれでメシを食っているようなもんですよ、本当にね。人を馬鹿にしてね、ああ、あんなアホがおるから、まだわしも飯は食えると思うて、喜んでね、飯食うているバチ当たりですよ、これはね。まあ…、違うかな…。独り言ばっかりいつでも申しまして、何ですけれども。

自分を高め豊かにする生き方

本日、いちおう行願《ぎょうがん》と勝義《しょうぎ》と三摩地《さんまじ》という三本の柱が、真言の、人間として自分の信仰をまっとうして行く三本の道、三本の柱があって、そのうち行願というのは人にとにかく、ありったけの親切をもって、人を真言の真理に導くという、そういう柱。それから、暮らしを助けるという側面を持ちつつ、一番肝心な目標としてはやっぱり本当の信仰に導くというのが行願だよ、勝義だよ。

ところがそれには自分が本当の真理を会得しとるちゅうことが無いというと、本当の真理が分からんのに人を信仰に導くちゅうことは出来んわな。だから、本当の信仰っていうか、本当の真理とは何だということを問うていく、問い続けていく。ところが現実の私たちっていうのは凡夫に過ぎないというかね、これではだめなんだ。「誠に厭患《えんげん》すべし誠に棄捨《きしゃ》すべし」。私らの現実ちゅうものは、これでね。手放しで、これでいいんだと、これで行くんだちゅうように思うとる人間はね、これはもう落第ですよ。はじめから何も話になりませんよ、これね。

ところが、だからさ、道徳はいかにと問い、外道はいかにと問い、二乗はいかにと問い、大乗はいかにと問うていって、自分を検知していくということでしょう。だんだん調べていく。検査の検ですよ。だんだん調べて、自分の姿を、正体をつかんでね、その正体をだんだん高めていき、豊かにしていくちゅうことが、これが修道生活でしょう。そういう修道生活無くしてね、人を助けるとか、人を信仰に導くということは出来ませんよ。みんな教わったわけですよ、これはね。

行願と勝義の関係というものはそういうことだ。人を信仰に導こうとするんなら、自らやっぱり信仰に生きるという、信仰を追及するというかね、信仰を問い続けていくちゅうものが無くちゃいかん。凡夫のままでいいはずがない。外道やら道徳も悪くはないけれども、限界があるということですね。二乗もいい、悪くはないけれども限界があるということです。ここで言う大乗、顕教《けんぎょう》の大乗といっていいでしょうけれども、それはちゃんとした立派なものなんだけれども、一種の限界を持ってるということでしょうね。

しかしこれでは、なんだかよくわからんちゅうことが多々あると思います。そこらについて、弘法大師はこの『菩提心論』よりだいぶ後に現れて、こういうものをずいぶん参考として学びながら、身をもってとにかく、十住心説というものを立てられたんですから。その十住心説というふうなものは、まさに自分の身を調べて、検知することの大きな手本ですもんね。「ああ、十住心論は知っとる」。知っとるのはいいです。知っとって、しかし、それがいつでも機能してね、自分を正していき、自分を調べていく時に機能を発揮し続けとらんには、しょうがないんじゃないですかね。そういうように思います。

二〇八頁の四行目はね、「外道の法は幻夢陽焔に同じ」。幻、というのは、幻術ということみたいだな。

日本ではね、忍術というようなことを言いましてね、戦争中でも忍術というようなものを、軍部は、いったいあれはどうなっとるんかちゅうことをね、掘り起こそうとしたときがあるんです。もう日本は、負けがそこまで来とったからね。もうあんな忍術みたいなものが本当に効力を発揮するいうかね、現代戦が見失なっとるような、もうとにかく大変な何か秘密を持っとるんだったら、もうこれ生せるもんだったら生かしたいというようなことを考えてね、で、忍術の、あれはどこだ、三重県とか、滋賀県か、なんかあのあたりに一つのまあ本家本元がいろいろあるんかもしれませんけれども、そういう人たちの間で継承されとる忍術ちゅうようなものを軍の人たちが調べようとした、調べた、と言いますかね。そういうようなこともあったと思います。本当にもう戦争は負けるにほとんど決まっとったんでしょね。

この間、私、五十回忌、ある家の戦死した人の五十年は、何人目かこの間、拝みました。おばあちゃんは、その人のお母さんは、九十二歳です、今ね。戦争は嫌ですなと言うけど、これはもう息子が死んだんですからね。息子が死んだのは、南方の、どこやったか、こんなとこやったかちゅうぐらいじゃ申し訳ないけれども、そこで餓死したと思われますね。よくわからんけれども、そこに残った者はまずは餓死だというふうに言われてる島におって、それはちゃんとした教育を受けてね、有能な人だったと思われる面々がそんなに死んどるんですよね。

で、どうか言うたら、戦争がひじょうにもう、悪い悪いという局面を迎えてね、で、ここはもう補給を、いろいろ食べるものや何か、どんどん武器やなんかを送っていくちゅうような目処が、将来が見込みが無いちゅうようなことになって、その戦地を日本は捨てる計算になっとったんですね。

その時、実際飛行機がまあ行って、立ち寄って、その地区におった上級将校十四人か何かを乗せてね、その飛行機はパッと無事なとこに行ったわけだ。それで後に残ったやつはみんな餓死したわけだ。まーあ、虫けらだ、これはな。戦争ちゅうものは、酷なもんですよ。位の上の者と下の者と何か一つ一丸となって戦争しとるんでも何でもないんです。上の者はいいし、下の者はわるいしね。内情を知ってみたら嫌なものや、世の中ちゅうものはね。

だから信仰の世界でも、ややそれと同じものになるか知らんけれども、しかし何かないかな、何かないかなちゅうことが、まあ、昔から求道者の問いですわね。

第8講　一切が仏様の命の中に

戒名をつける時の心がけ

（録音はお話の途中から始まっている）…葬式を、まあ私、戒名を何して、戒名じゃ言うて喜んで貰うて、って言っちゃあ、おかしいが、まあ、戒名のことはよう分からん、本当のことを言うと。どんなんが一番いいのやら、私もいつでもいつでも考えるけども、難しいわな。あんたらも、専修学院で戒名の付け方というようなことが、おそらく授業であるんだろうけども、まあお寺を持ったら、やっぱりこれひとつ、ちょっと難しいね――と思う、私は。

どんな戒名でも、相手を知りよらんちゅうことはあります。だから、何をつけようが、かにをつけようが、だから、昔のように差別戒名ちゅうのを付けられてもね、檀家の方は知らんいうんだ。おまえさん畜生じゃと付けられとっても知らんという。まあそういう問題が後になって分かってくるようなものですけども、まあしかし、そのことのために工夫も勉強もせんでもいいちゅうことじゃないでしょうから。とくにだんだん世代がこう移ってくるというと、漢字に弱いから。弱い人が出てくる。そうすると戒名というのは漢字の羅列ですから、やはり字の選び方ちゅうようなことが、問題になりますわね。やはりあの、ここに授業があるかないかは知らんけれども、やっぱり勉強して下さい、それはね。寺を持つんだったら。

　私はまだ百も戒名を付けたこともないくらいかも分からんけれども、まあ、ある程度こういうものかな、というように自分では思うんですけど、違うかもわからん、というようなもんでね。手探りの部分も多分に持っておりますけれども。

　このあいだの人の戒名も、とにかくだいぶん、おおきに、ごっつに持ち上げたような戒名で、どっちか言うたら、そういう戒名にするのがいいんだと思います。できるだけ、本人が――まあ、点数付けたらおかしいけれども、たとえばの話がね、学校はなんであっても点数付けるから、七十点ぐらいの人じゃということに、いちおう客観的には多くの人がそのぐらいの点数付ける人だったとしても、それは九十点の、百点のような戒名を付ける、っていうか、こういうことが心がけじゃというふうに自分では思います。とびきり、そういうふうな戒名にして、そうすると人間というものは面白いもので、五年たち十年たちますというと、だんだん死んだ人間というものは、位が上がっていきますからね。まわりの人間のその人に対する評価というようなものがだんだん上がってくるちゅうもんですわね。長い間に、嫌な思い出というようなものがみんな消えてしまいまして、懐かしいというふうなものに、こう取り巻かれてしまって。

だいぶん、ああ、あれも良い人だったちゅうようなことに変わっとりますから、そういう時になって、あんまりこう落としたような戒名を付けとるというと具合悪いわね。ずっとこう高い戒名を付けとるというと、まわりの人間もすっかりそれが、親父相当だと思い、母おふくろ相当の戒名だというふうに思うようになりますしね。五年、十年の間には。ちょうどいいと思います。

ただ、いろいろ勉強して、ということは、私もあんまり人の戒名を綿密に見とるわけでもなく、評論する能力もあるやら無いやら怪しいもんだけれども、まあやっぱり文字にも多少、男、女があるでしょう。そこらもこう考えて、男が死んどるのに女くさい戒名をつけるちゅうのもおかしいと思いますし、その逆もおかしいと思いますしね。あると思いますよ、うかうかするというとそういうことがある。漢字というものは、ものによりますというと、一つじゃと思うとったって、性別があるような漢字があるでしょ。

まあたとえばよく言うんですけども、クジラという動物がおる。クジラは「おんた」と「めんた」が当然ありますよね。鯨というたら、一つの字しか書かん。魚偏に京都の京という字を書いてな。あれはクジラのおんたじゃと思うわな。で、めんたのクジラはどうなるんじゃ…ということがあるからね。* クジラと口で言う時はそれでいい、文句はないけれども、漢字を使い分けるんでしょうね。弘法さんやなんかのように、字に強い人だったら、一文字で押していくちゅうことは無いわ。全部使い分けがある。そういうこっちゃ、一字が万字や。

じゃから字には弱いよりは強い方がいい。へんなところで、なんじゃこんなことも知らんのかちゅうことをね、まあやるもんですよ。そやからまあ自分で、ひどう自信が無かったら、謙虚に教えを請うこっちゃな。お寺持って、戒名ちゅうものは後々まで残るからな、そう思います。あんまり最後の最後まで、戒名つけるのに五十になっても六十なっても七十歳になっても人に付けてくれ、ちゅうもんではないけれども、当初は止むを得んと思うな。相談して、ああ、なるほどそういう考え方もあるなということで、一つ一つ…ということじゃないかと思う。

私が、昭和の二十年代の初め…、二十年前後かな、専学（専修学院）の方で寮監で

＊「鯢」と表記するのは雌クジラといわれる。雌雄のある漢字は他にもあり、鴛鴦（おしどり）は、鴛が雄、鴦が雌。想像上の動物だが、鳳凰（ほうおう）という鳥は、鳳が雄、凰が雌。麒麟（きりん）は、麒が雄、麟が雌。面白いのは虹で、古代は竜の一種と考えられており、虹が雄で、蜺と表記するのは雌だという。

あったり、授業も持っとった人がおって、私より一つ年上かも分からんが、やっぱり強いですな、いろいろなことにね。で、自分が戒名を付けますというと、この間、こういうふうな戒名を付けたんじゃが、と言うて、その人に時々手紙を出すと、いやあこれはいいことはない、といいますかね、いい戒名だと思うとか、やあどうしたとか、ちゅうようなことをこう言うてくれて、なるほどなあと思うんですね、うん。時々、ひょこっと教えられることがある、人の目というものを通すとね。

それでさて、まあなんやら、実は私は、同じ歳の人間が死んで、他じゃない、そういう人間の三十五日におととい行ったんだ。それから、もうちょっとゆっくり上がってきとったら、この電話は聞かなんだんですけども、上がってきたと思ったら専修学院の授業を火曜日にやれちゅうことで（ああ明日か…）と思うた、正直言うたら。やっぱり歳をとると、そんなん、ちょっとしんどいなと思うけれども、まあな、いろいろ御都合もあろうこっちゃと思うて、まあ、こうやって参りましたわけです。

ちょっとこれ、どうなっとるかやなと思うてね。ひょっと一部分この間のを聴いてみたら、人の言葉みたいやなあと思うてな。えらい早口な、まあ自分聴いてもよう分からんが、と思うて（笑）。誰がもの言うとるんかなというようなもんじゃが、まあたしかに昔から口が早い早いと言われるんだ、わしはな。言われとるけども、これどうしようもない、これな。気がついとる時は少し抑えるんじゃけれども、忘れたら元の木阿弥で、ばあっと早うなってしもうて、それでもうこの歳まできて、もうどうしようもないな。

だから、だいぶん迷惑をかけると思うから、だから私、繰り返すんです。前は、何遍も言うとれば、どこかで、（はあ、はあ、あの人、何やら言うとったのはこういうことか）ちゅうことが通じることもあるじゃろう、通じる時もあるじゃろうというふうに思うて、まあ、そういうことなんです。

親切を貫いて生きる

『菩提心論』というのは、しかし、そう難しい…、――難しいといえば難しい。内容的にはそう甘いもんじゃないけれども、もう、今日で何回目か、十回ぐらいになるか分からんわな。九回か何回かになっとるわな。まあ、真面目に考えて下さい、これはね。真面目に考えて下さい。坊さんちゅうものは、いいかげんでは困るといつでも私は思うんです。な。あんなことまた言うとると思うかも知らんけども、これは自分を含めての話ですから。…おたく様はいかがですか。いやあ私もその中の一人です、ということですから。私は別格じゃと、あんたら駄目だと言ってるんじゃないんです。なかなかそうなりがちなもんです。

　これはね、「利益安楽無余有情界、観十方含識猶如己身」と言うてな。みんなに本当に床切《とこぎり》*親切を貫いて生きていくちゅうようなことにいたしましても、もう今の日本には、そういう土壌が無いと言うんか、風土が無いと言うんか、そう思うよ、いつでもそう思うよ。そういうことを言われたって、何か、浮き上がって滑稽なぐらいなもんかも分からんわな、そういうことを一所懸命やろうとする人間がな。やりやすい、そういう状況というものと、そういうことが、なんか、それ自体、なんとなしに他所《よそ》事《ごと》みたいになってしまっとるというような、そういう状況というもんが、その時その時の社会というものにあると私は思います。今の日本というものは、それはもうどうしようもなく、べつなところに、浮わついたところにあるような気がしますからね。こんなところでね、まあ本当に時と場合によっちゃあ命も捨てよと言ったたって、さあどないするんだい、ちゅうようなこったねえ。誰がそんなことを考えとるじゃろうか。ほとんど、そんなことはみんな我がことばっかり一所懸命に明け暮れてね、だれもかれも老いも若きも、どんなに偉いと思われている人であろうと何じゃろうがかんじゃろうが、みんなそんなようなことである時代に、「身命をも悋惜《りんじゃく》せず」、そういうようなこと、そらあわからんこともないけれども、ちゅうようなことになるし…、まあいろいろあると思います。またね、ひとつ思いますのはね、それと係わらんかもわからんが、人にいろいろこう親切にするということについては、ごく些細なことであっても厭うこと無しにやっていくということに当然なりますよね。布施ということは、大きなことばっかりがお布施じゃないと思いますから、些細なこともその中に含まれてくると思いますし、たとえば金額の多寡、大小というものが、そのまま布施というようなものの上下ということには係わりがないとこう思いますから、いろいろですけれども…、まあ、施し、ものを施すということに限らんけれども、何か人に親切にする、というふうなことについて、「行願《ぎょうがん》」ということは、そういうことを説いてあったんだ。「利益安楽無余有情界、観十方含識猶如己身」って、そういうことであったんだけれども、そういうことを貫いて、やっていくちゅうようなことが、なんとなし

＊〔床切〕思う存分、徹底的に。大阪・奈良・和歌山などの方言

に、どうなるかというたら、できにくい人がたくさんおると私は思う。できやすい人とできにくい人がおる。で、そのうちそのうち、言うとったら、これはできんと思いますよ。やっぱり何か踏ん切りをつけて——ところが踏ん切りをつけるというても、こういうことの中でひとつ出てきますことはね、自分にやっぱり何らかの自信のようなものが人間には要ると思います、そういうものが要ると思います。そうでなしに、奉仕奉仕っていうふうな、人に奉仕するということは仏教では一大事です。それは布施が——この供養ということは、今日の言葉で言ったら奉仕なら奉仕というこっちゃわね。相互供養、相互礼拝。大師教会に入りますとね、旗が下がっておりますわね。供養するっちゅうようなことは、そらあ一大事や。人に対して奉仕するちゅうようなことは、ああいうふうに大師教会にぶら下がっとるスローガンのようなもんで、とにかく一番大事なことなんだ。けれども、何やら、どうなりますか、私、思うんですけどもね、これは仏典にそういうように書いておるとか、何に書いてあるちゅう問題じゃないの。ごく通俗的なことが頭にあるんですけれども、何かそういうようなことを言う時に、それがまあ多少とも人に受け入れられてね、ああ、そういうようにしてもらおうか、ちゅうようなことになって、続けてする、せざるを得んようになって続けてする。

便所掃除という修行

たとえば、一燈園ちゅうのが――ああ、話が飛び飛びしますね、勘弁して下さい。どこぞでまとまればいいが…まとまらんか保証できんけれども、まああの（笑）。

一燈園というのが京都にあるんですな。一燈園は今頃どないしとるんか、わし知らんのや。わし、もう四十前後か三十代のおしまいか忘れたけども、その頃ちょっと関係があってね、時々むこうに行って…時々というほどでもないけども、行ったこともあり、ちゅうか、で、今頃名前を上げとる男と知り合いでもあったり、いうことですけれども、その一燈園というのがトイレの掃除ということをな、これがむこうの仕事みたいにして、これ奉仕やな、むこうへ行って一軒一軒「よかったら掃除させてくれ」ということで掃除をさしてもらうんですな。それで、ああどうぞ、と言うたら、そこで掃除する。今頃のトイレいうたら、わりあいどこもここも、ややきれいになったけれども、昔ってそうでもないからね。四十年前だったら大したことないからね、なんぼ京都でもね。そういうようなところを一軒一軒掃除して歩くちゅうことは、まあまあ何ですわね、そうすこぶる快適ちゅうことじゃないけれども、これが行《ぎょう》だと思うたり、これを奉仕というんだというか、真言宗流儀にこれが供養だということになればね、まあ、やらなければならんということだけれども、しかし、そういうふうなこと、たとえばそういう便所の掃除ということを一生涯やって、これを「利益安楽無余有情界、観十方含識猶如己身」の実践としてね、利益安楽の実践としてね、ひとつの実践と実行として便所の掃除をいつでもいつでも、あそこへ飛び込みここへ飛び込んで、ってやるっちゅうようなことについて、どうなりますかね、私はなんとなしに、まあたとえば私がやるというようなことになって、何の抵抗も無しに、いつでもいつでも、いそいそとして、そういうふうなことが出来るかというようなこと、まあ、だんだんそれは勘弁してもらおうか…ちゅうようなことに、まあ、なんぼわしが仮に一燈園の人間だったとしても、どうなるのかなと思うような気が今ひょっとしますけれどもね。

やっぱりなんとなしに――仕事に上下は無いかもわかりません。上下は無いかも知れませんけれども、「利益安楽無余有情界、観十方含識猶如己身」というて、何でも相手が要望するものであったら、自分がそれに応えて立って何でもしてあげるちゅうようなことになったら、私は、当然こんなような自分としてはもう抵抗があるようなことでも何でもかんでも委細かまわずやっていかなければならんというようなことであったり、思いますがね。ところがそれがずっと何年も何年も何年も長く続いていくちゅうようなことになるというと、これ本人が相当にできておらないというと、できんことじゃと思いますし、そんなら何ができておったら、ちゅうようなことになった時に、私やっぱりね、何か人間ちゅうものは多少、自信のようなものが何かにおいて、ある、ちゅうことがね、ささえになっていっとるんじゃないかとこう思うわ。

自分で顧みて、自分にこれという取り所も無いと思うとる人に、あんた奉仕なんだと。これからまあとにかく十年間、四の五の言わんと、毎日毎日二三軒づつ――今頃の便所じゃちょっと値打ち無いけど、昔のもっと汚い便所を、掃除せいと。十年間し続けよ、というふうなことになってね、何の抵抗も無しに、そういうことが続いていく、ちゅうようなことになかなか、なりにくいんじゃないか、というように思うんですね。何となしに、こんなことしとるちゅうことがね、まあ自分でひょっとしたら惨めに思われてくるちゅうようなことが起こるかも知らん。人にどんな目で見られるか、中には、変な単なる好奇心っていうのもあろうし、あれってなんや、ちゅうか、まあ、ちっとこう見下げるような人というのもおるかも知らん。いうようなことの中で、しかも自分がそういうことに一切振り回されること無く、むしろ進んでというか、いそいそと、そういうことができる、ちゅうようなことは、そらあやっぱり人によってできる人が稀にはあるかも知れませんけれども、そうばっかりはいかんのじゃないかと、今ちょっとそういうことを思う。

本当に自信があれば

どうしたんなら、ちゅうことじゃけれども、そういうことができるかできんかちゅうことは、やっぱり本人に自らよりどころのようなものがあって、頼むところがあって、何らかの意味で、わしは、そうそうそんじょそこらの、ありとしあらゆる人々の前に立った時に、必ずしも人後には落ちんのじゃと。まあ、五十人百人集まった時にこういうことについてなら、いちおう私はものの言えるだけのものが、とにかくあるはずなんだ、というふうなことがありますというと、私が比較的、人にはうかうかするとなめられるような内容の仕事であっても、そういう奉仕であっても、そういう供養であっても、進んでやることができるというかね、なんぼでも人の目を気にすることなく続けていくことができるけれども、もし、なんら自らの中に、そういうふうな（わしにはこれがある）ちゅうようなものが無いとするというと、できにくいんじゃないかというような気がちょっとするんです。

――言うことはちょっとおかしいですか、もってまわったように取れるかも分かりませんけど、そういうこと無いでしょうかね、誰でもあるんじゃないでしょうかね。たとえば、大学を出て就職をした。男の人にはあんまり無いけれども、女子大、女子学生が大学出て、何も男に負けるとは思うとらんのに、勤めたと思うたら、まあ、とにかく当分の間、お茶汲んでもらおうか、ちゅうようなことになる、いうと、たちまち男女の差別ちゅうようなことがね、女性を蔑視しているようなことになって、憤然として、こういう職場ちゅうようなことはもう長くとどまるべきところじゃないちゅうような、そういうふうな考え方だって、けっこう今の女性にはあるかも知らん。それがほんならまあ、まともな一番ほんとな反応であるかどうかいうようなことになるというと、まあ、そうなんかも知らん、わしはよう分からんですね、たまたま女でないから、よく分からんようなところがあるけれども、分かって分からんようなところもあるっていうのは、やっぱり、もし自ら頼むところが大いにあったらね、そんなことだってなんだって気にせずにできるんじゃないかと。自分に何か、こういうことにかけては、ちょっとそんじょどこらの男に負けんのじゃという自信が本当にあるんなら、むしろそういうことが苦にせずに、お茶汲みでもできるんじゃないかというような——、それができんちゅうようなことの中にこそ、かえって本人の何かどこぞで力んどるところがあるんじゃないのか、っていいますかね、本当の意味で本人を支えとるような力というようなものが無くって…、いうようなことがあるんじゃないかと思うたりするんです。

ひま無く拝め

で、今やっと行願と勝義という問題についてね、人にとにかく床切《とこぎり》与え続けていくっちゅうか、人に親切にし続けるということが行願ということである。人に奉仕し続けるということが行願ということだけれども、その行願ということも、時と場合によるということと、できにくうなってくるということがありそうに私は思うということをね——いうことが、すっと行かなかったかも知れませんけれどね、多少、自らに自信のカケラぐらいは無いということと、そういうことが続かん、といいますかね。なんか、こういうことをやっとったら、いつまでもやっとったんでは人になめられる、というふうなことが気になる、ちゅうようなこと…、あるいは気になり続ける、ということだったら、これもいけませんし。そういうことが気にならんということは、なんと人が思おうが、どんな見方をしようが、わしにはこういうことがあるんだから、何十人何百人に少々こう見下げられるような目が自分に集まったところが、そいつを跳ね返していくだけのものが…、いけるんだというかね、自分が、何となしにそういうふうなものが自分の中にありますというと、その、行願なら行願ちゅうことが、奉仕なら奉仕ということができる。

――そういうことがありませんかね。私はどうもそういうふうなことがあると思う。だから、わかりいいんじゃから、奉仕じゃの、ここでいう「利益安楽無余有情界、観十方含識猶如己身」を、わが身とも思うて、床切《とこぎり》親切にせよ、というふうなことを、時にとったら命を捨てるような覚悟で、人に親切を貫け、というふうなことを言うても、まあ、こんなことは若いもんにゃできんことだと、一面から言えばそうです。一面から言えばそうですけども、そういうことを一つの言い訳にしてしもうて、まあ、心の中からどけてしまうというと、一生涯、私は、できんことになるかもしれん、というような気もしますし。

で、少々おかしくってても、ちょいちょいちょいちょいには、やっていく、ちゅうようなこと、そういうことに立ち返って、初心に立ち返って、そういうこと、年がら年中じゃなくても時々…、私ね、拝むちゅうようなこと、年がら年中、ひま無く拝め、ちゅうような、そらあ、そういうことが一番大事でしょうね。「三時に上堂して本尊の三昧を観ぜよ」*これは、今、言うには、ちょっと先走っているような話じゃけれども、これはお大師さまの言われる話であって、いつでもいつでもとにかく拝んどるちゅう、祈りが伴うとるちゅうようなことは、ひじょうに大事なことだと思いますけれども…。

――うーん、ちょっと待ってね。今ごろは、こういうことです。ちょっと疲れとると、前々から言うて、申し訳ないと思うけど、切れてしまうんですね（笑）。ネジが切れるようなんで…。ほんとにね、まあ、しかし覚えとってください。七十七、八歳になったら、ああいうことなんだなと覚えとってくださいい。私は無理してねえ――おかしいかもわかりませんけれどね、私は何か、まあちょっと、まあちょっとという気持があるんです、がんばりたいという気持があるんです。誰のためにもならんのかもしらんけども、そうでもないだろうと勝手に思うとるところがありましてね、まあ、あなたらのためにはならんかもわからんけど、同年配の人間に、おお、まだあいつそういうことをやっとるんかちゅうことになると、わしももうちょっとがんばらにゃいかんと、こういうように思う人もあるかもしれんと、こう思う。歳を取った人間の何らかの励みにもなればと思うてね、まあ自分も今ごろから、さっさっと隠居風を吹かせてしもうて、まあ、明日に夕べにふらふらしとるだけじゃつまらんというふうにこう思うてね、自分に鞭を当ててとりますけれども、残念ながらちょっと何かこう、回転がパタッと止まるんですね。こういうことは非常に残念ですけれど、どうもまあまあ……。

で、いっぺん思い出すかもしらんから、いっぺん元に返ってね、時々そういう時には返ることにしてますけど、今は、やや突然ではあるかもしらんけれども、人に親切にする、ちゅうようなことも、若干の自信のようなものが裏打ちされとってこそ、ほんとに続くんじゃないかというふうなことを、まあ、ちょっと言いましたんです。そ

＊『性霊集』九巻「高雄山寺に三綱を択び任するの書」に「一鉢単衣にして煩擾《はんじょう》を除き、三時に上堂して本尊の三昧を観じ、五相入観して、早く大悉地を証　すべし」とある。

れは私はしかし、自分じゃそういうような気がする――。

若いうちに学べ

だから、自分に磨きをかけるっていいますかね、自分に磨きをかけるちゅうようようなことが分かっとらにゃいけん、といいますかね。自分に磨きをかけるちゅうようなことについて、ひじょうにまあ何かしらんけど、のんきな人がおると思いますわ…、若い人なら若い人の中にすら、ですね。ひじょうに私は、もったいないような気がする。私らから見たらもったいないないような気がする。今しかない、ということが、やっぱりあると僕は思う。専修学院の時しかない、ということもやっぱりあると思うの。

ところが、そういう時にでも、平気で寝とる人がおる、ちゅうようなことやな…。私はそういうふうなことが、本人のために惜しいことじゃというふうな気がする。わしの分は寝とるけども、他の時は起きとる、それはそんならいいです。そんなら、それなりに分かりますけれども…、だって、こうやってなんでしょう、一年間ちゅうもの、休みは若干あるかも知らんけれども、何か知らんけど、朝から晩まで一種の宗教づくめの世界におって、これでもか、これでもか、ちゅうようなことも少々あるけれども、まあそういうことの中におって、ところが、ここから出て行って、だんだんだんだん年を追うてって、これはできませんよ。いざ、もういっぺん、ああいうことをやったら、今だったら、役に立つじゃろうなと思うて、もういっぺん、事相なら事相の方面をもういっぺん『十巻章《じっかんじょう》』に限らず、仏教、密教の講義に耳を傾けようったって、それなかなかできませんよ。安居《あんご》っていうのが、七月になったらありますがね、本山で。毎年ありますけどね。それからまあ事相の伝授っちゅうようなことになるというと、みんながぎょうさん行くがね、高見寛恭さんという淡路島の先生がおられるけども、ああいう人が音頭を取って、事相の伝授をやるというと、まあだいぶね、二十人、三十人じゃない、もっともっと人が集まって、ちゅうようなことがあったりする。みんな若い時に怠けたやつが集まってね、今ごろ…。そない言うたら、角が立つけども…。いやあまあ、そういう場合もわしはあると思うんや。歳を取ってから、だんだんだんだん今、やっとかんにゃ、ちゅうような気になってね。でも、若い時にやったら、もう歳取ってからやらんでもいいちゅうもんでもないけれども、でも、まあ、覚えやすい時やら、吸収しやすい時、ちゅうもんが自ずからありますからね、もったいないという気が私にはあるっていうか。だから、もう、時々皮肉を言うとるかも知れません。寝る、ちゅうようなことについて、ちょっと咎めるような姿勢が出てくるっちゅうことが、そら、ほんとそうじゃないかと自分は思うから…。

人間は少しずつ向上する

で、まあ今、一燈園のなには、便所の掃除というようなこと、これは奉仕。行願《ぎょうがん》というものは奉仕だというふうに考えて、その奉仕というようなことは、一燈園のような生活を、日常に、自分のところへ戻って――一燈園の中におったら苦も無くできるけども、いったん一燈園を離れてしまって、普通の家庭生活の中におって、それでまあ毎日ちょっと近所近辺の便所の掃除に歩くちゅうこと、こらあやっぱりできんと思いますね。できにくいと思います。なんとなしに、人の目ちゅうものを人間というものは気にするところもあると思いますし、そういうことがあっても、なんであってもかんであっても、私はもうとにかく決まったこととして、これをやり続けるということになったら、やっぱり本人の中に自ら恃《たの》むところがあったらできやすい。まあ一種の自信なら自信ちゅうものを持っとるちゅうこと、っていうようなことになるというと、自分自身が、これは歳取ってから、ちゅうて、にわかにいっぺんに磨いて、いっぺんに成果が上がる、ちゅうもんではないですから。だいたい平均の人間を見とったら、わしゃそう思うんで…。長いことかかって、少しずつあれでも、少し知れんほどづつに、人間っていうものは進歩するんじゃないかと、こう思います。「思想は飛べども生活は歩む」じゃございませんけれども、生活ちゅうか、全生活をひっさげて、それが高レベルの、高いものになるっちゅうことのためには、時間がかかるもんだというふうに私は思うんでしてね。

そういう長い時間、弛《たゆ》まずひとつ磨きをかけていって、ちゅうような、そういうのが勝義《しょうぎ》ということですわね。それが勝義ということですわね。そういうことがあるというと、行願がほんとに行願になってくる。行願と勝義というのが互いに持ちつ持たれつのもんだと。

で、今ごろ、行願ということが出てこないということは、そらあ、いろいろこう条件の違いちゅうことがあると思うわ。そういうことは確かにあると思うし、今の平和な日本の風土で行願ちゅうようなことは、ある意味で出来にくい面があるかも知らん。ある意味で、思わんことは無いですけどね。けれども、何か一方から言うと、勝義というようなことで、自分に磨きをかけるちゅうことについて怠慢であるから、怠慢であるから、そこにほんとに入れん、といいますかね、いうことも大いにあると思います。大いにあるんじゃないかと、こう思います。じゃから、やっぱり自分に磨きをかけるという一面はずいぶん大事なことだと。

仏道の二つの柱

ところが、坊さんは、どっちか、二つ一つどっちか言うたら、その、そっちの方に比重がかかってきとる、歴史を考えたら。自分を磨くというようなことが仏教だとこう思ってる。しかし、それだけじゃ困るんだと。それだけじゃ困るんだ。人をとにかく、いつでもいつでも、導く姿勢というものがきわめて肝心だと。導こうとする姿勢がきわめて肝心だ。

これは、いつぞ書いたかも分かりませんけれども…、うーんと（板書）。

若し二乗地に堕すれば畢竟じて仏道を遮す

っていう、これは弘法様の言葉では無いんですけれども、しかし弘法様が引っ張ってこられたんですから、弘法様の言葉と見なしてもいいと思うんですけれども、そういうことが『秘蔵宝鑰』の中巻に出てきますね。「若し二乗地に堕すれば畢竟じて仏道を遮す」。遮すというのは、打ち消すという、否定するという言葉ですわね、これ。二乗というのは、今ちょうど『菩提心論』で、凡夫があって外道があって二乗があって大乗ですわね。それが勝義のところで、そういうことが書いてある。声聞、縁覚というのは、大乗小乗という時の、小乗ですね。小乗の教えというか、小乗の信仰に入るということは、仏道の否定であるという言葉ですね。小乗の信仰で満足してしまうちゅうことは仏道の否定だという。

というようなことは、自分に磨きをかけるということは、小乗の人にはちゃんとあるんですよ。声聞、縁覚にはちゃんとあるんです。なみなみならず、そういうことについては熱心なんです。いつも申しておりますように、まあ、学者のようなもんだ、というようなもんでね、自分の勉強には熱心だ。ではそれがきわめて仏教的なんかと言ったら、仏教というのは、そういうこっちゃなくって、もうちょっと人に対して親切な、ちゅうか、まあこの『菩提心論』で言えば、「利益安楽」ですな。そういうふうな姿勢を持っとるか持ってないかということが、いちばん大事なことであるにかかわらず、なんか、それがあんまり出てこないというようなことが、現実にあると思いますがね。

そういうようなことは、何か初めから、こういうことがあるんだ、こういうことがあるんだ、これが大事なんだ、これが二本の柱なんだと。行願と勝義というのは二本の柱なんだ、ちゅうことの思い入れが、やや欠けとるちゅうことかも分からんし、そういうことであったはずなんだけれども、どうも、やっぱり自分に磨きをかけるという勝義の方について疎かに年月をすごしておった間に、だんだん、まわりに向かって手を出していくというようなことも、それの方もできんようになってしまった、といいますかね、やっぱり何か、そうやって自分に磨きをかけ、自分に何らか、自らを恃み、よりどころになるような、一種のこう、自信のようなものがね、一種の自信のようなものがありますと、もう、それはちょっとした面倒でも見さしてもらおうか、って、あるでしょう、世間一般でも金持ちになったらね、やっぱりそれを追うようになってね。だいぶ金を持って、金を持って死ねるわけでもないし。自分の人生もだいぶ詰まってきた。少しでもこういうものを世の幸いのために吐き出そうか、ちゅうことになるのが、ある年代まで来てね、だいぶその人が悪戦苦闘したかも分からんけれども、あるところまで来るというと、そういう心境になる人というものは、世間一般でもやっぱりありますよね。

で、宗教家というものでも、そういうようなことを当てはめて考えてみることは確かにできる。まあ、結局、二乗と同じことで周りに対して積極的に何もできんまんまで終わっていく、ちゅうようなことになると、これは世間の金持ちにも、ようならなんだ。事業を何にも、あれやってもこれやっても失敗したという人生と似たようなもんで、本人が磨きをかけるという、そういう、もう一方の柱というようなことについても、まあ立て損なってしまった、というようなことにやっぱり関係すると思います。

それで結局、人に親切にするちゅうようなことを一生涯やりおおせなかったということになれば、それは二本とも無いんだと言いますかね。自分を磨きをかける、という努力もしなかったし、周りに対して何らか、そろそろ少しやらしてもらう、ちゅうことも、ようせなかったし…。それは坊さんとしてはおしまいだ、というか、坊さんの中に入らん、といいますか。そういうことになるかと思います。

お大師さまも大事にされた書

で、結局、いろいろあるでしょう。現実にそういうようなことが無くても、お寺で、ちゃんと理趣経を読んで歩いて、そして檀家の人も納得して…、そういうもんでしょう、現実はね。現実はそういうことですけれども、しかしまあ、こういうようなことについても、菩提心論なら菩提心論というようなことについても、ああ、それはさほどそれを知っとると知っとらんとは、お寺を運営していく上には何ほどの関係も無い、というように割り切ってしまうちゅうことはね、私は、どうか…というふうな気がするんです。

で、今日はそういうふうなことになりすぎとる、といいますかね、なりすぎとる。なりすぎとるということをいいことにして、あぐらをかいてしもうたんじゃどうしようもないことだ、というふうに思いますし、やっぱり若い時に、こういうふうなことを学ぶという気持をおこして、たとえもう専修学院を出てから後でも、まあ、バイブルを読むような調子で、この心というようなものをちょいちょいちょいちょい自分の上に印象づけていく、ちゅうようなことが要るんだろう、というふうに、自分じゃ思うんです。

で、『菩提心論』というのは、お大師さまにとっての、一つのまあ大事なテキストであったんだ、手本であったんだ。菩提心論をおそらくそのようにしてかどうか、菩提心論のことは、いつでもいつでも念頭を離れん大事な聖典であったに違いないと自分では思っとりますし、お大師さまにとってね。

でまあ、私たちもそういうふうなものをこう学んでいって、初めてお大師さまにつながることができるんだ、っていうふうに自分じゃそう思うんです。たいへん、くどいことで、いつでもいつでも何でしたけれども――。

人間は名利にとらわれる

で、いちおう凡夫というものは、

凡夫は名聞利養資生の具に執着して、務むに安身を以てし、ほしいままに三毒五欲を行ず。真言行人、誠に厭患すべし、誠に棄捨すべし。

こういうふうなことを思って、こういう人生、こういうありかたでは、これ、人の為にはまったくならない、といいますかね。

だから、そういうありかたを否定しなければならん。そういうありかたが、そこらに見えるんじゃったら、そりゃだめですよと、こういうことで、当然なんだ。

その次には外道《げどう》というのがあって、外道は、天なる神様、そういうものを信じて、それはそれとして良いことなんだけれども、何か、そこに、末通った真理というもの

が無いといいますかね、

業力もし尽きぬれば、未だ三界を離れず。煩悩なお存し、宿殃《しゅくおう》未だ殄《ほろ》びず

云々ということが書いてありますけれども、本当の人間がそこで全うする信仰といいますかね、人間の位を上げるといいますか、本当の人間の位の上がるような信仰というようなことは外道の中には、やっぱり無くって、まったくの効き目が無い、ちゅうんじゃないけれども、何らかの効き目やら効果があっても、その効き目や効果に永続性が無いというふうなことが書いてあるように思う、というふうに申し上げました。

二乗というのはどうか。二乗というものは、人を導く時に、あんたらは、みんなこの二乗の信仰に入りなさいよ、と言うたらいいのか、というと、そうはいかん、やっぱり有限な信仰である、といいますか。なんとなしに、片手落ちな信仰だというか。うーん。自分の幸せだけを考えとるような面がありますし、しかも、自分の幸せとか、自分の悟りとか、というにしても、それがひじょうに遠く、なかなかもって、いと簡単にそれが手の中に入るようなことでない、といいますか、難行苦行して――これは大乗のところに書いてあることですけれども、小乗というようなことになっても、なかなかもって、無余涅槃《むよねはん》・有余涅槃《うよねはん》ちゅうような言葉が出ますわね。で、とらわれを

否定しながら、長い長い道のりを、小乗とか大乗とかというのは、そうやって、無我とか空とかちゅうようなことを、まあ理想にして、自分を浄め、自分をととのえていく宗教というような気がいたします。

（板書しながら）凡夫、外道…、それからこの中に、弘法様は道徳というものを入れられる。それから、二乗…、それから大乗。こういうようなことが『菩提心論』には出てくる。

こういう二乗とか大乗というのは、何か言うたら、空とか無我とかいうふうな…、何かそういうようなことは授業の中に出てきませんか。空とか無我とか、ということは、人間というものには、もろもろのとらわれがありましてですね、あれにとらわれ、これにとらわれ、これこそはと思って、あれを握り、これを握り、あれを握ってなかなか離さんで、あれにふりまわされ、これにふりまわされて…、それはあります。

たしかにそういうもんじゃないかと思います。「名聞利養資生の具に執着して、務むに安身を以てし…」と言うけども、これは、仏教に入ってもですね、やっぱり、名誉欲の強い坊ンさんというのは…、まあそらあ何やらかんやらあります、同じことですわね。言うたら、まあ初歩的なことが、なかなかできんちゅうことになりますよね、いっさい言うたら。なんぼ経ってもそういうもんなんだというか、で、そういうことは関係無いちゅうて、そうじゃないと思いますね。

じつ、こんなことを思い出しましたけれども――。まあ、亡くなった先生の中で…、立派な先生ですよ、名前は言いませんよ、立派な先生です。わたくしは、そういと簡単に先生の領域に行けると思っていないです。ところが、在家の先生でね、みんな亡くなった人です、だからまあ昔話ですがね、その先生に対してね、「あの先生は偉いということに真言宗じゃあなっとるけれども、どうもわしらから見ると名誉欲ちゅうものだけが一人前に持っとるような気がする」と、こう言うんだね。「まあ、しかしそれはしょうがないだろう」と僕は言ったんですよ。「しょうがないというのはおかしい」と、こう言うんだな、その在家の先生が。で、しょうがないだろうと私が言ったのは、どういう根拠において言うとるかいうたら、まあ、…そうなると思うんですよ、まあいろんなことをそれだけ一つのあるところまで行った坊ンさんですよ、これはね。長い長い間、悪戦苦闘して、それなりに相当な才能を持って、しかものんべんだらりと来たんじゃない、努力につぎ努力をもってしてこそ、そんだけの仕事もして、かつ今の地位なら地位にもついとるちゅうような、そういう一人の坊さんがね、若干の名誉欲ちゅうようなことを、そこまで言うのは、まあちょっと気の毒だ、と言いますかね。まあここまで来るために、あの人はどんだけか多くのものを犠牲にしながら、がんばって来とるんだから、まあまあそこらについてまでは、わしは自らそういうことを問う資格も無いと思うし、そこまで問うのは酷じゃないか、というような若干同情的な表現をしたと思います。昔のことです。

ところが、それがおかしい、っていうかね。仮にも真言宗内でも、あれかこれか、というふうに言われる中の一人がね、社会的な地位ちゅうか、まあ名誉とかっていうものをちゃんと、わしらから言ったら兼ね備えておられると思うし、評価も高いのが、ところがまあ案外、恋々として、そういう名誉という世界にはね、ひじょうに何か知らんけど執着があるように見えることは腑に落ちんといいますかね。それは一体どういうことなんだ、というかね…。そういうことまで言うのは酷じゃないか、ということに対して、その先生が何と言うたかというたら、「そんなことは初歩的なことと違うのか」と。「そんな初歩的なことができないのが、どうして真言宗じゃ、偉い坊さんちゅうことになっとるのか――」

これはねえ…、そう言いましたよ、昔の話ですよ。しかし、ここんところのことを考えるとね、「凡夫は名聞利養資生の具に執着して、務むに安身を以てし、ほしいままに三毒五欲を行ずる…」というのが、「誠に厭患すべし、誠に棄捨すべし」…。ところが案外とそれは尾を引っぱっとると思いますね。案外、なんぼ偉うなってもね…。

〔参考〕

『現代語訳／菩提心論』福田亮成（ノンブル社）によれば、次のように訳されている。

「迷える凡夫（なみの者）は、世間的な名誉や利得、生活に必要なものに執われて、もっぱら身体の安全を求め、貪り・瞋り・癡かさ〔三毒〕や、眼・耳・鼻・舌・身の五官による感覚的欲望〔五欲〕によってつきうごかされている。真言行を実践する者は、それを真実《まこと》に厭い、捨て去らねばならない」

坊さんというもののけじめ

この間、といっても一月《ひと》前かも知らんが、専修学院を昔、卒業した男が手紙をよこしたんです。

——専学を卒業したころの僧階は、何かな、権大僧都《ごんだいそうづ》かな。…六十七、八になるまで同じで来とるんだな。権大僧都か何かのまんまで来とるんだなあ。うん。それで、ところが、宗派の人たちは――自分が宗会議員をやっとるからよくわかるんですよね、宗派の人たちが、自分の僧位、僧階というものを上げるというようなことにいかに熱心だか、ということはほんまに、ほとほと感心するだけ見てきたということをね、手紙の中に書いてあった。

そんなもんなんですよ、坊ンさんって、そんなもんなんです、ええ。名聞利養資生の具に執着して…。みんなそれに生きて、それが生きがいなんですから。どうなってるんでしょうかね、これ…。それが当たり前になってしまって、何もかにもが当たり前ですからね。ちっとも、坊ンさんちゅうもののけじめが――どこでつけるんか。まあ、それはわしはお経を知っとる。そらあ『理趣経』を習うた。全部覚えとる。それはそういうようなことになるんか知りませんけど、何かね、私は、やっぱり、どうもこうこう書いてあるようなことについて、私はこれが少しできるんです、とか。私は、何かね、そういうことが要ると思う。ところがそういうことに無関係なんだ、今日の学校は、今日の宗門は…。全部そうなってるんだということが甚だ不審に耐えんちゅうことやな、僕から言えば。

でも、こういうことに気がついても、気がつく人間ちゅうものは、もう、さっさと颯爽と行けないんだ、これは。「生活は歩む」だ、これこそな。「思想は飛べども生活は歩む」で、同じところをうろうろしとるわな、わしは。

だから、ああ、あんなものはアホだ、と。アホの寝言だちゅうことに、やっぱりなるだろう。そんなことより、とにかくどんどんどんどん儲けること、儲けたらいいんだ、どうだこうだ、ちゅうようなことになるわね。見る見るうちにお寺が、何十倍もの大きなお寺が建った、わあ、やるじゃないか、ということになって、けなるい（うらやましい）なあちゅうことになって、どうやってあそこまでなれるもんかって言って、その方には一生懸命に目の色を変えて、それにあやかろうとする、ちゅうかな。

そういうようなことが、在家一般とどこが違うんですか。一般社会とどこが違うんですか。坊ンさんなら、坊ンさんが、なるほど坊さんちゅうものは、ああいうもんですかということがどこで証明できるんか…。思いませんか？私はそれが不審なんですわ。で、そういう素朴な不審を持ったまんまで五十年まいりました。六十年まいりました。で、今でも、ますますそう思います。…一つも世の中は変りません。私がおかしいんかもしれませんけれども。

で、まあ、だから、そういうふうなものは、みんな打ち消すべきだと、打ち消して、…そんなふうなことにフラフラしとっては駄目だ。そんなことは駄目、これも駄目、ちゅうかね。切って捨てなければならんものは、もうゴマンとあると思います。だから、そういうものをいちいち切って捨てて、いうようなことの、そういう機能が、そういう機能が自分の中に働いとること、働いとることが「空」ちゅうことだと思います。まあ、自分の中でいつでも、何か間違えそうになっても、そういう機能が内からひとりでに働いてくるちゅうようなものが、まあ、ある人、無い人…、ほとんど無いんでしょうけれども、そういうことを思いますね。

実の如くに自心を知る

で、そんなら、密教というのは、最終的に密教というのはどういう宗教なんだ——。

ちょっとここらでね、こういう詩がね、弘法さまの詩の中に…。

うまいこと言えないかもわかりませんけれども、少しこのことを言うてみます。弘法さまが四十歳の時の詩です。数え年の四十と考えていいと思いますがね。四十歳の時の空海が、一つの心境を、一晩ずっと瞑想の夜を過ごされてね、その時、出てきた詩なんですよね。

浮雲何れの処よりか出づる
本これ浄虚空なり
一心の趣を談ぜんと欲《おも》はば
三曜天中に朗かなり

（「中寿感興の詩」より）

そういうように読むようです。で、これ、一心ということが出とりますけれども、この時の一心というものは、狭いもんじゃなくて、何かひじょうに広い世界っていうふうに考えていいことだというか。けれどもまた、狭いもの広いものと言うけれども、それは二つが一つである、というか――言葉を弄《もてあそ》んでいるようなことばっかり言うようですけれどもね、まあ、われわれが「如実知自心」ということを言うでしょう、真言宗では。如実知自心。実の如く自心を知る、これが悟りだというようなことを言う。ああ、そんならよく分かる、ちゅうようなこと…。ところが分からんのだな、実際のことを言えば…。分かったげにとれる、ちゅうか。分かったげな感じになる、っていうだけの話だと私は思うけれども、実の如く自心を知る。その時には、自心というようなことは、一体何だ。

ここで、「一心の趣を談ぜんと欲はば…」という時に、この一心とか自心というようなことは、同じようなことであって、まあ人間の心というものは無限に大きなものだ、というふうなことは思います。なかなかこれが実感になりにくいけれども、理を考えてみても、ある程度それは受け入れられるんじゃないかというふうに思います。

たとえば、自分の心、私の心、あなたの心、個々の心ということは言えんことはないけれども、そういう心というふうなことは、何か境目が無いもんですからね。境目が無いもんであって、自分と他というようなことを考えた時に、自分というものは、自分の心というものは、自心というものはどんだけの大きさのものか…。どんだけの大きさのものかというようなことが、やっぱり何か言えないと思いますわ、たいがい自分が自心、自心と言っても小さく考えて、大きく考えて、って言っても、どこからどこまでを自心と言って、どっこからほんなら他というんだと言うたら、その境目みたいなものがきちっとあるのか…と。考えてもみてください。境目なんちゅうものはあるがごとく、無いがごとく…っていいますかね。

自分の体をひとつの境目として自とか他とかというのは、ひとつの素朴な考え方ですけれども、自というふうなものの心の働きちゅうようなことを考えたら、なあんぼでもこれは広がっていくもんですからね。まさに三世十方に向かって広がっていくもんだ。もうとにかく世界中のことをいろいろに慮《おもんぱか》ることができるし、また過去のことも遡《さかのぼ》って、また未来のことだっていろいろに思いは、もう無限に飛び回っていくことができる、広がっていくことができるんですから、そういうことから考えますというと、心の境目というようなものは、もうほんとどこまでも広がっていくもんだ。三世十方にわたって、時間的にも空間的にもひじょうな広がりをもったもんだというふうなことを、何となしに言えるんじゃないかと思いますよね、何となしに。で、そういうことがやっぱり大事なことなんだとわしは思う。如実に自心を知る、と言うたら、そういうふうなこととして、人間というものはちっぽけなもんだと思うのは大きな思い違いだということが――。そうじゃなくて三世十方というか、もう時間的にも空間的にも、むしろこう無限なんだというふうなことに思いを致すべきことだ。むしろそうなんだ。

ところがそういうように、大きな大きな大きな、無限な大きさを持ったもんだけれども、いかに自分はそういうふうな大きさちゅうものをいつでもいつでも、そういうふうなことを信じて、そういうふうな大きさちゅうようなものを、自他の無限性というふうなことを思い、そういう思いの中に、いつでも住しておることができとるか、というと、そうはいかん。心をここに置くということです。置くことができるかというと、そうはいかない。

自分は、いろんなものに引きずられて、あれに目移りし、これに目移りし、これに気をとられ、あれに気をとられて、いつでも心は揺れに揺れとりますわね。揺れに揺れとって、いつでもそういう心というものに、無限性というものに、心を置くことができん。そこに住することができん。そういうもんだと思います。

客塵煩悩

で、どういうことになるかと言うたら、「浮雲何れの処よりか出づる」ちゅうたら、とにかく空に雲が動いて、また次に、あの雲が邪魔になるなあと思うとったら、その雲が過ぎて、しばらく青空が広がって、快適だなあと思うとったら、また流れて雲が次から次へとこう出てきて、まあまあ青空でも夜空でもいいですけれども、そうやって雲というものは何遍もこうやって移り変わって動いていく。でまあ、私たちはそういう雲を見た時に、ああ、あの雲が邪魔になると思ったり、この雲が邪魔になると思ったり、あの雲があるから月が見えんと思うたり、いうようにして夜空の満月を名月を見ようと思う時に、雲が邪魔になるというようなことが――けれども、本来、雲ちゅうようなものは、もともと雲ちゅうようなものはお客さんのようなもんであって、風のまにまに、ちょっと来るけれども、また去っていくお客さんのようなもんであって――これは人間のもともとのところちゅうものは、清浄無限な完全な世界なんであって、人間のもともとの心ちゅうものは、完全なものなんだ。清浄といえば、本当に清浄なものなんだ。ところがちょいちょいいろんなものが、こう、かすめてきて、それによって――あるいはいろんな垢が付いてきて、けれども、もともとのところは清浄なんだ。もともとは浄らかなんだ。あるいはもともとは完全なんだ。

ところがお客さんが来て、そのお客さんに振り回されるのがいかんのだ、というか…。客塵《きゃくじん》という言葉があります。客塵…。塵というたら煩悩です。字引を引っぱってもらったら出ます。客塵というのは煩悩のことです。塵というのは煩悩のことでもある。一字だけで、塵を引っぱったら煩悩というように出とると思います。あるいは煩悩は、こうも言い、こうも言い、こうも言い、こうも表現するという中に塵というのがあるはずです。

で、煩悩はとにかく、お客さんなんですよ。主人公ではないんです。お客さんですから、もうとにかく、来るけれども長居をするわけでもなく、また行ってしまうんだけども、また次にまたあれが来たこれが来た、っていうように、煩悩はひょいひょいと心の世界に入ってくるもんなんです。そういうものが、ここも同じことを言っとるわけです。お客さまがとにかく、ちょいちょいちょいちょいに表面を過ぎていくけれども、本来のところは、清浄なんだというか。心のもともとのところは、完全であって、もともとのところはきわめて清潔であって、ということですわね。

直住《じきじゅう》月宮《がつくう》という教え

だから、問題は、そういう雲の方ばっかりに気を取られて、あの雲がいかん、あの雲があるから、あの雲が早よ行かんか。せっかく行ったと思うとったら、また雲が出てきた、と思うて、雲ばっかり見て、やきもきやきもきして、ちゅうようなこと。宗教生活って言ったって、そういうようなことになる可能性が大いにありますね。大いにありますね。

ところが、何か、着眼を一つ変えたらどうか、といいますかね…。着眼を一つ変えたらどうか。そういうふうなことが、弘法様の場合には、いつでも出てくるというように思います。着眼を変えるということは、雲の下から空を月を見上げて、ああ雲が出た、また雲が出た、また雲が出た。ああ、あれはいかん、いかん言うてね。それは空《くう》であるとか無我だとかと言うて、あれはいかんと、空《くう》だと言って退け、あるいは無我と言って退けて、その雲にとらわれんようにしようと思うて、無我という教えがあり空《くう》という教えがあり、ちゅうようなことを繰り返して…。

けれども、そうやって、そうなんだけれども、いつの間にやら、結局は煩悩を追い払わにゃいかん、追い払わにゃいけん、言いながら煩悩に振り回されてしまって、と言いますかね。雲ばっかり見て、事実上は雲に振り回されて明け暮れ、雲ばっかり気になって、ちゅうか、宗教生活というのは、そういうことになる恐れがありませんか。そういうことになるという可能性が私はあると思います。

そこのところに、やっぱり着眼の転換ということは大いに要ることであって、もし自分が雲の上に行くということになったらどうなるのか…。雲の上になったら、もうその上に雲は無いんです。

――実恵《じちえ》さんという弘法様の弟子が書かれた『大毘盧遮那経王疏伝』という本ですが、それの中に、「直住月宮」という言葉が出てくるんだ。これは良いですよね。これは良いですよね。月に直《ただ》ちに住するというか、月に直ちに坐るんだな、これな。つまり、下から雲を月を見とると、なんぼ経っても雲に振り回されるようなことになって、宗教生活自体がそういうようなことになってしまって、有らぬ方に力こぶが入ってしまって、で、お仕舞いになってしまうちゅうようなことになりがちなもんだって言いますかね。

ところが自分が月に坐るっていうか、そうしたらばどうなるかというたら、雲というものが邪魔になるならぬの問題じゃないんだ。雲がかえって月の光を浴びてきらきらと輝いておって、なんともえもいわれん美しさだというか荘厳さだというかね、世界は一変するというか。こういうふうにとれることを言っておることはひじょうに意味のあることだというふうに思います。

今日、宇宙飛行というんですか、日本人の女性もその中にやがて三十何人目かに入るというふうなことが言われておるようですけれども、まあだんだんアメリカとかロシアとか、いうような国の何人かかん人かが宇宙飛行というのをやっとるということですよね、ああいうような経験を持った人間ちゅうのは、みんな人生観が変わるといいますわね。さもあろうと思いますね。まあ、とにかくこういう狭いところで何じゃかんじゃ何じゃかんじゃやっとることが、まあ途方もなく無限の世界というものに、いっぺん身を置いてみるというと、考え方が一変するんだと思いますよ。つまらんことなんでしょう、ほとんどがつまらんことに明け暮れ振り回されて、人間の七八十年の一生って終わっていくんでしょう、そうじゃないかと思いますよ。で、そういうふうなことをいち早く、千何百年前に気がついとると言いますかね――そういうことが、密教のまあ大阿闍梨《だいあじゃり》というもんだというふうに私は思うんです。そういうことは、別に宇宙飛行士っていうわけじゃないけれども、ひとつの宗教経験の中で、そういう世界のあることを感知しとる。そういうことだと思う。密教というものは、だから、何か世界を生きたものとして感知しとる。

一切が仏様の命の中に

大日如来、大日如来というふうなことを言うとね、何言ってるんだ…と。そらあ、いけませんよ。自分の、まあ物事の…、今まで二十年なら二十年の解釈をもって、真言密教というものについて、そんなことはおかしいとか、ああとかないとかちゅうのはそれは臆見《おっけん》ですよ、そんなことはだめです。とにかく真言密教というのは、私は、世界というものは宇宙というものは命だというふうなね、命の世界だというふうに感知しとる宗教だというふうに思うんでね。これは私はそう思っているんで。

――まあ、なんかこれ雲ちゅうようなのは…、私たちの日常は、こういうところに振り回されとりますけれども、ところが、ひとたび、雲の上に、自ら、自分の立場を持つということを知った時には、と言いますかね。「三曜天中に朗かなり」。三曜というのは、太陽と月と星を三曜というんです。

とにかく…、そういうことが、どうしたんかといいますと、そういう光としての体験なんですわ。宗教体験というものは、やっぱり光を感知するといいますかね。その逆は地獄でございましてね。地獄には光は無いんです。悟りちゅうようなものは、いつでも、こういうものの光として説かれておるし、体験されるべきだというふうに私はそう思います。

そういうようなことで、まあ大日如来というのが、何しろ大日如来というのは、まさに太陽の働きのようなものを思わせるようなもんですけれども…

除闇遍明
能成衆務
光無生滅

闇を除くといいますかね、そしてよくもろもろの物を育てる、そしてその光は生滅が無いちゅうのは、これは無限の光だというふうなことですけれども、その光は無限であるというんですけれども、まあ、大日如来はきわめて太陽に近いような表現になっとるけども、太陽そのものだと何もいってるんじゃない。そういう無限な命の世界だというか、この世界は…。大日如来の世界だと。大日如来というのは、この宇宙をわが家として、その宇宙は広すぎるというようなことは一つもない。大日如来にとっては宇宙は広すぎるというんでもない。一方、塵の中にでも大日如来は入る、いうことは、もうどんなところにも、もう大日如来というものは在《まし》ます、ということなんですけれども、そういうふうなことを感知するといいますかね。そういうことが、私は、ずいぶん大事なことなんだというふうに思いますし。

法身《ほっしん》観というのが――『二教論』というのがありましてな、法身、法身仏ということについての解釈が、一般仏教と密教で大きに違う。密教はどうかというたら、法身仏を生きた仏様というふうに解釈するのが根本的な違いだ。密教と顕教とどこが違うんだ、『顕密二教論』というのは、密教と顕教を仕分けますがね、顕教と密教はどこが違うんか。根本的な違いは仏様を生きた命と考えるかどうかの違いですもんね。

これはもう言葉を替えていえば、この宇宙が、この世界が命であるかどうかの違いでしょう。そういう命に包まれとるんですよ、だれもかれもが一切の物が。全部その中に包まれとるという、そういう仕組みなんですよ、解釈なんですよ。そういう解釈はおかしいと言っとっても、これは始まらんの。

そういうことは、そうだそうだと思えるようになるということが、私は大事なことなんだとこう思うとります。けれども、一朝一夕のことじゃないって言いますかね。私は、それなりに時間が掛かった。でも弘法様が言われるにはね、「諸仏威護して一子の愛あり。なんぞ人間の難を惆悵《ちゅうちょう》することを須《もち》いん」（『性霊集』巻第三、恩賜の百屯の綿と兼て七言の詩とを謝し奉る詩）

弘法様が四十歳あまりの時にね、仏様がちゃんとお護《まも》り下さってると、なんの心配もないじゃありませんかと天皇陛下にそういうことを言っとるちゅうのは、おもしろいなあといつでも思うんです。

だから、なまじっか、あんまり知識人ぶっちゃあいかんというかね、真言の教えというのは、私は、こういうところが根本なんだ、根底にこういうことがあるんだという、どうも私はそう思ってしかたがない。これはまあ、行く行くあなたがたが否定しようとすまいと、とにかく私はそういうふうに思うとるというか、そういうふうに信じとるということ、ですね…。

「雲」に振り回されるな

で、どうも、始めから何しますように、どうも今ごろは、何かしました後に残りましてね…。

今朝からなんとなしに、「しもうたなあ、来ると言わにゃあよかった」と思うて…。いうようなことでしたけれども、てきめん何か、いつもと同じかもわかりませんけれども、同じところを毎々毎々しとったかも分かりません。またしてもそうだったかも知れませんけれども。

まあ、若干、繰り返しただけにもせよ、行願・勝義の、勝義というふうなことですね、勝義ということは、『菩提心論』の場合においては、凡夫を否定し、外道を否定し、二乗を否定し、大乗を否定する。二乗・大乗というのは仏教ですけれども、二乗・大乗のどこがいかんのじゃというたら、二乗・大乗ちゅうものは、やっぱり空《くう》とか無我ちゅうことに執着する宗教だ。なんや言うたら、やっぱり、けっこうなような面を持ってる。けっして笑うべきこっちゃなくって真摯な努力がその中にある。いいと思うけれども、けれどもなおかつ何か空なら空というふうなものに振り回されとるようになるんだ、実際問題として、自分をととのえていく、ちゅうだけのことに比重がかかるというと、無我とか空とかちゅうようなことに比重がかかるというと、どうしてもこれ（雲）に振り回されていって、月を見失なってしまうっていうかね。月を見ようと思うんなら、とにかく雲の上に坐ったらいいんじゃないか――ちゅうようなことを言うと、（なあに…）と。それはまあ何か人をたぶらかす話に過ぎんようにとれるかもわかりませんけれども、何か弘法様の行《ぎょう》、ないしは信仰の目の付け所の中に、そういうひとつの転換があるように思いますので――。

転迷開悟《てんめいかいご》というようなことを言いまして、迷いを転じて悟りを開く、と言うんですけれども、まあ、大いに顕教一般に比べて、解釈が違い目のつけどころが違うというところは多々あると思うんですね、まあそういうことに多少ともかかわる雑談を申したということにさしてもらいまして、途中で何遍も止まったような気がしますけれども、どうもいけませんでした。すみません。

まあ、また、もう一回二回なり、顔を出しますので、また言うて下さい。…質問がまったく無い教室のように思いますけれども、逃げとるわけでもありませんから。おかしいな、と思われたら言うて下さい。

（終）

初出　密門会会報「多聞」

平成15年3月号（310号）〜平成17年1月号（332号）

平成17年3月号（334号）〜平成17年8月号（339号）

平成19年7月号（362号）〜平成19年12月号（367号）